河南省科技攻关计划项目（122102310040）资助成果

田径运动健身价值与实践研究

王德涛 著

·北京·

图书在版编目（CIP）数据

田径运动健身价值与实践研究 / 王德涛著. —北京：科学技术文献出版社，2018.11

ISBN 978-7-5189-4951-9

Ⅰ.①田… Ⅱ.①王… Ⅲ.①田径运动—研究 Ⅳ.①G82

中国版本图书馆CIP数据核字（2018）第270334号

田径运动健身价值与实践研究

策划编辑：周国臻　　责任编辑：马新娟　　责任校对：文　浩　　责任出版：张志平

出　版　者	科学技术文献出版社
地　　　址	北京市复兴路15号　邮编 100038
编　务　部	（010）58882938，58882087（传真）
发　行　部	（010）58882868，58882870（传真）
邮　购　部	（010）58882873
官　方　网　址	www.stdp.com.cn
发　行　者	科学技术文献出版社发行　全国各地新华书店经销
印　刷　者	北京虎彩文化传播有限公司
版　　　次	2018年11月第1版　2018年11月第1次印刷
开　　　本	710×1000　1/16
字　　　数	252千
印　　　张	14
书　　　号	ISBN 978-7-5189-4951-9
定　　　价	58.00元

版权所有　违法必究

购买本社图书，凡字迹不清、缺页、倒页、脱页者，本社发行部负责调换

前 言

随着社会的发展和互联网时代的到来，人们足不出户就可以浏览世界各地的信息，网络的普及和手机客户端等内容的多样化又使很多人陷入了新的"静坐"状态，体育人口增长速度被迫放缓，新时期的全民健身面临着严峻的挑战。

2009 年《全民健身条例》的颁布使我国迈入了一个新时代，全民健身意识也在北京奥运会的帷幕中逐渐提升上来。2016 年 6 月 15 日，国务院又下达了《全民健身计划（2016—2020 年）》，再一次强调了全民健身的重要性，明申了新时期全民健身计划的目标：到 2020 年，全民健身意识普遍增强，群众参与锻炼人数明显提高，每周运动一次及以上体育锻炼的人数达到 7 亿，经常参加体育锻炼的人数也要达到 4.35 亿。而全民健身现状与此目标还有一定差距，因此，国家极力推广全民健身，成立全民健身日，鼓励各个地方办体育。大力开展田径、户外、游泳和球类等项目，同时扶持中国传统武术的发展，如太极拳、健身气功等，鼓励不同地域人群开展不同的、各具特色的运动项目。在这样的背景下，我国全民健身事业快速发展，很多项目开展的如火如荼。但仍有很多待开发的运动群体，没有什么运动基础，对球类运动接触甚少，对游泳、太极拳从未涉及，对于这部分群体而言，田径运动健身无疑是最好的选择，如健步走、健康跑、健身投等，通过这些项目的运动仍能达到健身强体的效果，这也是田径运动健身的价值所在，在促进有运动基础的群体健身的同时，还能最大幅度地开发缺乏运动基础的群体。

本书共分为 9 章，分别介绍了田径运动健身的基本理论、田径运动健身的科学知识、田径运动健身项目欣赏、田径运动基本技术介绍、田径运动的健身测评、田径运动健身常见误区及问题解答、田径类运动损伤预防与急救方法等内容。笔者结合田径运动项目易开展、好控制的运动特点，从大众健身实际出发，探讨田径运动实践在全民健身应用中的价值，为"健康中国 2030"的宏伟目标提供助力和参考。

笔者从事田径教学训练工作 8 年有余，虽说才疏学浅、文笔粗糙，但对田径运动实践有着较为深刻的认识，并在常年的教学训练中积累了一些运动经验和锻炼方法，在文中将与大家一一分享。较之竞技性，田径运动更适合于全民健身。在远古时代，人类为了生存，为了获取生活资料，不得不依赖于跑、跳、投等动作获取所需。但随着社会经济的快速发展，田径运动开始分化，其他项目簇拥发展，才造就了当前各类运动项目百家争鸣的局面。田径是运动之母，任何项目的运动都是构筑在田径运动的基础之上，但田径运动的健身价值与功效从未磨灭，加之动作简单、强度易于控制，运动场地又不受限制的特点，近些年来，参与田径运动健身的群体越来越大，参与对象范围越来越广。从健步走到健康跑，从投掷类游戏到竞技类比赛，无时无刻不在诠释着田径运动的魅力。本书抛开了田径运动竞技的一面，重点介绍了田径运动在全民健身中的应用，田径运动健身常识、田径运动健身的基本原则、田径运动技术动作与方法及运动损伤的预防与急救，了解这些章节的基本知识和原则，在田径健身中基本可以达到预期的目标和效果。此外，田径运动的健身测评章节赘述较多，但是掌握其中几种平时常用易行的测评方法足矣，应对一般的运动评价是完全可以胜任的。最后一章"田径运动与减肥"其实也是笔者想要重点阐述的章节，因为读研期间笔者一直从事运动减肥方面的工作，也积累了一定的资料，但因时间仓促，仅做了些理论方面粗浅的阐述，希望以后还有机会将最后一部分补充完善。

撰稿过程中，洛阳师范学院王丙振教授和张文普教授给予了诸多的帮助与指导，无论在选题的确定和内容框架的构建方面都提出了宝贵的意见，在此表示衷心的感谢。同时，也非常感谢洛阳师范学院史海现教授，本书是在他主持的2012年河南省科技攻关重点项目"全民科学健身网络咨询系统的研制与开发"（编号：122102310040）的研究基础上撰写而成的！此外，本书中的图片拍摄是在洛阳师范学院运动训练专业付英杰、张佳振、蒋正理等同学的大力配合下完成的，在此一并表示感谢！

同时，感谢科学技术文献出版社的同志们，在撰写过程中给予了很多的指导和支持。另外，对在本书的编撰过程中引用参考文献的作者们也表示诚挚的谢意！

由于编者水平有限，再加上时间仓促，书中难免有疏漏和错误之处，敬请广大读者批评指正！

王德涛
2018年10月

目 录

第1章 田径运动健身的基本理论 ·············· 1
第1节 田径运动的起源与发展 ·············· 1
第2节 田径运动的健身特点 ·············· 4
第3节 田径运动的健身价值 ·············· 5
第4节 田径运动健身的基本原则 ·············· 7

第2章 田径运动健身的科学知识 ·············· 10
第1节 田径运动健身的时段 ·············· 10
第2节 田径运动健身的场地、服饰 ·············· 11
第3节 田径运动健身与气温 ·············· 11
第4节 田径运动健身与空气质量 ·············· 13
第5节 田径运动健身与补液 ·············· 13

第3章 田径运动健身项目欣赏 ·············· 15
第1节 田径健身项目分类 ·············· 15
第2节 健身走 ·············· 16
第3节 健身跑 ·············· 18
第4节 健身跳 ·············· 21
第5节 健身投 ·············· 22
第6节 跑酷运动 ·············· 23

第4章 田径运动基本技术介绍 ·············· 28
第1节 竞走类项目基本技术 ·············· 28
第2节 跑类项目基本技术 ·············· 32
第3节 跳类项目基本技术 ·············· 42
第4节 投类项目基本技术 ·············· 56

第5章 田径运动的健身测评 ················ 71
第1节 田径运动评价的方法及意义 ············ 71
第2节 心血管指标及评价 ················ 74
第3节 能量代谢指标及评价 ··············· 77
第4节 神经系统和感觉功能指标及评价 ········· 80
第5节 健康运动指标及评价 ··············· 81
第6节 生理学指标及评价 ················ 84

第6章 田径运动健身常见误区及问题解答 ········· 95
第1节 田径运动健身常见误区及建议 ·········· 95
第2节 田径运动健身常见问题解答 ··········· 102

第7章 田径类运动损伤预防与急救方法 ·········· 112
第1节 田径类运动中的损伤及预防 ··········· 112
第2节 田径类急性运动损伤的紧急处理 ········· 116
第3节 田径类运动损伤的急救包扎 ··········· 127
第4节 田径类运动中的心肺复苏术 ··········· 129

第8章 田径运动拓展项目介绍 ··············· 135
第1节 攀　岩 ······················ 135
第2节 定向越野 ····················· 149
第3节 野外生存 ····················· 166
第4节 素质拓展 ····················· 177
第5节 体　能 ······················ 181

第9章 田径运动与减肥 ·················· 207
第1节 运动减肥概述 ··················· 207
第2节 运动减肥的误区 ·················· 210
第3节 田径运动与运动减肥 ··············· 213

参考文献 ························· 216

第 1 章 田径运动健身的基本理论

第 1 节 田径运动的起源与发展

一、田径运动的概念及起源

田径（track and field）或称田径运动，是径赛、田赛和全能比赛的统称。田径运动包括竞走、跑、跳跃、投掷及由跑、跳、跃、投掷的部分项目组成的全能运动，共计 40 多项。以时间计算成绩的项目叫径赛；以高度或远度计算成绩的项目叫田赛；全能运动项目，则是以各单项成绩按《田径运动评分表》换算分数计算成绩[①]。田径运动是从人类社会长期的社会实践中逐渐形成的，在远古时代，人们为了生存，为了获得生活资料，不断地与大自然及禽兽做斗争，在有些环境下不得走或跑一定的距离、跳过许多障碍物、投掷石块和各种捕猎工具，在此过程中不断地重复这些动作，便形成了走、跑、跳跃和投掷的各种技能的前身。以后随着社会的发展，人类为了改造和提高极其低下的生产力水平，同时也为了人类自身的生存繁衍，不断地使这些技能得到改进和发展，并开始把这些技能有意识地传授给下一代。私有制、阶级和国家的产生，使得社会矛盾由人与自然的矛盾转化为人与人之间的矛盾，战争的出现不可避免。跑、跳、投等身体运动技能与军事的关系自然紧密起来，统治者运用这些技能对战士进行严格挑选和运动训练，以扩大自己的疆域，防范敌人的入侵。跑、跳、投等的技能性、竞技性被突出地强调出来。

---

① 中国田径协会官方网站. 田径介绍 [EB/OL]. [2017 - 08 - 05]. http：//www.athletics.org.cn/athletics/index.html.

二、世界田径运动的发展

公元前 3500 年，古埃及壁画描绘了田径运动的场景。田径比赛起源于古希腊的古代奥运会，公元前 776 年，在古希腊奥林匹克村举行了第一届古代奥运会，当时就设有 24 个田径场内赛跑项目，还有竞走、跳高、标枪及铁饼。从那时起，田径运动就作为正式比赛项目之一。人们开始把跑、跳跃和投掷等各种人体运动技能作为竞技运动项目进行比赛，并逐渐形成相对固定的运动形式和竞赛规则。这些技术动作随着参与者身体素质的不断提高、技能的不断熟练，变得越来越规范、越来越专业化，逐渐形成了以获胜、夺标为目的，追求高、精、尖技术和快、高、远的运动成绩，有专门的训练原理、原则和方法，对场地、器材都有严格规定的田径竞技运动项目。

马拉松项目创立于公元前 490 年，传说希腊士兵菲利皮迪斯从马拉松城一直跑到雅典城，全场跨度约为 40 千米，为的是报告希腊军队打败了波斯军队的喜讯。当跑到雅典时，菲利皮迪斯精疲力竭而死。为了纪念他，后人就创立了马拉松跑比赛。1894 年，在法国巴黎成立了现代奥运会组织。1896 年在希腊举行了第一届现代奥运会，在这届奥运会上田径的走、跑、跳跃、投掷等项目，被列为大会的主要竞技项目。

1964 年，全自动电子计时的最小计算单位达到了 0.1 秒。1968 年，美国人吉姆·海因斯成为历史上首位 100 米跑进 10 秒大关的运动参与者。迪克·福斯贝里革命性地创造了跳高的全新姿势"福斯贝里跳"（背越式跳高）。同时国际大赛首次使用了合成塑胶田径跑道。1990 年，在巴黎的第二届奥运会上，首次增加了女子田径比赛，当时参加比赛的女子田径运动参与者仅有 6 名。

4 年一届的奥运会是促使田径运动成绩不断提高和改进训练方法的动力。许多优秀的田径运动参与者经过刻苦训练使他们的先进技术和训练方法通过奥运会推广于世界各地。例如，第 2 届奥运会推广了跨栏跑和剪式跳高技术。采用大运动量训练的捷克选手拉脱培克，在第 15 届奥运会上取得 5000 米、10 000 米和马拉松 3 项冠军后，变速跑的方法立即推广于世界各地。1960 年第 17 届罗马奥运会上采用马拉松式训练法的新西兰运动参与者斯奈尔、马吉等在 800 米、5000米、10 000 米上取得好成绩后，新西兰的马拉松训练法又得以推广。在 1968 年的墨西哥奥运会上，美国运动参与者福斯贝里采用背跃式跳高取得冠军后，世界各地仅 2~3 年时间里便取代了俯跳卧式跳高技术。诸如此类事例在历届奥运会中不胜枚举，它对田径运动的技术和训练方法起到了推陈出新的作用，促使了全世界的田径运动的不断发展①。

生理学家和有经验的教练员们曾预言田径运动成绩的最高界限，但这些预言一个个都被运动参与者的实践所冲破，奥运会历史中不断刷新被破纪录的项目，这说明田径运动成绩永无顶峰，这也是田径项目受人喜欢之所在。

三、我国田径运动的发展

19世纪下半叶，田径运动传入中国，1890年在上海的圣约翰逊书院举办了全国第一次田径比赛。20世纪初，外国传教士将现代田径运动带进中国，当时只有在教会创办的学校之间开展田径比赛，后来逐渐普及到全国的公立、私立学校。1922年，北洋政府颁布"壬戌学制"，规定田径项目为学校的主要教学内容之一。1932年，中国首次参加第10届洛杉矶奥运会。当时中国短跑运动参与者刘长春已具备了世界水平，但由于经费不足，他经过长途跋涉到达洛杉矶的第3天就参加100米预赛，仅以11秒1的成绩名列小组第5名，未能进入下一轮比赛。在200米比赛中，刘长春跑出了22秒1的好成绩，虽获小组第4名，也未能进入复赛。比赛结束后刘长春没有回国的路费，在当地华侨的捐助下才得以返回祖国②。

中华人民共和国成立后，田径运动得到迅速普及，技术水平提高很快。自1953年起，几乎每年都举行规模较大的全国性的田径运动会，在群众性体育运动广泛开展的基础上，中国田径技术水平和成绩缩短了国际差距。1956年，女子跳高运动参与者郑凤荣以1.77米打破了当时1.76米的世界纪录。20世纪60年代，中国有10个项目进入了世界前10名。1983年，在上海举行的第5届全运会上，朱健华以2.38米打破了他自己保持的2.37米的世界纪录。同年，徐永久以45分13秒4的成绩创女子竞走世界纪录，成为中国第一个在世界比赛中获得冠军的田径运动参与者。90年代随着马家军的崛起，创造了一批女子中长跑世界纪录，王军霞还赢得了"亚洲神鹿"的称号。2000年悉尼奥运会上中国运动参与者王丽萍获得20千米竞走金牌，2004年雅典奥运会刘翔夺得110米栏冠军。

但是，近几年中国的田径成绩又有所滑坡，与世界高水平田径队伍仍有明显差距，要把我国建设成为世界体育强国，提高田径运动水平的任务十分艰巨。田径运动彰显了一个国家的竞技实力，同时田径运动是各项运动的基础。北京奥运会上中国在田径运动场上能有所突破，将推进中国体育事业的飞跃发展。

---

① 腾讯体育. 田径历史 [EB/OL]. [2015-09-06]. http://sports.qq.com/a/20101025/000662.htm.
② 李鸿江. 田径 [M]. 北京：高等教育出版社，2008.

第 2 节　田径运动的健身特点

一、与生活密切相关

走、跑、跳、掷是人类生活的基本技能，是田径运动项目中最基本的运动形式。这些自然动作和技能对学习掌握田径运动各项技术有着十分密切的关系，这些自然动作规范，有助于正确地、较快地掌握田径运动技术。

二、广泛性

田径运动既具有个体性，又具有广泛的群众性。田径运动除接力跑外，其余都是以个人为单位参加比赛的运动项目，团体成绩和名次大都是由个人成绩和名次及接力跑成绩的名次计分相加决定的。田径运动是体育运动中最大的一个项目，它包括很多单项，是任何大型运动会不可或缺且单项最多的项目。此外，在平时的健身运动中，田径运动也是参与最多的项目。

三、简易可行

参加田径运动很少受到条件限制。男女老少都可以在平原、田野、草地、小道、公路、河滩、沙地、丘陵、山冈、公园等较安全的地带从事田径运动。基层田径比赛要从实际出发，因地制宜，任何坚固、均质、可以承受跑鞋鞋钉的地面均可用于田径竞赛。使用简易的场地器材和设备也可举行基层田径运动会。

四、促进身心健康

田径运动中各单项和全能项目，对人体形态、主要身体素质水平和心理机能等有不同的要求，运动参与者要从个人实际和特点出发，选择运动项目，掌握具有个人特点的先进、合理的运动技术。

第3节 田径运动的健身价值

一、促进新陈代谢

田径运动是增强人民体质的重要手段之一。经常从事田径运动,能促进机体的新陈代谢,改善与提高内脏器官的机能,全面发展人的身体素质。

二、促进运动系统良性发展

对骨骼、肌肉、关节和韧带都会产生良好的影响,经常运动可以使肌肉保持正常的张力,并通过肌肉活动给骨组织以刺激,促进骨骼中钙的储存,预防骨质疏松,同时使关节保持较好的灵活性,韧带保持较佳的弹性,锻炼可以增强运动系统的准确性和协调性,保持手脚的灵便,使人可以轻松自如、有条不紊地完成各种复杂的动作。

三、改善心血管系统

适当的运动是心脏健康的必由之路,有规律的运动锻炼可以减慢静息时和锻炼时的心率,这就大大减少了心脏的工作时间,增强了心脏功能,保持了冠状动脉血流畅通,可更好地供给心肌所需要的营养,可使心脏病的发病率减少很多。

经常参加体育锻炼可使心肌细胞内的蛋白质合成增加,心肌纤维增粗,使得心肌收缩力量增加,这样可使心脏在每次收缩时将更多的血液射入血管,促进心脏的每搏输出量增加,长时间的体育锻炼可使心室容量增大。

体育锻炼可以增加血管壁的弹性,这对人健康的远期效果来说是十分有益的,人随着年龄的增加,血管壁的弹性逐渐下降,因而可诱发高血压等退行性疾病,通过体育锻炼可增加血管壁的弹性,可以预防或缓解退行性高血压症状。

体育锻炼可以促使大量毛细血管开放,因此加快血液与组织液的交换,加快了新陈代谢的水平,增强机体运动量物质的供应和代谢物质的排出能力。

体育锻炼可以显著降低血脂含量(胆固醇、b-蛋白质、三酰甘油等),改变血脂质量,有效地防治冠心病、高血压和动脉粥样硬化等疾病。

体育锻炼还可以使安静时脉搏徐缓和血压降低。

四、增强呼吸系统机能

经常参加体育锻炼,特别是做一些伸展扩胸运动,可以使呼吸肌力加强,胸廓扩大，有利于肺组织的生长发育和肺的扩张，使肺活量增加，经常性的深呼吸运动，也可以促使肺活量的增长，大量实验表明，经常参加体育锻炼的人，肺活量值高于一般人。

体育锻炼由于加强了呼吸力量，可使呼吸深度增加，以有效地增加肺的通气效率，研究表明，一般人在运动时肺通气量能增加到 60 升/分钟左右，有体育锻炼习惯的人运动时肺通气量可达 100 升/分钟以上。

一般人在进行体育活动时只能利用其氧气最大摄入值的 60% 左右，而经过体育锻炼后可以使这种能力大大提高，体育活动时，即使氧气的需要量增加，也能满足机体的需要，而不致使机体缺氧。

五、促进消化系统的机能

体育锻炼加速机体运动量消耗的过程，能量物质的最终来源是通过摄取食物获得，因此，运动后会促进消化系统的功能变化，饭量增多，消化功能增强。

六、提高中枢神经系统工作能力

体育锻炼能改善神经系统的调节功能，提高神经系统对人体活动时错综复杂的变化的判断能力，并及时做出协调、准确、迅速的反应。研究指出，经常参加体育锻炼，能明显提高脑神经细胞的工作能力。反之，如缺乏必要的体育活动，大脑皮层的调节能力将相应地下降，造成平衡失调，甚至引起某些疾病。

七、增进心理健康

体育锻炼对心理的发展（如增强信心、建立良好的环境、培养稳定的情绪、培养独立和处事果断的能力、提高智力发展等）有巨大的推动作用。相反，不积极地从事体育活动及不良情绪得不到彻底宣泄，对心理健康有负面影响。

田径运动是各项运动的基础。它能全面地、有效地发展人的身体素质和运动技能，对其他各项运动技术的发展和成绩的提高都有很好的作用。因此，各项体育运动都把田径运动作为提高身体素质的训练手段。实践证明，许多优秀运动参与者，特别是球类运动参与者，都有较高的田径运动能力和素质水平。可见，田径运动是各项运动的基础，是对体育运动的科学总结，正确地反映了和各项体育运动之间的内在联系。田径运动的项目较多，锻炼形式多样，场地、设备和器材比较简单，练习时不易受到性别、人数、时间和季节等条件的限制，便于广泛开展。

第4节　田径运动健身的基本原则

一、坚持田径运动属性的原则

在设计、创编田径健身项目时，应以走、跑、跳、投等人体基本活动形式为基础，以健身为目的，以娱乐为依托。作为田径运动健身的方法和手段不能离开田径运动的属性和本质特征，偏离了这一点，就超出了田径运动的范畴[①]。

二、从实际出发原则

由于不同职业、不同年龄、不同性别、不同身体素质、不同地域的人，对田径健身项目的选择和要求是不尽相同的，因此，设计田径健身项目时，要充分考虑健身者所存在的这些差异。应从健身者的职业和年龄特征入手，再结合当地的民族传统项目等，设计出人们喜闻乐见的田径健身项目。

三、易操作性原则

无论是健身的形式、内容，还是所用器材，都应使健身者易于操作；不能过于繁杂，不要让人觉得高不可攀。应把田径健身项目的技术难度控制在健身者力所能及的范围内，而不能像奥运比赛项目那样追求"更快、更高、更强"。

四、循序渐进原则

体育锻炼的内容要由简单到复杂，由易到难，运动负荷安排由小到大逐渐增加。

五、适宜运动负荷原则

负荷适量指体育锻炼要有恰当的生理负荷量。锻炼效果的大小，与锻炼时生理负荷的适宜与否有着极为密切的关系。负荷量太小，机体得不到适宜的刺激，功能的变化不明显，锻炼效果也就不大。相反，机体负荷量太大，不仅不能增强体质，而且还会损害健康。决定运动负荷大小的主要因素是量和强度。量是指完成动作的次数、组数、时间、距离等；强度是指完成练习所用力量的大小和机体

---

① 马卫平，严秋. 健身方法引导：田径是健身之本 [M]. 北京：北京体育大学出版社，2000.

的紧张程度，包括动作的速度、练习的密度、练习间歇时间的长短、负重的大小、投掷的距离、跳跃的高度和长度等。量和强度要处理适当。强度越大，则量就要相应减少；强度适中，则量可以相应加大。要做到适量，以练习者承受得了并有一定的疲劳感为度[①]。

掌握适宜的运动量，一般可采用心率百分法，即采用使心率升高到本人最高心率的70%~85%的强度作为标准进行锻炼的方法。个人的最高心率直接测量比较困难，一般男女均可用220减去年龄来估算每分钟的最高心率[②]。例如，某人20岁，其锻炼过程的运动强度应控制在心率为：

$$(220-20) \times (70\% \sim 85\%) = 140 \sim 170（次/分钟）。$$

这被称为有氧锻炼的适宜负荷量。或者用接近极限运动量的心率（一般假定每分钟200次）减去安静时的心率（这里假定每分钟60次）的70%，再加上安静心率基数60次，即运动时的心率为：

$$(200-60) \times 70\% + 60 = 98 + 60 = 158（次/分钟）。$$

这是对身体影响最佳的运动强度。当然这两种计算方法也是相对的，适宜的运动负荷还要根据锻炼时和锻炼后的感觉来调整。

适宜运动负荷原则是一条极为重要的健身原则，运动负荷安排是否得当，直接影响健身效果。负荷过小，对机体的刺激强度不够，达不到强身健体的目的；负荷过大，机体超载运转，不但不能增强体质，反而会损害身体。所以，设计项目时要认真安排运动负荷，合理安排锻炼与休息之间的交替，避免过度疲劳情况的发生。

六、时尚性原则

追赶时尚是人们对社会上某种新奇性行为的模仿，是群众性的社会心理现象。对于一些新的东西，如果许多人都去效仿，就会成为一种时尚。设计田径健身项目时充分利用这一社会心理现象，就能在较短时间内，吸引大批健身爱好者加入田径健身运动中。

七、安全性原则

安全性有两方面的含义：首先，设计的田径健身项目的内容必须符合人体运动的生物力学科学规律，技术动作不能违反常规，危险性较大的项目坚决不予采

---

① 田麦久. 运动训练学 [M]. 北京：人民体育出版社，2016.
② 邓树勋，王健，乔德才. 运动生理学 [M]. 北京：高等教育出版社，2009.

用;其次,要考虑健身环境的安全性,如平整的场地、适宜的器材、便于运动的服装等。

八、持之以恒原则

锻炼要持之以恒,但生病期间不要勉强。要做好运动前的准备活动和运动后的整理活动。选择自己所喜爱的运动项目,最好结伴锻炼。

九、全面锻炼原则

全面锻炼原则是指体育锻炼应全面发展身体的各部位、各器官的机能,提高各种身体素质和基本活动能力,从而达到身心全面和谐的发展[①]。人体是在大脑皮层调节下的有机统一的整体,人体各部位、各器官系统的机能,各种身体素质和基本活动能力之间是相互联系、相互制约的。身体素质是人体在运动过程中所表现出来的力量、速度、耐力、柔韧和灵敏等方面能力的综合体现,它们是通过肌肉活动表现出来,但同时反映着内脏器官的机能、肌肉工作的供能情况,以及运动器官与内脏器官活动配合的协调状况。

对于处于生长发育关键时期的青少年来说,全面发展尤为重要。由于各个运动项目对身体发展都有其独特的锻炼作用,但同时也有一定的侧重性。例如,长跑锻炼有益于发展心血管系统和呼吸系统的功能,加强中枢神经系统的调节。锻炼的内容可结合自己的兴趣爱好,选择 1~2 项作为每天必练的主要项目,同时加强其他项目的锻炼,以弥补主项之不足。全面锻炼的过程中还应注意群体意识、个性特征等心理素质的发展。

---

① 王琳,薛锋. 运动训练理论研究 [M]. 北京:中国社会科学出版社,2014.

第 2 章　田径运动健身的科学知识

田径运动健身是现代社会较受广大人民群众喜欢的运动健身方式之一，由走、跑、跳、投 4 种基本的健身方式组成，目前大多数人采取健身走及健身跑的形式较多，由于锻炼的具体内容和情况存在差异，因此在锻炼时有不同的选择形式。由于锻炼者的实际情况存有不同，因此在选择健身方式及健身时段时有所不同。

第 1 节　田径运动健身的时段

田径运动健身的时段选择因人而异。有学者认为，早晨太阳未出来时，在树木繁茂的地方，由于树木进行了一夜的呼吸作用，且光合作用较弱，因此氧分压低，二氧化碳浓度较高，空气中存留的污染物浓度也较高，这时不太适宜进行锻炼。

另外，经过一晚上的卧床睡眠，机体血液黏稠度相对较大，血压较高，运动时很有可能适得其反。尤其是冬季，天气寒冷会刺激交感神经兴奋性，对于患有心血管疾病的患者，可能会加剧病情，严重的甚至会引发猝死。

所以，晨练时，如果太阳未出，在思想上应引以重视，加强防范措施。建议在太阳出来后再进行晨练或有条件者在 9 点到 10 点再进行晨练。当前运动生理学的研究表明，人体机能很大程度上受到身体"生物钟"系统的影响，不同的时期有着不同的工作效率，但通常情况下在傍晚时分会出现最高点。有学者研究表明，身体吸氧量在下午 6 点左右出现最低点，心脏的跳动和血压的调节在下午的 5 点到 6 点之间出现最为稳定的点，而身体的触觉、嗅觉、视觉等也在下午的 5 点到 7 点左右处于最为敏感的时期，而人体内的激素活性在下午的 4 点到 7 点左右处于良好的状态，身体适应能力和神经敏感性也是最好。

由此可见，人体最佳的运动时期是下午的 3 点到 6 点左右。要注意的是，在运动之前不可以大量饮食，在饭后运动要注意间隔，最少间隔 30 分钟才可以轻度运动，1 小时后可以做中度运动，2 小时后才可以做高强度的运动。在运动结束后应间隔30分钟左右后再进食，同时饮食应以清淡多汤的食物为主，以补充体内流失的体液。

第2节 田径运动健身的场地、服饰

现代社会中由于田径项目的灵活性及多样性，田径运动健身的场地也是灵活多变的，对场地的选择也是自然灵活多变。锻炼者可以根据自己周围的实际情况及选择的运动方式的不同和自己的喜好进行选择，如大学校园、公园河边绿地、市区体育场、健身房等。在选择时应注意锻炼场所的空气最好是洁净的，不要在马路边上锻炼，因为灰尘多影响呼吸系统健康，同时易发生危险事件。最好选择在人流量相对较多的地点，尤其是女性，应以确保生命安全为第一。同时，应在空气流通情况较好的地点进行健身活动，避免发生窒息事件。

对于服饰的选择，也应根据自身的实际情况及个人的喜好进行灵活的选择，但要注意的是：首先，运动服要适合周围温度的变化。运动时，人体肌肉兴奋性增加，会产生大量的热量，因此，当外界气温较高时应选择轻薄衣物辅助散热，当外界气温较低时应选择较为保暖衣物防止体内热量大量散失，增加肌肉的舒适性从而预防运动损伤。其次，运动服饰的选择应结合选择的训练场地，例如，在室外的训练场地进行训练时应考虑到阳光、风、雨、雪及周围的一些环境对于身体皮肤的损伤等，在室内训练时则主要考虑衣服是否合身便于做动作，是否有助于身体排汗等条件。再次，选择符合自己身体体型的服饰，例如，一个身体较胖、出汗量比较高的人，那么他应该选择较为吸汗的且微肥大的款式，可以有效地掩盖身体的一些弱势，而体型较为瘦小的可以选择相对较为紧身的速干衣，可以有效地展现出自己的完美身材，选择符合自己身体体型的衣物可以有效地增加自信心，有效地增加对于体育运动的热爱。虽然在选择服饰中有很多的小技巧，但宗旨只有一个，即穿着舒服、方便，可以最大化地保护我们的身体。

运动服饰面料的选择应考虑两个主要的方面：一是最大限度地提高服装的舒适性；二是最小限度地减小意外伤害或肌肉受损的危险，以及降低摩擦力和阻力。

第3节 田径运动健身与气温

田径运动健身一般是在室外进行，而气温作为气象要素之一，其变化程度对于田径运动健身有着直接的影响。

一、高气温对田径运动健身的影响

人体完善的体温调节机能可使机体在不同气温条件下的代谢强度和散热方式发生相应变化,从而保持人体体温恒定。基于人体的体温调节能力有限,当气温过高(超过35 ℃)时,外界温度与人体温度接近,甚至超过人体正常温度,人体对流和辐射散热不足,体热积聚,体温升高,造成人体体温调节障碍。这时,身体会大量出汗,失去水分和无机盐,造成脱水、热痉挛、热衰竭、中暑等现象,更甚者将直接昏厥乃至死亡。体质较弱的年长者和儿童则不宜进行体育运动;对热环境较适应者可选择适当运动,运动量要适宜,运动时间不可过长,同时注意饮食平衡,尤其注意补充水分和维生素,如若感到头昏、头痛、口干等,要立即停止运动并到阴凉处休息。

二、低气温对田径运动健身的影响

低气温可造成人体局部冻伤和体温过低,而这主要是由于寒冷环境下长时间的体育运动使得人体热量散失过多引发的。当人体出现头晕、协调能力下降、步履不稳等症状时,可采取及时补充能量,多摄入高热量食物,适当增添衣物,控制运动时间等方式加以缓解。切不可躺下休息,否则体温的进一步降低会引起昏迷甚至死亡现象的发生。除此之外,人体内血液流速、体内循环代谢速度减慢,使得跑前热身难以达到理想效果,这样的情况下进行跑步锻炼很有可能会导致抽筋、扭伤、岔气等症状发生。研究表明,当环境温度低于 -5 ℃时不宜进行长跑训练,而如果气温低于 -8 ~ -7 ℃则不宜外出跑步。

三、合理利用气温变化进行田径运动

正是由于高低温对田径运动健身的影响,为了让人体的生理机能主动适应一年四季的气温变化,更好地应对高低温环境,所以医疗保健学家提出"耐热锻炼"和"耐寒锻炼"的理念,即在春夏之交进行耐热锻炼,而在秋冬之际进行耐寒锻炼。人们可选择一般的田径项目达到健身的目的,如跑步、快走等。春秋季节,早晨气温较低,要注意防风防寒,以免因晨练而引起感冒等呼吸道病症;冬季或恶劣天气,应多选择在室内健身。据专家研究,适宜的健身温度为 17 ~ 23 ℃。超过这个范围,不仅造成体感不适,而且还影响高级神经活动和自主神经机能,出现注意力不集中、精确性和协调性变差、反应速度降低等现象,从而影响健身锻炼的效果。

束后应间隔 30 分钟左右后再进食，同时饮食应以清淡多汤的食物为主，以补充体内流失的体液。

第 2 节　田径运动健身的场地、服饰

现代社会中由于田径项目的灵活性及多样性，田径运动健身的场地也是灵活多变的，对场地的选择也是自然灵活多变。锻炼者可以根据自己周围的实际情况及选择的运动方式的不同和自己的喜好进行选择，如大学校园、公园河边绿地、市区体育场、健身房等。在选择时应注意锻炼场所的空气最好是洁净的，不要在马路边上锻炼，因为灰尘多影响呼吸系统健康，同时易发生危险事件。最好选择在人流量相对较多的地点，尤其是女性，应以确保生命安全为第一。同时，应在空气流通情况较好的地点进行健身活动，避免发生窒息事件。

对于服饰的选择，也应根据自身的实际情况及个人的喜好进行灵活的选择，但要注意的是：首先，运动服要适合周围温度的变化。运动时，人体肌肉兴奋性增加，会产生大量的热量，因此，当外界气温较高时应选择轻薄衣物辅助散热，当外界气温较低时应选择较为保暖衣物防止体内热量大量散失，增加肌肉的舒适性从而预防运动损伤。其次，运动服饰的选择应结合选择的训练场地，例如，在室外的训练场地进行训练时应考虑到阳光、风、雨、雪及周围的一些环境对于身体皮肤的损伤等，在室内训练时则主要考虑衣服是否合身便于做动作，是否有助于身体排汗等条件。再次，选择符合自己身体体型的服饰，例如，一个身体较胖、出汗量比较高的人，那么他应该选择较为吸汗的且微肥大的款式，可以有效地掩盖身体的一些弱势，而体型较为瘦小的可以选择相对较为紧身的速干衣，可以有效地展现出自己的完美身材，选择符合自己身体体型的衣物可以有效地增加自信心，有效地增加对于体育运动的热爱。虽然在选择服饰中有很多的小技巧，但宗旨只有一个，即穿着舒服、方便，可以最大化地保护我们的身体。

运动服饰面料的选择应考虑两个主要的方面：一是最大限度地提高服装的舒适性；二是最小限度地减小意外伤害或肌肉受损的危险，以及降低摩擦力和阻力。

第 3 节　田径运动健身与气温

田径运动健身一般是在室外进行，而气温作为气象要素之一，其变化程度对于田径运动健身有着直接的影响。

一、高气温对田径运动健身的影响

人体完善的体温调节机能可使机体在不同气温条件下的代谢强度和散热方式发生相应变化,从而保持人体体温恒定。基于人体的体温调节能力有限,当气温过高(超过35℃)时,外界温度与人体温度接近,甚至超过人体正常温度,人体对流和辐射散热不足,体热积聚,体温升高,造成人体体温调节障碍。这时,身体会大量出汗,失去水分和无机盐,造成脱水、热痉挛、热衰竭、中暑等现象,更甚者将直接昏厥乃至死亡。体质较弱的年长者和儿童则不宜进行体育运动;对热环境较适应者可选择适当运动,运动量要适宜,运动时间不可过长,同时注意饮食平衡,尤其注意补充水分和维生素,如若感到头昏、头痛、口干等,要立即停止运动并到阴凉处休息。

二、低气温对田径运动健身的影响

低气温可造成人体局部冻伤和体温过低,而这主要是由于寒冷环境下长时间的体育运动使得人体热量散失过多引发的。当人体出现头晕、协调能力下降、步履不稳等症状时,可采取及时补充能量,多摄入高热量食物,适当增添衣物,控制运动时间等方式加以缓解。切不可躺下休息,否则体温的进一步降低会引起昏迷甚至死亡现象的发生。除此之外,人体内血液流速、体内循环代谢速度减慢,使得跑前热身难以达到理想效果,这样的情况下进行跑步锻炼很有可能会导致抽筋、扭伤、岔气等症状发生。研究表明,当环境温度低于-5℃时不宜进行长跑训练,而如果气温低于-8~-7℃则不宜外出跑步。

三、合理利用气温变化进行田径运动

正是由于高低温对田径运动健身的影响,为了让人体的生理机能主动适应一年四季的气温变化,更好地应对高低温环境,所以医疗保健学家提出"耐热锻炼"和"耐寒锻炼"的理念,即在春夏之交进行耐热锻炼,而在秋冬之际进行耐寒锻炼。人们可选择一般的田径项目达到健身的目的,如跑步、快走等。春秋季节,早晨气温较低,要注意防风防寒,以免因晨练而引起感冒等呼吸道病症;冬季或恶劣天气,应多选择在室内健身。据专家研究,适宜的健身温度为17~23℃。超过这个范围,不仅造成体感不适,而且还影响高级神经活动和自主神经机能,出现注意力不集中、精确性和协调性变差、反应速度降低等现象,从而影响健身锻炼的效果。

第4节　田径运动健身与空气质量

空气质量对于田径运动健身有着深刻的影响，首先对于空气质量的划分一般分为4个等级：$PM_{2.5}$值50以下的空气质量为优，50~100为良，100~200为中度污染，200以上为重度污染。人体运动过程中从空气中摄入氧气，排出二氧化碳，其中人体摄入空气的比例与运动量的大小成正比，由于运动过程中需氧量较大，因此吸入空气的量度也较大，是人处于安静状态下的十几倍之多，所以空气质量的好坏严重影响人体运动健身质量的好坏，空气质量在中度污染的情况下不建议继续进行体育健身活动。综上所述，在选择运动场地的时候应考虑大气环境的空气质量、场地的通风情况、周围环境或场地是否有污染物的扩散等。

第5节　田径运动健身与补液

水是维持人体生命活动的必需营养物质，是人体的重要组成部分。成人体内含水量约占体重的60%，其中细胞内液占40%，细胞外液约占20%。水分布于各种组织器官和体液中。人体含水分的多少不仅受到饮水量及排汗量的影响，还因年龄、性别的不同而不同，新生儿体内含水量占体重的75%~80%，伴随着年龄的增长，体内水分逐渐减少。

水以游离水和结合水两种形式存在于人体内，可以自由流动于血液、淋巴液、组织液中的水被称为游离水，与无机盐离子及蛋白质、糖原等亲水胶体颗粒结合在一起，参与组织器官构成的水称为结合水。例如，心肌细胞中含有79%的水即为结合水。游离水在人体中仅占一小部分，为3~4升。绝大多数为结合水的形式存在于人体内。

水在人体内必须保持一定的动态平衡，这是保证人体生命活动的重要条件之一。每天人体内的水来源主要有3个方面：①饮水，每日约为1.2升；②从食物中摄取，约1.0升；③通过人体内的新陈代谢，体内物质氧化所产生的水，约0.3升。人体内每日排出水的途径大致包括4个方面：①通过肾脏以尿液的形式排出体外，约1.5升；②经消化道以粪便的形式排出体外，0.10~0.15升；③通过人体的呼吸蒸发排出体外，约0.35升；④皮肤的排汗，排出的非显性汗约0.5升，人体在运动中或高温条件下排汗量会增加。

体液的丢失达到体重的1%以上时称为脱水。被动脱水是指运动过程中，受气温、运动强度、运动持续时间等条件的影响，非人为主动引发的不同程度的水分丢失现象。主动脱水是指为了达到降低体重的目的，人为造成不同程度的机体脱水现象。运动参与者在赛前慢速减去体重结合快速减去体重，通过有目的、有计划的长期训练，在不影响运动参与者运动能力及健康的前提下最大限度地减少体脂成分、适度地减少去脂体重（主要是水）称为运动参与者的主动脱水。

据有关研究表明，人体在失水量达到体重的2.5%时，人体运动能力将会降低至实验对照水平的56%左右，由此可见，脱水将会严重影响人体的运动能力。机体脱水大致可分为轻度脱水、中度脱水和重度脱水。人体失水量为体重的2%左右时为轻度脱水，此时机体内血容量减少，出现口渴、尿少、尿钾丢失，此时主要以流失细胞的外液为主；人体失水量达到体重的4%左右时为中度脱水，此时会出现心率加快、体温升高、严重口渴、疲劳、血压下降，此时的细胞内外液流失较为严重；当集体的失水量为体重的6%～10%时，可能会出现呼吸加快、肌肉抽搐、神志昏迷，严重的还会威胁到人体的生命安全，此时主要丢失的是细胞内液。失水量对人体运动能力的影响在一定程度上受运动训练水平的影响，一般训练水平的运动参与者在机体出现轻度脱水时会影响运动参与者的温度调节能力、循环能力、运动能力；训练水平较高的运动参与者在出现中度脱水时基本上不影响运动参与者的运动能力。

复水是指运动参与者在运动过程中为了缓解和改善机体脱水情况而采用的一种补水的方法。训练者在训练过程中应以补充身体流失的水分为主从而保证身体的水平衡为原则。在运动训练过程中，训练前、中、后3个阶段进行复水可以有效地缓解体液的丢失，维持运动能力，降低身体亚极量心率，维持血浆容量，降低热效应。复水时应注意补充的液体成分中不仅仅是单一的水，还应含有一定量的糖分、无机盐，但是浓度较低，以低渗透液为佳，并且在饮用方式上应注意少量多次的方法。一般建议，补液中的无机盐浓度不应超过20克/升，糖的含量应不超过25克/升，每10～15分钟引用150～250毫升、6～12℃的低渗透液。建议在进行长时间的耐久性田径运动健身活动前1～2小时应一次性饮用500毫升的低渗透液，因为在出现脱水之前进行强行饮水可以有效地避免脱水的发生；在运动超过1小时以上的大强度运动，运动参与者应补充含钠离子0.5～0.7克/升的糖盐水。运动结束后一定要进行运动补液并且一定要大于运动过程中体液的丢失量。

第3章 田径运动健身项目欣赏

田径运动从项目分类上分为跑、跳、投和竞走等项目①。从健身角度分化相对更加详细，张文普教授在田径运动健身价值的开发中将田径健身项目分为健身走、健身跑、健身跳和健身投4个方面，而且每个方面又细分为几个内容，例如，健身走又分为正常走、特殊方式健步走和快走；健身跑则分为控速跑、越野跑及特殊形式的多种跑步动作；健身跳分为徒手跳、持器械跳、行进间跳或者原地跳等；健身投则内容更加广泛，所有手持器物的近远投动作都归纳为健身投类②。

第1节 田径健身项目分类

随着现代经济社会的高速发展，人们对于运动健身的关注度越来越高，而由于田径运动健身项目本身的经济性与实用性的特点，使其受到越来越多的人关注与认可。田径运动健身是指利用田径运动项目中所包含的技术技巧，在合适的场地利用仅有的器材进行的身体锻炼活动，以达到提高身体素质及健康水平的行为活动。田径运动健身活动是体育运动健身活动的一个分支，隶属于体育运动健身项目的科学范畴。田径运动健身具有很强的实用性及经济性的特点。实用性是指在运动项目中无论是在400米的标准田径场中，还是环境优美的公园中，抑或者是在平时行走的街道里都可以进行简单的运动健身活动，并且所需要的器材与装备简单。经济性是指在资金的投入中相较于其他的运动健身项目较少。

田径运动健身项目种类繁多，形式也多种多样，随着现在社会的高速发展，人们的生活行为和其他各种体育运动的相互借鉴和相互融合，使得田径运动健身的方式和种类，变得更加丰富和多样化，但是根据其运动形式的不同大致可以分

---

① 王兴林. 田径运动概论 [M]. 北京：科学出版社，2009.
② 张文普，王丙振. 田径运动健身价值的开发 [J]. 体育学刊，2003，10（5）：33-36.

为健身走、健身跑、健身跳、健身投四大类型。具体如图3-1所示。

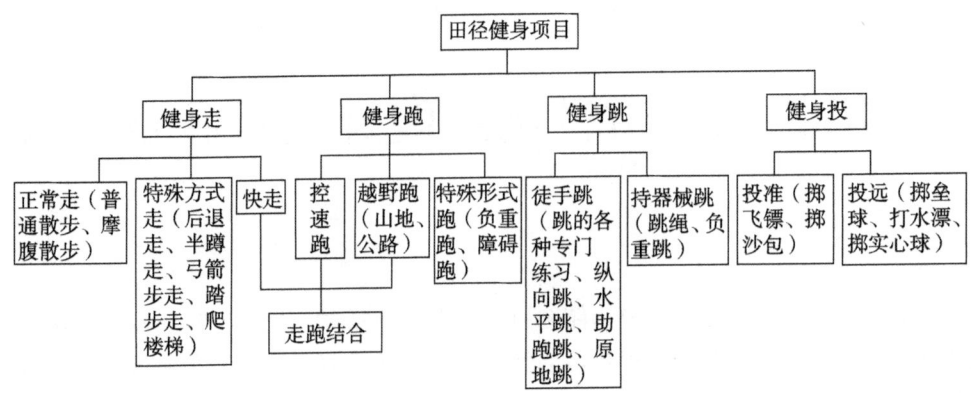

图3-1 田径运动健身项目分类

而对于健身走项目中又包含正常走、特殊方式走和快走。正常走由普通散步和摩腹散步两项组成。特殊方式走包含后退走、半蹲走、弓箭步走、踏步走、爬楼梯5种方式。

健身跑包含控速跑、越野跑、特殊形式跑。越野跑根据场地的不同也可以分为山地越野跑和公路越野跑两种形式；特殊形式跑中有负重跑和障碍跑两种形式。快走、控速跑及越野跑3种形式由于其运动的特殊性和运动强度的特点也可以归属于走跑结合的形式。

健身跳的形式多样，具体可以分为两类：一种是持器械跳，一种是徒手跳。其中徒手跳根据其方式不同可以分为跳的各种专门练习、纵向跳、水平跳、助跑跳、原地跳；而持器械跳包含跳绳和负重跳。

健身投项目根据项目的评判标准可以分为以精度为评判标准的投准和以远度为评判标准的投远。例如，投飞镖、掷沙包为投准项目，而掷垒球、打水漂、掷实心球则是以远度为评判标准的项目。

第2节 健身走

健身走是田径健身运动中的重要组成部分，据科学的考察，目前参与健身的人群中大多数人选择健身走因为其运动强度小、实施方便的特点，显然已成为目前社会中最受广大人民群众喜爱的运动项目之一。健身走早在几千年前就被中国古老中医认为是"百炼之祖"，被誉为医学之父的希波克拉底也称步行为"人类最好的医药"，这并非毫无根据之说。已有许多研究证实，有规律性的健身走可增进身体所有部位的健康。适度的健身走可以促使大脑分泌内啡肽，这是一种俗称"愉快素"的物质，能使身体的各种节律（生物钟）处于和谐状态，促使心情愉快①。

健身走项目中包含正常走、特殊方式走、快走3种形式。正常走由普通散步和摩腹散步两项组成。特殊方式走包含后退走、半蹲走、弓箭步走、踏步走、爬楼梯5种方式。可见正常走和快走中又包含多种形式，不同的人群可以根据自身情况而选择不同的身体运动方式。三者相对比之下我们不难看出，三者的运动强度有所差异。

健身走运动时间及运动强度的分类和要求有以下3种：缓慢走法、普通走法和快速走法。身体素质较差的人群适合缓慢走法，每分钟步数不多于70~90步或者可以更慢些，每次运动时间应控制在30分钟至1小时。长期锻炼的老年人适合的走法为普通走法，每次运动时间控制在30分钟以上1小时以内，每分钟步频尽可能地保持在90~120步，同时身体应稍向前倾，匀速且要有节奏。为了增强心脏功能并且达到减肥效果的人群比较适合采用快速走法，每分钟步行120~140步，每小时步行5~7千米，每次锻炼时间应保持在30~60分钟。行走过程中，身体应时刻向前趋，在加快行走步伐的同时，心率最好能够控制在每分钟120次以下。

不同的走法有着不同的要求及作用，下面为大家介绍几种走法及要求。

（一）摆臂走法

摆臂走法的功效在于有效地增进肩部和胸廓的活动。适用于有呼吸系统慢性病的患者，两臂用力向前后摆动，归属于自然走法的范围。

（二）摩腹走法

摩腹散步法的功效为可促进胃液的分泌和胃的排空，可以用于防治消化不良和胃肠道慢性疾患，其定义为在轻松散步的同时，两手柔和地按摩腹部。摩腹散步是散步与按摩有机结合是一种传统的中医保健法。

（三）原地踏步法

原地踏步走法归属于特殊的方式走法，其本身又包含脚尖不离地踏步法、自然踏步法、高抬腿踏步法，以下为这3种走法的详细介绍。

---

① 赵之心. 有氧健身走 [EB/OL]. https://baike.so.com/doc/4949900-5171239.html.

1. 脚尖不离地踏步法

此方法标准姿势为身体站立正直，双足平行，踏步时，上肢、大腿、膝关节、小腿等与自然踏步法相同，其不同的地方在于左右脚尖始终不离地。脚尖不离地踏步法对健美身体有很大的作用。

2. 自然踏步法

此方法非常简单，老少皆宜，其方法动作为身体站立正直，双足平行，腿脚自然抬起落下，左右脚交替，上肢与下肢要协调配合。

3. 高抬腿踏步法

此方法适用于青少年与中年人群，除高抬腿和步行原地外，其他均与自然踏步法相同。

（四）后退走、半蹲走、弓箭步走、楼梯走

后退走、半蹲走、弓箭步走、楼梯走4种形式是特殊的走法，从名称中我们就可以看出，这是以后退、半蹲、弓箭步和爬楼梯的方式进行的健身娱乐活动。这几种健身方式极大地丰富和提高了人体健身走的活动兴趣，有效地缓解了在健身娱乐活动中，人体由于长期从事单一的运动方式而感到疲劳。机体的灵敏性和协调性在健身走的过程中得到有效提高，简单而又安全且富有娱乐性的身体运动适合于中老年人群。

（五）竞走法

竞走法属于快走的行列，人体躯干始终保持直立或稍向前倾，两臂弯曲约90°，伴随着两腿前后走动而加以摆动。竞走时先用脚跟着地，然后过渡到全脚掌落地，充分体现能量与力的传递。脚在落地时，膝关节要伸直。脚落地后，身体顺惯性前移，摆动腿弯曲向前摆动。在竞走的过程中，人体处于一个整体之中，因此，整体性与协调性可以从中得到锻炼。当支撑腿垂直地面时，摆动腿大腿向前摆，小腿随大腿向前摆出，此时摆动腿带动同侧髋关节向前送出。竞走的负荷根据不同年龄段、不同体质的人加以区别，因此，进行走步锻炼者可以增强耐力，提高协调性。

第3节 健身跑

健身跑又称慢跑，它是采用较长时间、慢速度、较长距离的有氧锻炼方法。

第3章 田径运动健身项目欣赏

其技术特点简单、易掌握，男女老少均可参加。该项运动不受场地、器材限制，可在田径场、公路、树林、公园及田间小路等地练习，是我国群众性体育活动中普遍开展的项目之一[①]。

健身跑包含控速跑、越野跑、持器械跑 3 种不同的形式。对于越野跑，根据其跑步场地的不同可以有效地分为公路越野跑、山地越野跑 2 种不同的形式，特殊形式的跑有负重跑和障碍跑 2 种形式；控速跑和越野跑与之前健身走中我们提到的快走这 3 种运动形式在运动过程中运动强度和运动方式上有一定的相似之处，所以共同属于走跑结合类项目。

控速跑（图 3-2）是健身跑的重要组成部分，控速跑是指运动过程中在一定的运动时间内或运动距离内以适宜的速度完成全程的运动方式，节奏性强，运动时间长，运动强度相对较低，属于有氧健身项目，适合大多数的人群。控速跑一定要注意步伐轻快而且富有弹性，脚掌柔和的落地缓冲，控制好身体重心，不要上下起伏太大，同时身体不要左右的晃动，上下肢协调配合。呼吸和跑步的节奏相互配合，一般是两步一呼、两步一吸、三步一呼、三步一吸，对于初级跑步者而言，跑步时的呼吸快慢、深浅因人而异。

图 3-2 控速跑

控速跑对于高血压、高血脂、高血糖患者有很好的保护与帮助作用，控速跑可以有效地提高运动健身者的肺活量。

越野跑是指在自然环境下的慢跑健身活动，根据场地的不同可以分为山地越野跑和公路越野跑，越野跑的强度相较于控速跑较大，身体的中期起伏较大，不受场地、器材的限制，每次的慢跑运动是按照当地的自然环境选择的路线，在这种野外的清新环境中进行的慢跑活动可以有效地缓解肌肉的紧张感，缓解疲劳，身体的负荷和精神高度集中不断地交替进行，运动参与者的心血管系统都将得到很好的锻炼，越野跑不仅可以对身体进行很好的锻炼，同时对于心智锻炼也有较强提升，可以很好地培养和锻炼克服困难的能力，越野跑运动因为运动距离长、运动环境较为复杂多变，因此在技术上采用多种运动形式。在道路上跑时，基本采用中长跑的相同技术，并且尽量注意在路面相对较为平缓的地方进行。在草地

---

① 健身跑 [EB/OL]. https://baike.so.com/doc/6685832-6899735.html.

上跑时，采用全脚掌着地，同时需要留心向下看，以免陷入坑洼地方或者踩到石头扭伤脚踝。上坡时，上体应前倾，大腿高抬一些，并前脚掌着地，小跑上去。下坡时，身体向后倾斜一些，用全脚掌或者脚跟着地以起到减缓速度的作用。尤其是在丛林中进行锻炼时，应注意保护自己以免被树枝划伤。

持器械跑是指在运动过程中为了增加训练强度而采取的一种负重训练方式，现在健身过程中较为常见的有身体背沙袋跑、四肢绑缚沙袋或重物跑，或者两人绑缚弹力带跑等几种负重跑形式，抑或者是越过障碍物的跑。在持器械跑的过程中应遵循循序渐进的原则，切不可操之过急，应根据个人的基本情况具体问题具体分析。持器械跑时应先在原地进行技术动作的适应性练习，以免在进行健身运动时身体不必要的损伤。在进行障碍跑时应注意对场地健身环境进行实地考察，熟悉训练环境，以免在进行训练过程中受伤。持器械跑时可以有效提高健身者的训练强度和练习深度，同时对于运动技术的掌握有较强的辅助作用。

健身跑应注意以下几个问题。

1. 循序渐进

在训练时根据实际情况循序渐进地增加训练强度，每次增加训练时间和跑步距离后应稳定一段时间后再进行训练，不可操之过急，刚开始可以先进行跑与走的结合，适应一段时间后再进行跑的训练。

2. 准备工作

跑步时应注意熟悉环境，适应所穿装备，提前做好热身活动，减少运动损伤，克服内脏器官的惰性，提高机体运动能力。

3. 放松活动

运动结束后不要立即停止运动，应该以较为平缓的运动方式继续运动一段距离后再停止运动，避免重力性休克，放松肌肉组织，让心、肺等器官及运动系统得到较好的缓解。

4. 坚持不懈

运动过程中一定要秉持信念，坚持到底，在运动过程中只有持续运动才可以起到锻炼的作用。

5. 注意安全

在野外、公路上跑步尤其要注意安全，尽量不要在不熟悉的路段上跑步。一般最好在草地或软硬适宜的土质、塑胶道上跑步，在坚硬的柏油、水泥路面上跑步要适量，并应穿较软的跑鞋。

6. 全面锻炼

跑步的同时，也要注意结合其他形式的锻炼手段，以全面提高身体的整体机能。

7. 防缺内源氧

长时间跑步，容易导致细胞内源氧缺乏，要注意适度、适量。

第4节 健身跳

跳跃是田径项目中必不可少的重要组成部分，健身跳是指利用田径项目中跳的专门练习或者跳的技术动作以达到体育健身的目的活动。健身跳根据其手有无持器械可以分为两大类：一类是徒手跳，另一类是持器械跳。其中徒手跳包含跳的各种专门的练习动作，如纵向跳、水平跳、助跑跳、原地跳几种形式，而持器械跳又可以分为跳绳和负重跳。

徒手跳的练习方式多种多样，例如，发展跳的各种专门练习就有蛙跳、双腿跳、单脚跳和直腿跳等多种形式。在进行徒手跳的时候应注意起跳时前脚掌用力蹬地，向上或前上方跳起，上肢配合下肢协调有力的向上摆动，用力跳起，膝关节充分伸直，高高跃起，需要注意的是在落地时腿需要屈膝缓冲，从而减少落地时对身体的冲击，避免损伤膝盖和躯体关节。发展跳跃能力时一定要循序渐进，因人而异。在发展跳跃能力时可以设定一个目标，向着已设定好的目标进行练习，例如，在进行原地跳时可以在头顶设定一个在自己能力范围内的目标用力向上跳跃，在已设定的目标内进行练习可以有效地提高练习者的积极性；纵向跳跃对于发展练习者的腿部力量有很好的辅助作用，但需要注意的是，在运动中尽量选择较为平整的地面进行练习，以免在运动中受伤，做连续纵向跳跃时两脚要快速的跳起，双臂协调有力的摆动，前脚掌快速蹬地，身体充分的伸展，从而有效地提高腿部力量。

持器械的跳跃包含跳绳和负重跳两个项目。跳绳是我们日常生活中较为常见的运动健身项目，其本身经济性和便捷性深受广大人民群众的喜爱。跳绳项目不受场地和器材的制约，能有效提高个人的反应和耐力，有助于保持个人的完美体态和发展人体的协调性。据科学的考证，每小时跳绳消耗体内的热量大约有1000卡路里，对提高心血管的健康有重要的作用。相较于慢跑运动，它可以有效缓解膝和踝关节的疼痛困扰。跳绳对于促进内脏器官具有良好的作用，同时也可以消耗更多的脂肪使体型不断的完善，并且能使动作更加敏捷、稳固身体的重心。跳绳的方式很多，尤其是花样跳绳，趣味性很强，因此跳绳是健身跳中较为重要的组成部分。

负重跳跃，顾名思义是指人体通过外力作用使身体承受大于自身的重量起到刺激身体肌肉的目的，从而提高身体健康水平。负重跳跃练习对于发展人体肌肉的爆发力和肌肉的最大力量有着重要的作用，但是一定要注意训练过程中根据训练目的的不同应该选择不同的训练重量，例如，进行爆发力的训练时应注意负重不易过大，一般采用30%~60%的重量即可，盲目地进行大重量的训练反而会影响到爆发力，得不偿失。同时在进行最大重量的训练时，最好有人在旁边保护与帮助，以免受伤。负重跳跃能力训练对于提高心血管水平有着重要的作用。

在进行健身跳的过程中应注意以下几个问题。

1. 准备活动

在进行健身跳的活动之前，应注意先进行运动强度较低的热身活动，使身体充分的活动开后，再进行健身跳。这样可以有效地避免运动中的损伤，尤其是在进行健身跳时应充分的活动开膝和踝关节。

2. 训练中

保持精神的高度集中，健身跳活动相对冲击力较大，运动强度大，因此，人们在进行健身活动时，需要精神集中，可以有效地避免损伤，同时记住动作要点避免错误动作。

3. 循序渐进

在进行训练时应该注重循序渐进的原则，不可开始就进行高强度的训练。

4. 及时恢复

在训练结束后，应及时放松练习，缓解肌肉的疲劳，及时恢复。

第5节　健身投

健身投项目根据投掷的评价标准不同可以分为投准运动项目和投远运动项目两大类。对于以准度为评价标准的运动项目主要有投掷飞镖和投掷沙包两类；对于以远度为评判标准的项目有掷垒球、打水漂、掷实心球等。

投掷项目历史悠久，起源于古希腊。投掷项目对于发展青少年的协调能力、平衡能力、上下肢及腰腹部力量有着重要的帮助。尤其是青少年，模仿能力强，运动协调性稳定，肌肉力量发展迅速，骨骼发育趋于完美。因此，青少年很适合发展健身投项目，如掷实心球。掷实心球是一项力量性和动作速度项目，是以力量为基础、以动作速度为核心的投掷项目，在练习的过程中可以有效刺激腰腹肌核心力量，还有手臂力量及腿部力量。在初学时一定要注意循序渐进，采取小重量训练，熟练掌握动作后再进行较为大强度的训练。又如投飞镖项目，掷飞镖运动起源于英国，距今已经有150年的历史，掷飞镖运动是一项全身性运动，对于场地的要求并不是很严格，是办公室健身的良好项目，飞镖运动相对于射箭和射击来说有明显的区别，飞镖运动过程中有动的部分也有静的部分，运动量不大且可以调整，可有效地缓解疲劳。飞镖运动同时也是一种团体运动，有利于心理健康。飞镖运动参与的肌肉较多，有指、腕、肘、三角肌、肱三头肌等肌肉，运动量不大还可以调整，飞镖运动对于提高肌肉的控制能力有较强的辅助作用，对于提高逻辑思维判断和空间控制方面的平衡有着积极作用。

第6节　跑酷运动

跑酷运动是一项田径组合运动，区别于单独的跑、跳、投动作，是集跑步、跳跃及手臂的推送为一体的运动项目。跑步是基础动作，跳跃是跑酷的拔高动作，手臂的推送又能在翻越障碍时更加轻松自然，集田径健身项目于一身的复合型运动项目。

一、跑酷运动起源与发展

跑酷运动诞生于20世纪80年代的法国，也称为"城市疾走"或"Parkour"。Parkour一词源于法语中的"parcourir"，除了直译"到处跑"之外，还有超越障碍训练场之意，因为跑酷运动最早是在"越战"中诞生的，由法国士兵们发起，到2002年盛行于英国，后来被David Belle传播开来。跑酷一般是将整座城市作为一个大的练习场，所有的围墙和屋顶都可以成为穿越和攀爬的对象，尤其是那些废弃的房屋更是跑酷运动者经常光顾的对象，所以，这项街头疾走的项目通常被认为是一种极限运动，具有很强的观赏性。这种极限运动一般选择在城市，以日常的生活环境为运动场所，易于开展，便于观看，这也是被人们广为接受的主要因素。此外，跑酷并没有固定的规则和设施，人们可以用任何没有危险性的东西作为障碍物以作翻越、跑跳穿行。

我国对Parkour的翻译有很多种，除了"跑酷"外，还有人翻译成"暴酷"和"位移的艺术"，从运动场所来定义又称为"城市疾走"，在香港又被翻译为

"飞跃道"等。

Parkour运动中,追求的是动作自由、出其不意的表现,可以把自己独特的技能、独特的动作加入运动中,正是因为它出其不意的效果,所以才吸引了很多的参与者和观众。它更多的是源于人类潜意识的本能反应,是一种需要勇往直前精神主导的运动,这种本能思想根深蒂固,但归根结底是锻炼人快速反应并做出移动的能力,周围任何可见的事物都可以为我所用,且不需要进行专门的训练,完全出于本能,是通过敏捷的身体运动来强化身体神经及心理应对紧急情况的能力。

二、跑酷运动的本质及特点

(一)跑酷运动的本质

跑酷运动的本质在于开发人体的自然潜能,通过身体这唯一的工具来做出各种运动,以达到挖掘人体运动潜能的目的,如跑、跳、翻越、攀爬等动作,这是一项开发潜在运动能力的体育活动。

无论是在乡村还是在城市,都可以轻易开展,跑酷的唯一要求就是,越过面前的障碍物,无论是墙体还是栅栏,无论是岩石还是壕沟,无论是树木还是交通工具,都要勇敢的挑战它、越过它,有时会有很大的难度,所以这就要求在跑酷运动中要具备一定的灵活性和控制性,更要有一个健康的体魄,只有锻炼自己强健的体格,才能在运动中更加有效的穿越障碍,才能有效避开危险的发生。所以,在运动中,环境不是跑酷的重点,重点是在运动中能够精湛的掌握身体与周围环境的关系。

此外,跑酷运动中,自身评价很重要,动作要重在实用,避免花哨,更不能被影视中的动作所蒙骗,影视中很多动作都是在大量的保护措施前提下完成的,所以,在运动中要控制好身体的极限,无论何时都不能放开身体的控制权,没有百分之百的能力去安全地完成某个动作时就应避开,选择简单动作或绕行,这就是跑酷的核心,简单、实效。

(二)跑酷运动的特点

首先,跑酷运动具有极限运动的特征,所以在锻炼身体的同时也锻炼了意志。其次,跑酷运动方式简单、易于开展,换上运动鞋服,在任何场地上均可进行,正是因为其简单易行的特征,吸引了大量的参与者。再次,跑酷运动重在实效性,以最有效的方式完成预定的任务是最终目标。最后,跑酷要求人克服恐惧心理，锻炼克服困难的能力，使其在运动中不断提升心理素质和突破障碍的能力。

三、跑酷运动的核心素质与基本动作

（一）跑酷运动的核心素质

1. 身体协调性

跑酷运动需要有良好的身体协调性，身体协调性练习分为先天遗传和后天训练。如果先天协调性较好，只需要稍加练习就能使身体协调性达到一个较好的状态，跑酷运动练习就会起步较快，效果较好。如果先天协调性较差，则需要后天通过训练加强练习，如跳绳、快跑及节奏操等，通过后天的练习依然可以快速融入跑酷运动中来。

2. 力量素质

力量素质是跑酷运动的核心内容，主要分为上肢力量、下肢力量和核心力量。攀爬需要上肢力量和核心力量做支撑，包括肩、臂部的力量及腹背的核心力量。跳跃则需要核心力量及下肢力量为主体，腿部肌肉力量、膝、踝关节力量都很重要。快速奔跑则需要核心力量、上下肢力量的协调配合才能完成。如果没有足够的力量作支撑，那么跑酷运动只能永远停留在某个阶段而停滞不前。

3. 弹跳力

弹跳力不是跑酷运动的必要素质，但是在跑酷运动中却起着重要的作用。在跳跃障碍及跳跃壕沟时，弹跳力较好则会节省很多体力，省去因弹跳不足而需用手去攀爬耗费体力，省去因弹跳不足而引起的翻越动作。弹跳力主要由遗传因素决定，后天训练效果相对较小。

4. 勇气

勇气是跑酷运动的必备条件，因为跑酷运动类似于极限运动，需要考验人的心理素质。很多时候面对壕沟、高墙等必须翻越的物体，必须有足够的勇气才能翻越。面对不同的事物，每个人都会产生恐惧心理，但恐惧心理往往会限制身体动作的舒展与效果，越是容易出现意外事故，所以，勇气的锻炼是跑酷运动的必备素质。勇气练习可以在室内场馆里，有充足的保护措施的前提下做一些前空翻、后空翻及墙壁翻转等动作，既锻炼了勇气，又练习了动作。

（二）跑酷运动的基本动作

Parkour 运动的动作追求自由、倡导创意，并且鼓励参与者在运动中寻找适合自己的独特动作技巧，跑酷的热衷者更是把跑酷运动看作青年亚文化所倡导的生活方式。Parkour运动技术动作并没有固定的要求，只是要求跑酷参与者用自身的力量穿越障碍，并最终到达目的地，运动中可以使用任何动作，包括融入一些自己独有的运动技巧，往往收到出其不意的效果，跑酷运动被认为是一种青年人的生活方式，也更是一门艺术，使人们在不断的跳跃攀爬中无限伸展自由的灵魂。

虽说跑酷运动没有固定的动作要求，但经过长期的开展总结，也形成了运动中经常用到的一些动作及素质要求，具体总结如下。

①韧带要求——跑酷运动要求参与者要有较好的韧带，尤其是腿部、肩膀和腰背部韧带，这样才可以在运动中完成劈腿或腰部拱桥等动作。

②弹跳能力——发展弹跳能力主要是锻炼人着地时的准确性，可以先利用蛙跳动作在平地上进行练习，而后慢慢过渡到障碍物跳，由矮到高，从近及远。

③落地即起——人在高处或远处跳跃落地后，利用侧滚动作马上站立起来或继续下一个动作。

④手/肘弹跳——利用手或肘通过推动障碍物或墙体的反作用力来增加跳跃的距离，在奔跑过程中，如果碰到要穿越的障碍物及墙体时，想要加大跳跃距离所用到的一种动作。

⑤精确跳跃——从一个目标跳到另一个目标的动作，要求落地点的准确性，开始练习时要近距离练习，然后再过渡到远距离的跳跃练习。

⑥翻墙——跑酷运动最基本的动作是经过一段距离的助跑后，快到墙体时开始发力，先用一只脚顶住墙壁，然后手攀附墙壁，马上用另一只脚蹬踏墙体，通过惯性将第一只脚推送到第二只脚上面，双手再助力推送翻越墙体。翻墙一般分为两种形式，面对较高的墙体一般采用双手正面按跳上墙的方式，而相对较低的墙体还可以利用背坐式，然后转身上墙，越过墙体。

⑦TIC-TAC——一种最为常用的避开障碍物的普通方法，是在速度降低幅度不大的前提下，通过借助物体连续蹬踏翻越障碍，整个过程仅有脚的参与，不能用手。例如，跑步过程中遇到井口挡路，就可以通过借助踩踏井口附近的树或墙面的惯性越过井口，然后继续前进。如果在巷子里跑动，跑进方向与墙体平行，当路面被挡时，则可以借助墙面，在墙上跑几步，越过障碍后继续前进，水平较高的参与者可以踩踏四五次之多。

⑧手/肘弹跳后手抓——利用手/肘推跳后，立即再用手快速抓住下一个目标的动作。可以用一手推、一手抓，也可以用双手推弹墙壁后立即再去抓另一个墙体等，要求手臂动作快速、灵敏。

⑨降落练习——在高速运动中的弹跳之后,不能利用滚翻动作落地,只能靠双腿来缓解冲击力。

⑩盲跳——一个危险系数相对较高的动作,是在经过熟练准确跳跃练习后,在某些跳跃过程中可以闭上眼睛,凭感觉降落在自己要达到的目的地,只要跳跃前经过扫视过目标位置,跳跃过程中就无须再环顾目的地。

⑪前空翻及后空翻——在空中向前或向后完成360°翻转的动作,要求在做空翻后尽量落在原来的位置。

⑫前翻及后翻——又叫前手翻和后手翻,即在向前或向后翻转过程中,通过手臂撑地完成360°的翻转动作。

⑬侧空翻——侧空翻种类相对较多,有180°侧翻、360°侧翻和540°侧翻等。侧空翻还包括交叉翻或空中定型翻(空中翻转一半时,突然慢下来再着地)。

⑭猫跳跃——落地时学习猫从空中降落的方式下落着地,一般分为手抓法和脚滑法两种方式。

⑮猩猩跳跃——跳跃障碍时,像猩猩一样,在快速奔跑中用双手按着障碍物,借助手臂的推力双脚打开跨越障碍,是跑酷运动中常用的基本动作之一。

⑯精确度及平衡训练——精确度和平衡训练也是跑酷运动中必要的一项技能,可以通过在固定的管子上来回行走或爬行进行练习。

⑰插入练习——奔跑行进中进入窗口、天窗等进口的一种动作,在快速奔跑中,利用脚或身体其他部位先一步冲入进口处,而后身体其他部位再进入的动作,通常在跑酷运动穿越空房子和连续障碍时使用。

⑱空翻/手翻过障碍——这是针对高于腰的障碍而产生的一种翻越障碍的跑酷方式,一般先从侧翻开始,起始阶段可以先用手支撑障碍物使身体腾空,完成空中翻越动作,开始练习时可以先通过单杠练习空中翻身或转体的动作。

第4章 田径运动基本技术介绍

田径运动是人类在长期社会实践过程中逐渐产生和发展起来的，1998年《国际田联章程》第1条将田径运动定义为"田径运动是由田赛和径赛、公路赛、竞走和越野赛组成的运动项目"。据此可将田径运动划分为两大部分，一是男女竞走、投掷、跳跃；二是由跳跃、跑跳及投掷的部分项目组成的全能运动。本章主要是对田径运动的竞走、跳、跑、投掷类运动项目的基本技术做简单的概述，使运动健身爱好者们对田径运动有一个正确的认识，以便于提高其自身的运动素质及运动能力。

第1节 竞走类项目基本技术

在田径运动中，竞走在走类项目中占据重要地位。很多人对竞走项目不太了解，其实竞走技巧并不难掌握。本节主要介绍竞走运动需要掌握的正确技术及一些容易犯的错误技术方法。

一、基本技术

（一）正确动作

在竞走的时候，要保持正确的身体姿势，运动参与者的头部应该保持自然，向前看，后背始终保持平直，而向前迈步的时候骨盆应保持直立，切记不要前后倾斜，在整个竞走的过程中，身体的姿势应始终是放松和直立的。

（二）错误动作

1. 腰部向前弯曲

这种姿势使得后背变得紧张，而且使髋部的运动受到限制。造成这种错误的原因或许是躯干肌肉力量的不协调或者肌肉力量的减弱。

2. 前（后）倾

运动过程中身体过分地向前或向后倾斜的姿势都是有害的，潜在的错误动作在一定程度上对身体及成绩造成了一定的损害。

3. 凹背

这种姿势会造成身体的重心向后移动，同时会在一定程度上抑制髋部的运动。而且它可能会形成非常规迈步或者缩短步幅，这或许是由于腹部肌肉紧张或肌肉力量变弱的缘故。

4. 低头

出现这种情况的原因可能是颈部肌肉力量减弱或者注意力缺乏，易致使肩部及颈部痉挛。

二、髋部技术

（一）正确动作

后腿向前转髋被推离地面是通过髋部完成的（横轴平面则平行于地面），进而促使脚和膝关节向前加速运动。之后的摆动动作阶段，膝关节则积极赶上向前运动的髋的位置。在接触地面时，脚后跟则会超越膝关节。

（二）错误动作

1. 髋部过分下沉

目前的竞走技术比较重视没有髋关节过多上下运动的转髋技术。

2. 髋部过分侧向运动

如果髋部从左向右或者从右向左运动，人体的重心也会随之运动，这会造成向前运动速度的降低，并且浪费人体的能量。

三、步长

（一）正确动作

步长与髋部动作密切相关，髋部动作规范了，步长才能达到理想的长度，同时放脚的动作与位置才能更加理想。若骨盆柔韧性不足或者转髋动作不到位，脚将不能落在一条直线的两侧,从而对成绩造成影响。

(二) 理想的放脚姿势

由于直线距离最短,因而运动参与者的理想放脚姿势则是指向身体正前方,使之与身体成为一条直线。但并不是所有人都应该严格按照这个方法放置,有些人就是依照他们自己的方法去放置。对于这些运动参与者应该遵循他们的个人特点,不要强制去改变他们的放脚方式,而要用正确的运髋动作,让他们脚的落地点尽量保持一条直线,但他们的脚却不会平行,尽管这种方式效率较低,但若是强制把他们的脚摆正、摆直,则会引起相反的效果,例如,腿部、膝关节及脚的紧张,那么就达不到理想的效果了。

(三) 错误动作

有些运动参与者靠把脚向前伸出去以达到增长步长的目的,但是结果往往会引起跨大步。理想的放脚姿势要求具备正确的髋部动作,一名竞走运动参与者如果没有掌握正确的髋部动作就贸然模仿这种放脚姿势的话,膝部将会出现不必要的紧张状态。

四、摆臂技术

(一) 正确动作

竞走过程中正确的摆臂动作应是前后摆动,而肘部的弯曲度始终保持在45°~90°,其弯曲角度需要固定,但是在整个摆臂的过程中,肌肉要放松。进行曲臂摆动的目的就是,缩短直臂摆动的转动半径,曲臂摆动会使得摆速加快。

摆臂时,手的移动路线一般从后背腰带水平位置沿着既定的弧线向胸骨位置摆动,左右手在身体中线不做交叉动作,整个手臂的摆动轻松而且较低,两侧的肩胛骨也应该始终处于放松状态,即使是摆臂结束时也不要耸肩。

摆臂的过程中手应放松,但是摆臂时手腕保持一定的空间感,不要随意的上下甩动或者下垂,手腕保持伸直状态,而手呈半握拳的状态。当手摆过臀部的时候,指尖应向内。但是手在放松状态下感到不舒适时,可以呈半握拳状态,但是握拳要稍松,而这时拇指则放于食指与中指之间。

(二) 错误动作

①过分的左右摆臂。这可能是由错误的运动技术、技能引起的,将会导致重

心不稳并且浪费能量。

②肘关节角度小于45°。前面也提到过,正常的摆臂角度应保持在45°~90°,而角度过小会致使小步幅,还会引起浪费能量的上下运动,往往注意力涣散及错误的技术会导致这种现象,从而增加了疲劳以使得动作失败。

③肘关节的角度过大。角度太大常常会致使步频变慢,这则是由运动技术的错误学习而引起的。

五、膝关节技术

(一) 正确动作

①在脚跟与地面接触的瞬间,直至支撑腿垂直于地面时,膝关节应保持伸直状态。

②在进行摆动时,膝关节应弯曲,缩短转动的半径可以使摆动速度加快。

③运动参与者后腿的弯曲时机因人而异,一般来说,弯曲的最佳时机由运动参与者自身的力量及膝关节的结构所决定。

(二) 错误动作

①前腿的膝关节在腿垂直之前就弯曲是违规的。这或许是由运动参与者急于用相对较快的速度走,结果超出了运动参与者所能承受的范围。

②脚跟着地的时候做出屈膝动作,这可能是由体前的迈步过大,以至于股四头肌的力量缺乏、跟腱紧张或者力量较弱造成的。

③如果运动中前腿的膝关节摆动偏高,则会导致身体能量的流失,而且会引起非常规迈步,这通常是在跑的过程中遗留的习惯。

六、落脚技术

(一) 正确动作

脚步的基本要领是要求脚跟先着地,脚尖稍微跷起,并不是要整个脚掌着地,但是一旦脚和地面接触,人体就要向前运动,腿没有完全支持人体的重量之前,脚尖一直悬空,而脚尖触地的时间则与胫外侧肌的力量有紧密的关系。在脚蹬离地面前,腓肠肌会产生脚转向垂直的助力,这时摆动腿的脚要积极向前靠近,切忌擦地而过。

（二）错误动作

若全脚掌都着地或者前脚掌着地较早，则会对原本的动作造成牵制，不仅缩短了步幅，又浪费了能量，并且还会导致膝关节过早的弯曲。这或许是柔韧性不足、颈外侧肌力缺乏、髋关节灵活性不足抑或是柔韧性太差而造成的。

第2节 跑类项目基本技术

跑是人们的日常生活中最常见的锻炼方式，跑的动作协调、轻盈而且节奏感强，跑的目的主要是使身体更加健康。跑有许多种，在正规田径比赛中，主要有短跑、中跑、中长跑、长跑、马拉松赛跑（超长的距离跑）、障碍跑及跨栏跑；田径运动会中，有的还设有一些接力赛的项目，如4×100米及4×400米等接力赛项目。本节主要对跑类项目的基本技术进行分析。

一、短跑的基本技术

400米及以下的短距离的竞赛项目称为短跑，短跑是人体在极度的缺氧状态下继续保持高速跑的高强度运动。短跑技术是一项要求全身协调配合，反应快，灵活性高，强度大的激烈运动项目。而完整的短跑技术则由起跑、加速跑、途中跑及终点跑4个部分组成。

（一）起跑技术

在比赛中，短跑必须以"蹲踞式"起跑的姿势起跑。而蹲踞式起跑能获得向前的冲力，以使得身体快速摆脱静止的状态，为后续的加速跑做好充分的准备。

蹲踞式起跑由3个部分组成，分别是"各就位""预备"及"枪响"。

"各就位"的口令发出后，运动参与者应放松地走至起跑线后，双手于起跑线的前面撑地，而后两脚依次放在起跑器的抵趾板上，两脚尖触地，而后膝跪地，两手四指则维持并拢，虎口张开，两手臂应伸直并且支撑在起跑线的后沿，两手的间距应与肩同宽或者略比肩宽，身体的重心应适当向前移动，肩部与起跑线约齐平，头和躯干则保持在直线方向，颈部应轻松自然，保持注意力，认真关注下面的口令。

当听到"预备"口令时，运动参与者应慢慢地抬起臀部，并且与此同时向前移动肩部,两脚掌紧紧压在起跑器的抵趾板上。这时,前腿膝关节角度为55°~70°,而后腿膝关节角度为110°~135°,此时身体重心位于两臂与前腿上,时刻关注鸣枪[①]。

最后一个阶段是鸣枪,枪响后,运动参与者的两手应迅速推离地面,两臂保持屈肘而且快速用力的积极前后摆动,两腿积极快速的蹬离起跑器,而后屈膝向前上方积极摆动,但是做前摆动作时,脚离地不应过高,与此同时,前腿用力快速做蹬伸动作,躯干也保持前倾的姿势,以促使身体向前推进。

(二) 加速跑的技术

加速跑是指起跑后在短时间内完成加速的动作。跑步者利用起跑后的前冲力,尽快使身体达到最大速度,自然过渡到途中跑阶段。因跑类项目的不同,加速跑分为直道加速跑和弯道加速跑,每种加速跑都有自己的技术特点。

1. 直线加速跑

起跑后第一步步长为三脚半到四脚半,然后步幅逐渐扩大,起跑结束后,进入加速跑阶段,加速跑的前几步要求两脚落点自然分开,大腿要积极后压,身体自然向前倾斜,随着跑进速度的增加和步幅的增大,两脚落点向中间靠拢,逐渐汇聚在一条直线上,此时身体才逐渐抬起,直至过渡到途中跑技术。加速跑的距离一般为25~30米,而后过渡到途中跑技术。

2. 弯道加速跑

弯道加速跑不同于直道,为了快速达到最高速度,起跑后的几步要向内侧分道线切线方向跑进,加速跑的距离比直道短,上肢躯干抬起相对较早。另外,弯道跑身体应向圆心倾斜,沿着内侧分道线跑进。

(三) 途中跑技术

途中跑是加速跑后的衔接技术,一个周期包括后蹬与前摆、腾空和落地等动作,在加速跑结束后,继续保持较高的速度到终点跑。

1. 后蹬与前摆

当身体重心移动到支点的垂直侧时,就进入了下肢的后蹬与前摆阶段。后蹬要充分,前摆要积极,摆动腿折叠超越支撑腿时,迅速用力向前上方摆动,并带动同侧骨盆向前送大腿,与地面夹角15°~20°,支撑腿则协调配合,快速有力做

---

① 王丙振. 田径运动体能训练 [M]. 北京: 化学工业出版社, 2016.

展髋、伸膝、展踝动作，支撑腿的蹬伸与摆动腿的积极摆动协调配合是途中跑技术的关键。

2. 腾空

支撑腿充分蹬伸结束后，就进入了腾空技术。后蹬结束，小腿顺延惯性，积极向大腿靠拢，形成大小腿充分折叠的前摆动作，同时摆动腿积极向前摆动，并以髋关节为轴，快速下压，膝关节尽量放松，小腿则随着大腿下压的惯性自然向前下方伸展，做好着地前的准备。

3. 落地

短跑类项目是以前脚掌着地交替进行的跑动，摆动腿前脚掌着地的瞬间，标志着缓冲阶段的开始。一般来讲，脚落地位置与身体重心的投影约一脚半距离，着地动作积极，同时腿部各个关节也需要积极缓冲，主动前送配合身体重心的前移，缓冲动作结束后，立即进入后蹬阶段。途中跑技术中，头要正、身要直，上体稍前倾。手臂摆动要以肩为轴前后摆动，动作自然、有力。

（四）终点跑技术

终点跑紧接途中跑，是短跑的最后阶段，包括终点跑与撞线两个部分。这一阶段的主要任务是在保持途中跑的高速状态，平稳地跑过终点。

终点跑技术要领：一般来讲，短跑在后 15~20 米时，体力严重下降，跑进速度出现减缓现象，会有疲劳、体力透支的感觉，这时就要注意终点跑的技术动作，加快摆臂动作，维持高速迈进，将速度损失降低到最小限度。

撞线技术：撞线技术是发生在接近终点线 1.0~1.5 米处时，运动参与者上体前倾，以胸部或肩膀迅速撞终点线的过程。

撞线结束后，应顺延惯性，逐渐减速，切忌到终点后突然停止，对心肺功能和身体健康都会有负面的影响。

二、中长跑基本技术

（一）起跑技术

国家田联最新规则要求中长跑比赛中，起跑必须是站立式起跑。站立式起跑分为低姿站立式起跑和高姿站立式起跑。起跑要求双手不能接触地面，双脚不能离开地面。中距离跑以 400 米为分水岭，400 米以上的项目为中长跑，包括 800 米、1500 米等项目，这些项目起跑一般用较低姿势的站立式起跑技术，3000 米及以上项目称为长跑,则采用较高姿态的起跑姿势。发令前,运动参与者要站在起跑集合线后面,注意听口令,当听到"各就位"的口令后,先调整呼吸,然后走或慢跑至起跑线,双脚不能踩线,注意听发令枪声。

1. 低姿起跑动作要领

听到"各就位"的口令后,两脚前后开立,约一脚半距离,前脚紧靠起跑线后沿,两脚左右开立间隔约半脚长,重心前移,体重主要控制在前脚上,后脚前脚掌着地,支撑站立,双腿自然弯曲,重心前倾,前脚异侧手臂自然弯曲于体前,同侧手臂自然后伸。头部放松,与躯干保持在一条线上,眼看前方 3~5 米处,身体保持稳定姿势,注意力集中,静候枪声。

2. 高姿起跑动作要领

高姿起跑要求两脚前后开立,距离一脚左右,前脚承担大部分体重,双腿微屈,上体稍前倾,手臂动作同低姿起跑动作,听到枪声后,双腿用力后蹬,后脚离地后膝关节向前摆动,注意脚离地面不能太高,前腿也充分蹬伸,同时双臂屈肘快速摆动,迅速起动迈出第一步。

(二) 加速跑技术

中长跑加速跑技术不同于短跑,更多的是根据战术需要而定的,通过短时间内达到一定的速度来抢占有利的跑进位置,并顺利地过渡到途中跑。加速跑的距离因人而异,因项目而异,根据个人的训练水平的高低、项目的长短及战术要求等因素而定。一般情况下,比赛距离越长,加速跑的加速跑的距离越短。中长跑加速跑阶段,要求摆腿和后蹬的动作都应迅速积极逐渐抬起,逐步过渡到途中跑。

中长跑起跑后的加速跑,不像短跑那么高速、激烈,但是有些中长跑项目是不分道的,这就需要根据参赛人数、自身状态来选择加速跑的速度来抢占一个适合自己的位置,这一阶段,加速跑非常重要。

(三) 途中跑技术

中长跑途中跑技术每一步的落脚点应在离身体重心投影接近位置,着地以"扒地"式为主,以便减小着地时与地面产生的阻力。前脚掌着地时,膝关节微屈,脚跟位置和膝关节位置基本在一条线上,脚落地后,大腿前侧肌群和小腿后侧肌群应积极退让,目的在于减少脚着地产生的制动力,为后蹬动作提供有利条件。身体重心过支撑点开始后蹬动作,支撑腿快速的展髋,同时打开膝踝关节,最后右脚跟滚动到脚趾蹬离地面，同时摆动腿膝关节积极向前上方摆出，带动骨盆前送、抬腿衔接下一个周期。

中长跑是有氧运动，为了满足机体的吸氧量，需要掌握正确的呼吸方法和节奏，一般是一步一呼、一步一吸，或者是两步一呼，两步一吸，肺活量大者可以三步一呼，三步一吸。无论每一种呼吸方式都需要有一定的呼吸深度，确保运动时肺通气量的充足。当跑步达到一定强度，用鼻子呼吸不能满足肺通气量的需求是，还需要用口协助呼吸，为机体运动提供最大限度氧气量。

当供氧不足时，会出现不同程度的呼吸困难、气喘胸闷和动作无力等症状，这种现象在生理学上称为身体的"极点"，是心血管系统与运动器官活动强度不相适应的生理状态，这与平时的训练水平、个人的身体素质及准备活动是否充分等都密切相关。身体素质好、训练水平较高的人"极点"表现的就不强烈，比较平稳，且时间也不是很长，但对训练水平较低的人来说，"极点"无疑是可怕的梦魇，"极点"出现时很强烈，甚至有呼吸不上来，想停止运动的现象。其实"极点"仅是人体正常的生理反应，当"极点"到来时，不要着急，适当降低速度，调整呼吸，以积极的心态和意志去克服，这是锻炼人意志品质最为有效的方法。

（四）终点跑技术

终点跑是全程结束前最后一段距离的冲刺跑。中长跑的终点跑和短跑终点跑较为相似，如有不同，也仅存于终点跑的距离，不同项目的终点跑各不相同。一般来说，800米在最后150~200米时开始终点跑，1500米则相对较长，要求运动参与者在250~300米根据个人能力进行冲刺，3000米以上项目终点跑的距离会更长。但相同的是，在最后终点跑时，应适当增加前倾角度，加大摆臂幅度，加快频率，以便带动下肢的动作和节奏，从而动员全身力量跑向终点。

三、接力跑基本技术

接力跑是团体项目，是队员通过不同的接力方式完成一定距离的集体竞赛项目，接力跑考验的是团队之间配合的默契程度，也是比赛悬念最大的竞赛项目之一。配合默契的团队可以弥补成绩稍差的短板，成绩再好的团队，如果在前后接力的时候失误，也会落后于他人，这正是接力跑的魅力所在。接力跑基本技术主要分为弯道起跑技术和传接棒技术。

（一）弯道起跑技术

目前国际上常有的接力赛项目包括 4×100 米和 4×400 米接力，一般都采用弯道起跑。弯道起跑也包括起跑器的安装和起跑技术。第一棒运动参与者手握接力棒（以右手为例），采用蹲踞式起跑，规则规定接力棒不准压起跑线，更不能触及起跑线前的地面。起跑动作与短跑起跑相似，唯一不同的是起跑时手的动作不同，接力跑持棒动作有三种：第一种是用手的中指和无名指握住接力棒的后半部分，用大拇指和食指、小拇指着地，呈三角状支撑地面，做好起跑前的准备姿势；第二种是用手的食指持棒的后半部，拇指与其余手指分开支撑地面；第三种是用拇指、食指分开支撑地面，以中指和无名指、小拇指持接力棒的后半部分。

安装起跑器应注意，起跑器放置位置应在自己跑道的外侧，并指向跑道内侧线的切线上，以保证起跑后的前几步接近直线跑动。

弯道起跑动作要领：听到"各就位"的口令后，运动参与者调整身体方向，使身体面对内侧线切线的方向，右手掌贴着起跑线的后沿，而内侧手则离起跑线还有 5~10 厘米的距离，以便身体保持正对切线方向。听到枪响后，两条腿协调用力，积极蹬摆配合，膝关节稍内扣，右脚落地时，脚掌稍内旋，以保持身体内倾动作，右脚掌落地部位应当是脚掌内侧。

（二）传接棒技术

国际田联最新规则，取消接力区前 10 米的预跑区，并扩大接力区为 30 米，这样就减小了犯规的概率，为更好地创造运动成绩提供了条件[①]。4×100 米接力中，传接棒技术显得尤为重要，决定着比赛的胜负，相比之下，4×400 米接力赛传接棒技术影响着比赛的成绩，但决定不了比赛的胜负，更重要的是靠运动参与者的能力，但同等实力水平情况下，传接棒技术与比赛成绩是成正相关关系。

1. 传接棒技术的分类

接力跑的传接棒技术分为 3 种，分别为上挑式、下压式和混合式。

（1）上挑式

当传棒人到达提前丈量的步点后应及时对接棒人喊出"跑"的口令或信号，听到信号后接棒人迅速起跑，当两人达到传棒的最佳位置时，传棒人给出"接棒"的信号，这时接棒人自然向后伸出手臂，与躯干夹角为 40°~50°，四指并拢，虎口自然张开，掌心朝后，虎口向下，传棒人通过上挑手腕，将接力棒送入接棒人手中。上挑式传接棒的优点在于传接棒动作均比较自然，动作简单，易于上手。不足之处在于接棒后手持棒的部位需要调整。一般来讲，接棒人接到棒后持棒的部位在接力棒的前半部分，导致下次传棒的时候非常不便，需要做出调

[①] 中国田径协会. 田径竞赛规则 2018—2019 [M]. 北京：人民体育出版社，2018.

整，运动参与者在跑动中调整接力棒的位置时易出现失误，这是上挑式传接棒最大的不足。

（2）下压式

下压式传接棒与上挑式有明显区别，当接棒人听到传棒者给的信号时，接棒人手臂迅速后伸，手臂与躯干夹角保持在50°~60°，手掌心朝上，腕关节稍内旋，拇指与其他四指自然张开，虎口方向向后，传棒人见接棒者手臂伸出后迅速将棒的前端由小臂带动向下"压送"到接棒人虎口上，然后接棒人感觉到接力棒触及手之后，迅速抓棒摆臂前冲，完成交接棒动作。下压式传接棒的优点是接棒后持棒部位不用调整，掉棒概率较小，失误相对较少。不足之处是接棒人手腕动作比较紧张，姿势不太不自然。

（3）混合式

混合式是"上挑式"和"下压式"相组合的传接棒方式，目的都是将接力棒精准无误、保险快速的传到下一名队员手里。第一棒队员可以右手持棒，沿着跑道内侧将接力棒以"上挑式"方法传给站在跑道外侧的队员左手上，第二棒队员又可以左手持棒采用"下压式"方法将接力棒传给跑到内侧的第三棒队员的右手上，第三棒队员又以"上挑式"将接力棒传给跑道外侧的第四棒队员的左手上，第四棒队员接过棒后以最快的速度冲向终点，完成比赛。混合式交接棒技术综合了"上挑式"和"下压式"两种方法的优点，弥补了相对的不足。

在传接棒过程中，无论采用哪一种的传接棒技术，第一棒和第三棒队员应用右手持棒，沿着跑道内侧跑进，将接力棒传到第二棒和第四棒队员的左手上，第二棒和第四棒队员则沿着跑道外侧跑进。

2. 传接棒时机

传接棒时机是左右交接棒成功与否的关键因素，新规则实施后，接棒队员一般站在接力区后沿，侧身观察，当看到传棒人到达提前设置的标志点时迅速起跑，离接棒人10米左右时，立即向接棒人发出"接"的口令或信号，接棒人听到信号后，手臂迅速后伸，准备接棒。交接棒结束后，传棒人逐渐减速，等其他道的队员跑过后离开跑道，以免影响他人。

3. 传接棒位置

传接棒的位置是依据队友实力来确定的，如传棒队友速度较快，接棒队员起跑标志点相对较远，如果接棒队员起跑速度较快，那么起跑标志点相对来说距离较短，一般是通过调整接棒运动参与者的起动标志线确定的。为保证传接棒动作能够快速精准的完成，要求标志点的丈量要十分准确，标志点的确立是通过交接棒队员在反复练习中确定的。

4. 接力区传接棒技术的分段动作

在一个接力区内，传接棒技术分为几个阶段，包括起跑阶段、相对稳定的高速跑动阶段、传接棒阶段3个部分，主要指传棒运动参与者踏上标志点位置，到接棒队友起动至两人速度相对稳定后完成传接棒动作，直至传棒队员在自己跑道内将接力棒安全、准确平稳的传递到接棒运动参与者手中的全过程。更细化一点可分为相互靠拢、发出信号、伸臂接棒、瞄准传棒和完成交接几个阶段。

5. 接力跑棒次安排原则

接力跑棒次的安排一般是根据运动参与者的实力及个人特点安排的，但是又要遵循一定的原则。在4×100米的比赛中，第一棒队员一般安排起跑技术较好且弯道技术相对较好的队员；第二棒队员则不但要求专项速耐素质过硬，还要有较好的传接棒技术；第三棒队员则应安排专项耐力好且善于跑弯道又要有较好的传接棒技术；第四棒队员最为关键，应安排冲刺能力强，短跑成绩最好的队员。在4×400米的比赛中，整个传接棒过程没有4×100米那么激烈，传接棒技术也相对简单，但是接棒技术相对来说比较关键，因为传棒人跑进接力区时体力明显下降，速度也相对较低，这就要求接棒队员有个准确的判断，根据传棒人的速度和位置调整起动的距离和速度，主动接棒，然后迅速跑出。4×400米接力跑与4×100米接力跑第一棒起跑技术是相同的，而第二棒、第三棒、第四棒的队员传接棒技术略有不同，是根据传棒队员的速度变化来确定自己的起跑位置和速度，要求接棒人主动接棒。4×400米接力跑传棒方式多采用上挑式，一般接棒运动参与者拿到棒后要将接力棒更换到有利侧手中，便于下次的传接棒。

所有的接力跑比赛中都有跑进过程中不能影响他人比赛的原则，违反原则，将取消比赛成绩，传棒队员将接力棒传出后，应从侧面退出跑道，而且不能影响其他道次的比赛。

四、跨栏跑基本技术

国际正规比赛中，跨栏跑分为男子110米和女子100米跨栏跑，男、女400米跨栏跑，均由10个栏组成，因为栏高和栏间距的不同，男、女跨栏跑技术也略有不同。但都是由以下步骤组成的：起跑至第一栏技术、跨栏步技术、栏间跑技术和终点冲刺跑技术。

（一）起跑至第一栏技术

首先，在男子110米栏中，起点距第一栏距离为13.72米，女子100米栏为

13米，一般采用8步攻第一栏技术，根据步幅大小也可调整为7步或9步。以8步完成起点至第一栏距离的，起跑器安装时应注意将起跨腿同侧起跑器安装在前面，以7步或9步跑完这段距离的则将攻栏腿同侧起跑器安装在前面。为了更为准确的踏上第一栏的起跨点，运动参与者可根据自己跑进的速度和步幅在起跑线后自由调整起跑器安装的距离。

其次，听到"预备"口令后，男子臀部抬起明显高于肩部，女子臀部抬起则稍低，以便获取起跑后较大的步长。当听到枪声后，迅速起跑，以最快的速度蹬离起跑器，以最短的时间迈出第一步，开始加速跑阶段。跨栏跑加速跑与短跑加速跑略有不同，要求后蹬角度稍大，身体重心略高，以达到起跑后步长快速增加的效果。

最后，第一栏攻栏要平稳。应特别注意加速跑过程中节奏的变化与步幅的稳定，从第二步开始，一般每步增加距离为15~20厘米。在起跨前两步时，上肢躯干基本接近正常跑步的姿势，最后一步要比前一步缩小15~20厘米，称为"短步"，以便身体重心迅速通过支撑点上方，平稳转换到起跨攻栏动作。

(二) 跨栏步技术

跨栏步技术由起跨攻栏、腾空过栏两部分组成。起跨时一定要注意取得较大的腾空初速度及较低的重心，并做抛物线轨迹运动，在越过栏架高度前提下从起跨点开始至摆动腿着地尽快越过栏架。起跨攻栏是从踏上起跨点到起跨脚离地为止的过程，由找准起跨点、起跨、上栏攻摆三部分组成。

1. 找准起跨点

职业运动参与者一般起跨点控制在2.00~2.20米，造成上栏困难、跨栏步过大及腾空时间过长的原因为起跨点过远，起跨点过近则会造成起跨角度过大，形成跳栏现象。

2. 起跨要迅速

起跨腿着地、蹬地一定要快，起跨腿一般为有力腿，适当缩短起跨前一步不仅可以减少起跨时对垂直速度的要求，并且重心会处于一个较高的位置，可以使身体尽快通过支撑点上方快速转入攻栏动作（步长应缩短距离为15~20厘米）。起跨蹬地最佳角度为65°~75°，当身体重心通过支撑点上方进入攻栏动作后，积极快速伸展膝、踝、髋3个关节，同时上体稍前倾，摆动腿异侧手臂前伸，髋部前送，使身体重心有较大前移距离，从而达到绝佳的起跨蹬地角度。

3. 攻摆要及时

上栏攻摆一定要快，起跨腿的踝、膝、髋一定要伸直，整体一定要自然，动作流畅。跨栏脚着地时，摆动腿由体后屈膝向前摆动。起跨后，加快摆动速度，缩短摆动半径，把大腿、小腿折叠向上方摆动，提高起跨攻栏的效果。攻栏结束后，起跨腿、躯干、头部基本上为一条直线。

除了前面 3 个动作外，起跨后的腾空过栏技术非常重要，它由腾空时、过栏前半部分、过栏后半部分组成。

腾空时：腾空过栏时无法改变身体运行轨迹，身体重心及位移速度必须依靠加快摆动腿及起跨腿和上肢协调配合，使身体重心沿着起跨攻栏所形成的腾空轨迹向前运动，从而达到迅速跨过栏架，快速着地。

过栏前半部分：起跨腿蹬离地面后，上体前倾使胸部靠近摆动腿的大腿，小腿迅速前伸，当脚跟接近栏板时小腿几乎呈伸直状态。摆动腿异侧手臂带动身体向前，形成肩横轴和髋横轴交叉扭转状态，以保持身体平衡。起跨腿和栏前摆动腿形成一个大幅度分腿动作，使起跨腿和摆动腿的肌肉得到提前拉长，为下栏动作打下更好的基础。

过栏后半部分：摆动腿和摆动脚越过栏板之后迅速做积极下压动作。起跨腿经体侧快速屈膝外展向前提拉，同时小腿紧收使脚后跟接近臀部，脚尖上翘，踝低于膝，并与摆动腿呈协调有力的剪绞动作。异侧手臂与摆动腿配合下肢向侧后方做划摆动作，另一手臂向前摆动接近体侧下方，屈肘收回，保持身体平衡。摆动腿下压导致身体适当抬起，当摆动腿前脚掌着地时膝关节应处于伸直状态，以踝关节作为缓冲，与此同时，身体重心处于一个较高的位置，当摆动腿着地时上体保持前倾，身体重心迅速移过支撑点，起跨腿做大幅度提拉动作。

（三）栏间跑技术

栏间跑技术是指两栏之间以固定的步数跑完的跑动过程，栏间跑与中长跑、短跑大不相同，栏间跑重心低、节奏强、频率快，栏间跑三步步长比例为小、大、中，以此为下一栏起跨做好充分准备，优秀运动参与者栏间跑第一步跑动距离可达到 165 厘米，栏间跑第一步和下栏动作紧密相连，为使跨栏动作与栏间跑动作衔接紧密，跨栏脚着地后迅速以脚掌力量及支撑脚踝关节力量充分后蹬，后蹬角度为 60°左右，起跨脚落地与摆动腿相互协调配合减少了后蹬力量和抬腿速度。栏间跑第二步是快速跑进的关键所在，一定要做到抬腿高、速度快、力量强，栏间跑第二步是栏间跑最大一步，步长可达 210 厘米。栏间跑第三步与起跨攻栏联系密切，在快速跑动的同时要为起跨做好充分的准备，步长在第一步和第二步之间，所以第三步抬腿不宜过高，放脚一定要快，重心靠近身体投影点，因此第三步是栏间跑速度最快的一步。

（四）终点跑技术

终点跑是指最后一栏到终点这一段距离的跑。由于着地后不受步点限制，当最后一只起跨脚过栏后迅速向前摆动，摆动腿积极下压以最快速度通过终点。

（五）400米跨栏跑技术

国际田联将400米跨栏跑分为男子400米和女子400米两个项目，栏间距相等，栏高不同，男子栏高0.914米，女子栏高0.762米，400米跨栏跑技术与100米和110米跨栏跑技术较为相似，但略有不同，400米跨栏跑栏间距较长，栏架高度也不同，有些栏架还安放在弯道上，这些因素都决定了400米跨栏跑技术与110米跨栏跑略有差异。从起点到第一栏的步数与栏间跑的步数息息相关，一般为15步和22步或14步和21步或13步和20步。

1. 男子400米跨栏技术

过栏技术要求介于男子110米跨栏和女子400米跨栏之间。

2. 女子400米跨栏技术

由于栏高低于男子栏高，因此女子在400米跨栏跑起跨攻栏时的后蹬力量、上体前倾角度、摆臂幅度及起跨腿的提拉幅度都小于其他跨栏项目，跑跨过程中自然连贯，接近于短跑技术。

3. 栏间跑技术

男子跨栏跑与女子跨栏跑栏间跑步数固定在一定范围内，步幅长短准确，有较强的节奏感。栏间跑要有一定精准确定起跨点和一定的空间定向能力，由于距离过长，因此需要一定的肌肉力量。400米跨栏跑除去起跨攻栏及下栏落地到终点的距离，实际栏间跑距离为32.7米，男子、女子实际跑动步数分别为13~15步、15~17步。

4. 男子、女子弯道段跨栏技术

男子、女子同是5栏安放在弯道，跨栏过弯道时可以利用向心力右脚起跨进而保持平衡，相对左腿来说，右腿跨栏过弯道具有一定优势，同时一定要注意过栏时不要犯规。

第3节 跳类项目基本技术

田径中的跳类运动项目主要有跳高、撑竿跳高、跳远等，下面主要对跳高基本技术、撑竿跳高基本技术、跳远基本技术、三级跳远基本技术进行简单介绍。

一、跳高基本技术

跳高一般采用3种方式，分别为背越式、俯卧式、跨越式。3种跳高技术一般分为4个组成部分，分别为助跑、起跳、过竿、落地。下面以背越式跳高为例进行分析。

（一）助跑

背越式跳高首先要确定起跳点，运用合理的直线段、弧线段助跑形式，跑动过程中要求全程准确、放松、自然。最后一步步幅小于前一步10~20厘米。确定起跳点：一般初学者采用"走步丈量法"来确定起跳位置，起跳位置位于近侧起跳架立柱100厘米左右，离横竿投影点50~80厘米处，沿横竿平行方向向前自然走5步，右转成直角再走6步做一标记，此标记点至起跳点为弧线助跑距离，由标记点再向前自然走7步做一标记，两标记点为直线助跑距离。

合理的助跑弧线：助跑弧线直接影响起跳效果和速度的发挥，因此选定合理助跑弧线极为重要，所以跳高运动参与者必须根据自身情况经过反复测量确定准确起跳点固定位置，以便在今后比赛中使用。

助跑分为直线助跑和弧线助跑两个部分，直线助跑和普通加速跑方法相像，弧线助跑以前脚掌沿弧线落地，向弧线圆心方向倾斜，身体跑动速度越快，倾斜角度越大。为保持较快的水平速度，重心一定要高，步频一定要快，膝关节高抬，落地积极迅速，以此达到更好的起跳效果。

（二）起跳

背越式起跳是以身体腾空为目的，将水平速度转化成垂直速度的一个过程。起跳要求最后几步动作衔接紧密，为起跳做好充分准备，起跳同时立腰向上蹬地缓冲和蹬伸。

背越式起跳点位于横竿垂直方向距横竿60~100厘米处，通过一系列的动作来完成起跳任务，尽可能使身体获得最大的垂直速度及适宜角度完成顺利过竿动作。背越式跳高起跳是在起跳腿和摆动腿配合作用下完成的。起跳过程中，起跳腿由弯曲到蹬伸，摆动腿屈膝向前上方摆动，髋部发力带动大腿，小腿与大腿呈折叠状。膝关节达到水平位置时开始制动，同侧髋仍以惯性上摆，同时肩部上提，手臂呈交叉动作摆向后上方。身体呈额状轴旋转，同时立腰挺身向上腾跃。

起跳时直立腾起关键在于充分伸直踝、膝、髋，使身体尽可能地与地面保持垂直状态，骨盆迅速上升，使身体保持较为水平状态，以达到更好的起跳。

背越式跳高的过竿与落地非常重要。当身体腾空后依旧保持向上腾起的动作，摆动腿过竿的同时，上体保持前倾脚尖内转的同时下压。过竿后摆动腿继续下压内旋，与此同时，起跳腿上提外旋，当膝盖与胸部靠近的同时，小腿自然上摆达到与竿平行，然后上体开始由下到上抬起，摆动腿随着同侧肩向起跳腿方向转动，两臂同时向上提起，身体沿纵轴方向向内转动，使上体及臀部快速过竿，身体过竿后起跳腿随摆动腿上抬，绕过横竿时两臂自然下垂，起跳腿过竿后两臂上举，以维持身体平衡，摆动腿和起跳腿先后落在保护垫上方屈膝缓冲。

在学习背越式跳高时，应以起跳为重点，同时注意助跑与起跳的结合，以达到更好的起跳效果。

二、撑竿跳高的基本技术

撑竿跳高技术由持竿助跑、撑竿起跳上升、越竿下落 3 个部分组成。

（一）持竿助跑的技术

持竿助跑时首先保证持竿的稳定性，两臂上下自然颤动，并配合持竿助跑的节奏。上体保持正直状态，稳定节奏，以确保起跳点的准确性。持竿助跑时动作应自然放松，跑动过程中步子要具有一定的弹性。在助跑后期，竿头向下，充分利用撑竿的前翻拉力使牵引力达到一定效果，步频加大，保持步长不变，加快助跑速度进入最后阶段，大腿尽量高抬，做"扒地"式着地动作。

（二）撑竿起跳上升的技术

在撑竿跳高技术中，撑竿起跳上升是非常关键的环节，对比赛结果具有至关重要的作用。在高速助跑的过程中尽可能的按照顺序依次完成降竿、举竿等动作，高速助跑获得很大的水平速度，通过标准的起跳动作将水平速度尽可能地转换成竖竿和摆体动作，与此同时举竿要及时、积极送竿并进行有力的快速起跳蹬伸，并将起跳力量作用于撑竿上。最后一步，起条腿应前摆并注意小腿和大腿折叠，大腿快速下压，集中注意力用全脚掌由上到下快速着地，以此来达到快速起跳的效果。踏跳与起跳举竿同时进行，在起跳脚快速蹬地和双手举竿的协调配合下，身体进行充分伸展以确保人体平稳而快速地向正前方摆动。

撑竿起跳上升过程中，当竿达到上悬垂时，身体应充分伸展使体前肌群充分拉长，肩、髋、胸向前最大限度完成背弓姿势，起跳腿停留在体后。当身体充分伸展时，保持短暂的起跳反弓姿势，胸部靠近竹竿，积极下垂摆动腿，使其快速靠近起跳腿，左臂呈微屈状，右臂呈伸直状，身体借助撑竿的支撑大幅向前摆动。"长摆"结束时积极快速的屈髋屈膝，仰头后倒。短摆时尽量减小摆动半径，身体后反方向和撑竿反弹方向一致向上。向身体后方翻时身体紧收，朝后上方伸举腿，右臂不要过早屈肘拉臂。

（三）越竿下落的技术

撑竿下落阶段，当撑竿与地面接近垂直时，身体进行引体与转体动作，二者几乎同步进行，双臂向撑竿开始做纵轴方向的拉引动作，此时髋部应位于手握竿的位置并且开始向左转体，转体同时，两腿快速靠拢，膝伸直。拉引动作整体要平稳、迅速、顺势，转体后支撑动作要平稳，不要过于猛烈，以免影响到竿子的伸直速度。推竿应以垂直状进入支撑，撑竿利用拉引和竿子伸展后剩余的能量，迅速而平稳地将身体向横竿上方推起。整套动作全程保持大腿并拢伸直状态。

推竿起跳动作完成后，迅速向横竿后方压腿，低头含胸，身体弯曲呈弯弓姿势，绕额状轴继续转动并保持继续向上腾起状态。推竿时保持垂直状态，继续支撑迅速平稳地把身体向上推起。推竿后仍然保持两腿伸直状态并呈向上姿势，当大腿高度超过横竿时，两腿下压，使身体绕额状轴继续转动，转动的同时低头、含胸、收腹、顺势团身、举腿、抬臂，自然下落，以背部着垫。

三、跳远的基本技术

跳远是田径运动项目之一，经过助跑后向前跃进沙坑，是克服水平障碍的一种跳跃运动项目。跳远由助跑、起跳、腾空、落地4个主要环节组成，运动参与者需沿直线助跑，经起跳板前沿线固定处后用单足起跳，途经腾空阶段，然后双足落于沙坑内。下面以助跑、起跳、腾空、落地4个环节进行分析。

（一）助跑技术

在跳远比赛中，助跑速度直接决定了跳远成绩。跳远的助跑应保证较高的助跑速度并且结合完美跳点，以此才能达到更好的成绩。以下对助跑方法、助跑节奏、助跑距离及助跑的最后几步进行分析。

1. 助跑的方法

跳远助跑的方法和助跑的起动方式、助跑加速息息相关，下面对助跑起动方式和助跑加速进行分析。

（1）助跑起动的方式

跳远助跑起动方式对助跑的稳定性和准确性有直接影响的关系。助跑的起动方式分为两种，一种为静止状态下开始，两腿微屈双脚左右平行站立"半蹲式"，或者双腿前后分立"站立式"的两种起动姿势；另一种是以走动走跳步的方式进行踩踏第一个标志点的行进间的起动方式，静止状态的起动方式前三步要求步幅与速度变化不大，以此提高助跑的精准度。行进间助跑起动方式比较自然，动作相对放松。但由于行进间助跑方式是动态，因此准确踩上标志的位置和起动速度难以把控。所以对精确踏板要求更高。

（2）助跑加速的方式

跳远助跑加速方式分为两种，分别为积极加速、逐渐加速。无论是积极加速或者逐渐加速都必须在第4步至第6步时达到最高助跑速度。能否达到最高速度进入起跳阶段，最后10米的过程非常重要。

积极加速起步要积极迅速较早的摆脱静止状态已获得较高的助跑速度，始终要保持较高的步频，其特点为开始时步长短、步频快、体前倾，这种方法适合绝对速度的运动参与者。这种方式起跳准确性差，世界优秀运动参与者很少采用这种助跑方式。

在逐渐加速以加大步长并且保持步长的前提下加快步频，因此加速时间较长，但加速过程比较平稳，跑动过程中比较轻松自然，起跳准确性高，以便取得较好的试跳成绩。

2. 助跑节奏

助跑的节奏是指跳远运动参与者在助跑时采用最高速度而快速合理进行起跳的方法。通过跳跃可以发现，助跑速度的变化与运动参与者的起跳力量是成正比的。大量实验证明，每当助跑速度增加0.2米/秒时或者起跳的扇形角度增加10°，均要求运动参与者相对增加2%的起跳力量。但是若起跳的力量不能适应助跑速度，就达不到相应的腾起高度，进而对跳远的成绩造成影响。助跑速度利用率则是指运动参与者在助跑时充分利用自身的最高助跑速度的能力，可以用助跑的速度与平时跑的最大速度的比值来表示。

跳高运动中，助跑速度利用率的高低是影响跳远水平的重要因素，随着跳远技术的不断发展，美国学者提出新观点——跳高运动助跑速度的利用率甚至能达到99%。

3. 助跑的距离

在跳远运动时，为了确保助跑的顺利进行，跳远的助跑距离应合理安排。助跑的距离过长或过短，均不利于助跑速度的发挥，进而影响到起跳的效果。一般来说，决定跳远运动参与者助跑距离的重要因素是其加速能力及加速的方式。而研究显示,30米及100米跑的成绩是作为运动参与者助跑距离的指标之一。

除了上面这些因素决定助跑距离之外,助跑的距离应该根据实际比赛时外界条件的变化及运动参与者自身的状态来进行调整,因此,跳远的助跑距离并不是一成不变的。

4. 助跑的最后几步动作要领

在助跑时,起跳前的几步(6~8步)助跑是整个助跑技术的关键。起跳前的几步助跑,不仅要保持高速度,还要做好充分的起跳准备。这个技术环节相对来说难度比较大,而运动参与者的个人特点及技术风格往往体现在这一阶段。一般来说,最后6~8步的助跑技术主要有两种技术风格:一种是步长缩短,但是步频相对加快,助跑的技术节奏明显加快;另一种是步长稳定,步频加快,助跑的技术特征是上板加速。现实中,世界优秀跳远运动参与者普遍采取第二种助跑法。这样的话,最后几步助跑呈现加速状态,从而使助跑和起跳的衔接更加流畅。

起跳前的几步助跑,应做到以下几点。

①保持在高速度,跑的动作结构保持稳定,起跳之前的准备动作不做过分强调,因为这样会致使跑的速度和动作结构下降,这一结果又和起跳的方式密切相关。若采用制动效果大的起跳方式,会导致最后几步助跑在跑的动作技术上发生改变,从而导致速度的下降。起跳前的准备在很大程度上是做好神经系统方面和心理方面的准备,而不应该在动作形式上做过多的变化。在助跑时保持助跑的动作结果,已成为现代的跳远技术的一大明显特征。

②要强调较高的身体重心,但是不强调起跳前的身体重心下降。在起跳前出现的身体重心下降是跑转入跳的一种自然形式,它是"无意识"的行为。

③重视跑的最后3步的节奏,通常这3步步长的比例为中、大、小(倒数第三步保持中等;倒数第二步要大;倒数第一步要小)。然而这种步长之间的差异却是人体自然用力的表现形式。如果要求运动参与者有意识地去做,则会使最后几步出现动作僵硬或变形。而实践表明,优秀的运动参与者最后几步步长,与自身的技术特点有关,并且存在明显的个体差异。因此,运动参与者不需要刻意地去模仿他人的动作,而是应该根据自己的身体机能特点来找到适合自己的步长。

助跑的最后几步,运动参与者要保持积极正确的心态,来保证运动技术的完美发挥。国外有人做的心理定向实验显示,当运动参与者最后几步助跑的速度达到最高点,要求其以"跑过起跳板"的感觉进行助跑和跳远时,助跑与起跳的衔接显得更加密切。而以"强有力的起跳"这种心理来完成跳远时,往往最后几步助跑在助跑时较容易出现僵硬、变形、减速、身体左右偏斜和重心过低等问题。因此，一般在教学训练中，尤其是面对初学者，应建立正确的跳跃心理状态，强调要以"跑过起跳板"的心理来完成动作，有益于最后几步跑速的发挥，也有助于助跑和起跳的衔接。

5. 助跑标志的设置

正确设置助跑标志有助于运动参与者形成较好的助跑节奏，稳定步长，提高运动参与者准确踏板的勇气和信心。尤其对于跳远初学者来说，利用助跑的标志帮助训练助跑的速度、节奏及准确性非常有益。但是高水平运动参与者在训练时最好不要利用标志训练，因为设置标志多少会影响到运动参与者的注意力，从而影响助跑的水平速度。而一般情况下，运动参与者跳远时设有两个标志，即第一标志及第二标志。第一标志在起跑线上，第二标志设置在起跳板 6~8 步处。设置标志时，首先标志要醒目，清晰可见。其次，标志应设置在合适的位置，不要分散了运动参与者的注意力，否则易打乱助跑的连贯性，从而导致助跑的速度下降。第二标志主要检查助跑的准确性，提示助跑最后几步节奏要加速。在实际训练中，运动参与者不应为了适应助跑标志而改变自己快速助跑的节奏，这样标志的设置就失去了存在的意义。最后，助跑的标志和运动参与者训练时身体素质和技术的变化做出及时的调整。

正确助跑方法的掌握是准确踏板的基础，因此要做到下面两点要求。一是启动姿势要正确，前三步的步长和加速方式要稳定。起跑后最初几步的节奏与步幅影响助跑的准确性和稳定性，所以要准确把握。二是助跑的距离要相对稳定，当助跑的距离已经确定时，若外界环境发生变化，如气温、风向、助跑道的质量、自身身体状态及比赛时间等，为了适应准确地踏板，应反复地进行全程助跑以做出及时的检查和调整。

（二）起跳技术

起跳在跳远中是非常重要的技术环节，它对改变人体运动方向尤其重要，其主要任务是在获得基本的垂直速度下，要减少水平速度的损失，从而来改变运动参与者身体重心的运动轨迹，以获得合适的腾起角，腾起的初速度越大，跳出好成绩的可能性就越大。优秀运动参与者在跳远时的腾起初速度可达到 9.2~9.6 米/秒，而身体的腾起角为 18°~24°，高度则为 50~70 厘米。

起跳的动作包括起跳脚踏板瞬间、屈膝缓冲及蹬伸 3 个阶段。而起跳的整个过程要求动作连贯，最好一气呵成。

1. 起跳脚踏板瞬间

在起跳脚着地的瞬间,起跳腿几乎完全伸直,其与助跑道成60°~70°夹角,脚跟先触地,然后迅速过渡到全脚掌着地,眼睛目视前上方,而在起跳脚着地前,摆动腿则迅速折叠做出前摆动作跟上起跳腿。起跳脚着板的瞬间,两臂则摆动至躯干两侧。

2. 屈膝缓冲

由于身体重力及助跑速度的惯性,起跳脚着地的瞬间起跳腿产生了较大的压力,则迫使其髋、膝、踝关节迅速地弯曲缓冲。膝关节角度140°~150°。起跳腿缓冲的过程中,髋部则迅速前移,同时也带动摆动腿积极的前摆。手臂则配合腿做摆动动作,起跳腿的异侧臂由体前向后摆,同侧臂则由后向前摆动。起跳时上体稍直立,身体重心保持稳定,维持在相对较高的位置。

3. 蹬伸

当身体重心快速且稳准地移至起跳腿上时,起跳腿则快速用力地蹬地,充分伸展髋关节、膝关节、踝关节,与此同时摆动腿则积极向前上方发力,以膝关节领先,带动大小腿快速而协调地积极向前上方摆动。两臂则同时配合腿的动作积极向前上方摆动,当上臂摆至与肩平时,主动地做"突停"。如此不仅能保持平衡,而且相应地缓轻起跳腿的压力,从而增加起跳时腾起的高度。当蹬伸动作结束时,起跳腿髋、膝、踝关节均充分蹬伸,蹬地角度保持在75°左右,摆动时摆动腿的大腿基本抬平,小腿则自然下垂,上体与头保持正直,而两臂摆至体侧的上方。在整个蹬伸过程中要做到快速有力,起跳时腾起角维持在18°~24°,而腾起的初速度达到9.2~9.6米/秒,整个起跳的时间控制在0.1~0.3秒。

(三)腾空技术

"腾空步"是腾空的主要技术,运动参与者在起跳后的腾空时,摆动腿屈膝前摆至大腿的水平位置,而起跳腿则自然地放在身体的后面,这一起跳结束时身体姿势在空中的延续过程。

"腾空步"后的空中姿势主要有3种,分别是蹲踞式、挺身式及走步式。

1. 蹲踞式

在进行"蹲踞式"跳远时,运动参与者保持空中腾空步时间相对较长。腾空步之后,起跳腿迅速向摆动腿靠拢,之后两腿同时上举,膝靠近胸部,与此同时,躯干不过分向前,落地前的0.5米处时,两腿基本伸直,而两臂则持续向下划,这些动作主要有利于更好地使小腿前伸,也可使动作更加的稳定。

"蹲踞式"跳远也存在一定的缺陷，起跳后向前旋转时的力矩相对较大，由于屈腿及上体做出前倾动作，下肢则随之靠近身体重心，旋转的半径减小，则增加了旋转的力矩及角速度，引起了旋转，从而造成过早放下腿这一结果。因此，在进行"蹲踞式"跳远时要着重强调头部与上体维持正直的姿势，以保证身体的平衡性。

虽然蹲踞式跳远比较简单，但是由于跳远的过程中身体处于团身的状态，所以较易产生前旋，接近落地时上体前倾幅度较大，会阻碍两腿做充分的前伸动作，从而会影响取得优异的成绩。

2. 挺身式

相对于其他的跳远姿势来说，挺身式的空中姿势舒展大方。但是完成挺身式的空中动作，也是在起跳之后的腾空步之后才能实现的，起跳后呈腾空步动作后，摆动腿要伸展呈弯曲状态的膝关节，使小腿依次向前、下、后呈弧形状划动，而同时两臂随之向下、后方划动，最后再向前继续进行大幅度划动；同时，身体后的起跳腿则迅速与正在向后摆动的摆动腿积极靠拢，并挺身、屈髋，头稍向后仰，从而充分拉伸躯干前的肌肉，使整个身体呈充分展开的挺身姿势。

身体落地的瞬间，两臂积极向后摆动，躯干则做前倾动作，两腿快速收腹举腿，而小腿则尽量向前伸出，足跟先落地。挺身式的动作能使身体完全展开，由于躯体前面的肌肉被充分拉开，因此为落地之前的收腹举腿及小腿的前伸做了充分的准备，为取得好成绩做了铺垫。挺身式跳远其空中动作的难度就在于需要维持身体的平衡，因此在训练中要重视身体的协调及保持平衡的能力。

3. 走步式

走步式跳远动作的完成是在腾空阶段，因此难度相对较大。当起跳完成后，身体出现"腾空步"，此时，在身体前面的摆动腿以髋为轴，积极地用大腿带小腿快速向下及后方摆动，此时，而身体后方的起跳腿的大腿向上摆，以髋为轴，屈膝带动小腿积极前伸，两条腿在空中完成交换动作，两臂则配合两腿的换步而进行绕环动作，以达到维持身体的平衡。

空中换步完成之后，摆动腿则从体后屈膝继续前摆，然后与起跳腿并拢，之后在空中继续走半步。这整个过程中共需要走两步半的走步，从开始的腾空步算起，摆动腿的下放是第一步；起跳腿由后摆至身体前面，空中两腿的换步为第二步；最后的半步是摆动腿由后向前摆至与起跳腿靠拢。总的来说，空中一共完成了两步半。

而要在空中完成两步半的动作，难度较大，因此，就需要运动参与者具有维持身体平衡及较好的协调能力，而两腿在空中的换步则必须有两臂的配合，所以两臂在空中进行大幅度绕环和两腿进行配合是非常重要的，一般来说，优秀运动参与者跳远时则会选择走步式的空中姿势。

（四）落地技术

落地是最后一个环节，其任务则是为了尽可能地获得更远的跳跃距离，而且要防止发生伤害事故。所以选择合适的落地技术则能更加充分地利用自身身体重心所腾起的远度，以便取得最佳的成绩。

落地的技术分为折叠式落地及滑坐式落地两种。折叠式的落地法即是在腾空阶段的最高点之后，两腿随即向上、向前伸出，而上体则向下折叠，同时两臂从上向前并在落地前迅速向后摆。一般蹲踞式跳远及挺身式跳远中多出现这种动作。滑坐式落地是在腾空的最高点就开始做出折叠的动作，及早做折叠的动作不会影响及改变腾空的路线，之后把腿及骨盆向前移，而上体稍微后仰，在落地时像坐着一般。通常情况下，滑坐式落地法优于折叠式落地法。有实验表明，对同一运动参与者选择两种不同方法，折叠式落地要比滑坐式落地近20~30厘米。研究表明，两种动作的身体重心不同，滑坐式的相对后移，所以其效益则远远超过了折叠式动作。

四、三级跳远的基本技术

三级跳远是运动参与者在经过一段距离的助跑之后，沿着直线进行连续3次水平的跳跃。整个三级跳远需要运动参与者在完成高速助跑的过程中，完成3次运动方向的改变及相对应的技术动作，所以在田径运动项目中三级跳远的技术属于相对复杂的项目。

（一）助跑的技术

助跑技术是三级跳远技术的基础，是运动参与者开始起动进行一段距离的跑之后踏上起跳板这一过程。其主要任务是帮助运动参与者获得较快的水平速度，从而为起跳做好充分的准备。

但是三级跳远又不同于跳远的助跑，在助跑时三级跳远需要获得更大的向前的水平速度，以使得运动参与者沿着直线完成3次不间断的跳跃。一般优秀运动参与者的助跑距离为40~45米，而初学者只要35米左右的助跑即可。由于三级跳远在助跑时的水平速度较快，所以在助跑的开始阶段，运动参与者就要获得较快的向前的速度。因此，在开始助跑时运动参与者躯干可保持较大的前倾姿势，两腿蹬摆要积极有力,两臂则要积极配合摆动,同时两脚着地要有弹性。这种起动加速度会在短时间内使运动参与者获得较大的速度。而当获得一定的跑速之后,为了快速、准确地踏上起跳板,则需要稳定步长。另外,还需要维持稳定的身体重心,以防止其起伏过大,并且助跑时尽量保持直线助跑。

1. 起动的方式

三级跳远起动方式主要包括静止状态下的起动方式及在运动状态下的起跳方式。不管运动参与者运用哪一种方式进行助跑,均应按照个人的特点及习惯来安排。①静止状态下的起动:可选择半蹲式或静立式的静止状态进行助跑。一般来说,助跑准确性不好的人多采用静止的状态下起动。②运动状态下的起动:可选择走几步或者慢跑或者垫步的方式进行起动,当踏上助跑的标志后即可开始助跑。一般助跑容易紧张的人可以采取运动状态下的起跑。

2. 助跑距离及步数

助跑距离和步数是息息相关的,不可单独进行讨论。各运动参与者的个体差异、训练水平、加速能力、速度水平、加速方式即起跳能力等因素直接决定着运动参与者的助跑距离和步数。因而在运动参与者助跑时需要做到以下几点要求。

①训练水平较低者,助跑的距离及步数适当减少,但随着运动水平的提升,其助跑的距离可逐步加长,步数也相应的增加。男性运动参与者的助跑距离一般较女性运动参与者助跑距离长一些,步数相应的也多一些。

②一般采用积极的加速方式来助跑的运动参与者,他们的助跑距离相对比较短,而采用逐步加速助跑的运动参与者的助跑距离相对长一些。

③速度的水平及加速的能力:速度水平较低的运动参与者,其一般跑的能力相对也差,助跑的距离可相对短一些。反之,速度水平相对较高的运动参与者,其跑的能力一般也高,助跑的距离应该长一些,助跑的步数也应增加。加速能力比较强的运动参与者,他们的助跑距离可以短一些,而其助跑的距离可以长一些,相反的是,助跑的距离则应缩短。但是需要了解的是,对正处在生长发育期的青少年来说,由于其身体素质及专项技术都不完善,助跑步数应控制在12~14步,但是随着年龄的增长及各项素质的提高,助跑步数也随之逐渐增加。

3. 测定步点

测点助跑的布点有以下两种方式:走步丈量法及跑步丈量法。

(1) 走步丈量法

根据全程助跑步数来计算的,即每走两步算一步,例如,运动参与者采用12步助跑,那么在丈量步点时要走24步。丈量完自己的步点后需要反复的试跑几次，根据自己的情况进行适当的调整。

（2）跑步丈量法

运动参与者在跑道上起跑做反复的加速跑，从而找出从起跑线开始自己助跑的脚印的密集点，然后用皮尺量出这段距离，之后再回到三级跳远的助跑道上进行反复的练习，然后再进行适当的调整。

一般而言，运动参与者测量的助跑的步点并不是一成不变的，运动参与者要根据比赛和训练时跑道的弹性、软硬程度、风向、气温和自身的体力状况等进行及时调整。通常情况下，助跑道弹性差、松软、逆风、气温低及自身体力状态不好时，助跑距离要相应的缩短，反之，各方面的因素均适合助跑的时候，助跑距离要相应加长。

4. 助跑的最后几步

起跳前的准备阶段也就是助跑的最后4~6步，同时也是整个助跑过程的关键。因而这几步既要保持在最高速度，又要做好与起跳的衔接，这个环节相对来说难度较大。通常来说，助跑的最后几步，有两种不同的跑法：第一种是在助跑步长较稳定情况下，步频加快，但是最后的几步的步长却没有显著的变化。第二种则是将最后4~6步的步长缩小，加快频率，形成一种快速的助跑节奏。

目前优秀的三级跳运动参与者一般采用第一种跑法，这是因为在步长保持稳定的前提下，步频的增加会有利于发挥和保持高的跑速，以使得助跑和起跳更加衔接。

（二）起跳的技术

1. 第一跳

国际上规定的三级跳的第一跳为单足跳，然而它对第二跳、第三跳的顺利完成有非常重要的作用。所以，这一跳是三级跳远技术中最关键却也是最复杂的一个技术环节。单足跳则是从助跑的最后一步摆动腿离开地面，直至起跳腿做快速积极踏板开始。这个过程由起跳脚着地、身体的重心移动至垂直的支撑点及蹬离起跳板这几个部分组成。在这个过程中，运动参与者要以合理、有效的助跑和起跳的衔接作为保证，达到适宜远度的最低要求，力争水平速度的减小。单足跳的基本技术之动作要领包含以下几点。

①在助跑的最后一步时，运动参与者的摆动腿要积极有力蹬地，而起跳腿则应积极自然地踏起跳板，在落地前起跳腿的大腿要抬得比平跑时低一些，下落的动作要快速积极，不过着地动作要柔和。在脚落地的瞬间，"扒地"动作要明

显。与此同时,运动参与者的上体要保持垂直式的适度前倾,而起跳脚的着地点接近身体重心的投影点。一般来说,优秀运动参与者的单足跳着地的角度为69°±3°。

②在起跳腿着地之后,因为力的作用,膝关节被迫弯曲,然后随着身体向前移动,导致踝关节的背屈加大。而上体和骨盆则应快速地向前移动,摆动腿则同时积极前摆,此时大、小腿迅速折叠,脚跟则向臀部靠拢,而整个身体像绷紧的弹簧,处在蹬伸前最有利的状态,随着身体向前移动,起跳腿迅速做出爆发性的蹬伸动作,与此同时,摆动腿及两臂则快速地向前上方大幅度摆动。

③在起跳结束时,上体保持正直,而起跳腿的踝、膝、髋关节应充分伸直,那么摆动腿则屈膝抬高,与此同时要抬头、挺胸,而两臂随之摆起。一般优秀运动参与者的起跳角度为62°±2°,而身体的重心腾起角度为17°±1°。这个过程中起跳的腾起角度非常重要,若过多增加腾起角度则会导致水平速度的下降。同样,腾空的轨迹过高则会导致第二起跳腿负荷的增加,对此后的两跳都将造成不良的后果。

④在起跳结束之后,运动参与者将进入腾空阶段。"腾空步"保持一段时间后,摆动腿应自然向下、向后摆动,此时起跳腿应屈膝前抬,而大、小腿同时收紧,足跟则靠近臀部。紧接着摆动腿后摆,而起跳腿向前抬高,小腿则自然下垂以便完成换步的动作。

⑤结束换步动作之后,起跳腿要继续保持向前上方提拉的动作,髋部则积极前送,两臂和摆动腿则向后摆到最大的幅度。过早或过晚的换步动作都会影响接下来一跳的远度,因此换步动作要适宜、连贯。

在腾空这一阶段中,可采用前后进行摆臂的方式,两臂积极配合下肢进行换步的动作,由体前向身体侧后方拉。主要是第一跳在加速跑的情况下完成的,而这种方式则可以减弱其对跑速的不良影响。

2. 第二跳

第一跳着地的一瞬间,就要准备第二跳的动作了,即跨步跳,其技术如下。

①第一跳的腾空过程完成2/3时,此时身体开始下降,而起跳腿则继续高抬,充分后摆摆动腿,以加大摆动腿和起跳腿之间的夹角。为了给起跳做好充分的准备,两臂要拉至身体侧后方。身体由高处往下落地时,中心的落差较大,因而产生了较大冲击力,那么第二跳的起跳相应的就增加了难度。而正确的动作要领则是起跳腿应积极地下压,"扒地"动作积极有力,与此同时,摆动腿及两臂用力向前摆动。为了防止急剧的冲击带来的过分缓冲,因此着地时腿部要适当的紧张,膝关节、踝关节及大、小腿的股后肌群均要保持适宜的紧张度,以使身体

重心维持在较高点。为了向上跳得高一些，上体应做到正直的姿势。一般来说，优秀的运动参与者其着地角度为68°±2°。

②在起跳腿着地之后，及时地进行"退让"，要屈膝、屈踝，使身体进行快速前移。身体重心靠近支撑点的上方时，两臂与摆动腿要积极快速地向上摆动，而身体向上积极伸展，起跳腿则做快速用力的蹬伸动作。蹬离地面的一瞬间，起跳腿的髋关节、膝关节及踝关节应充分伸展。第二跳与第一跳的起跳角相比稍小，腾起角较小，腾空的高度也较低。

③腾空之后，运动参与者在空中保持跨步姿势较长，此时，摆动腿要积极地上提，起跳腿则屈小腿向后面摆动，上体保持前倾，两大腿的夹角保持在最大。许多优秀的运动参与者在腾空后半段其两腿会做反弹式的动作，不仅有利于保持身体的平衡，对下一步的起跳也有帮助。

3. 第三跳

三级跳远的前面两跳已使助跑的水平速度显著下降，所以在第三跳时需重视利用其余的水平速度，以尽最大可能来提高垂直速度，这样得到较高、较远的腾空轨迹，以取得最后一跳的最大远度。

最后一跳的着地角比前两跳稍小，66°±2°，这个角度有利于大的垂直速度的获得。在着地以后，起跳腿要屈膝、屈踝，进行积极地缓冲，使得身体进行快速前移，两臂及摆动腿则快速向前上方摆。起跳时要伸髋、伸背，上体保持正直，在起跳结束的一瞬间，充分蹬伸起跳腿的髋、膝、踝关节，使之与上体成一条直线，两臂和摆动腿随之高摆，增加身体重心随之向上的移动距离。最后一跳的腾起角与起跳角均大于前面两跳，分别为18°±2°和63°±3°，因为第三跳的落地动作是两脚一起进入沙坑的，所以第三跳的空中动作及落地的动作与跳远的动作基本相同。

另外，三级跳的技术中，这三跳的长度比例的安排是非常重要的环节，因为第一跳是在快速的运动中进行的，所以第一跳的长度则直接关系到后面两跳的技术，若第一跳过长或者过短对后面的两跳都不利，通常情况下，都是固定第一跳的长度，然后在此基础上再调整第二跳及第三跳的距离。

第4节 投类项目基本技术

一、铅球的基本技术

（一）推铅球之背向滑步技术

背向滑步的推铅球技术由以下几个部分组成：握球与持球、预备的动作、团身的动作、滑步的动作、最后的用力动作和结束的动作。

1. 握球与持球的技术动作（以右手为例）

（1）握球的技术

五指要自然分开，铅球放在右手的食指、中指及无名指指根处，而大拇指及小指要自然扶持在铅球的两侧，主要起到稳定铅球的功能。5个手指控制在铅球的外周呈半圆形，手腕要自然背屈。而手掌和手指力量薄弱的运动参与者则可选择中间5个或者3个手指并拢，这样做的目的是可以集中力量，如此只要最后用力的动作正确，那么在最后用力的过程中一般会避免出现降肘抛球或者掉球的现象。

（2）持球的技术

持球后需要把铅球放置于右侧锁骨的外端，紧贴在颈右侧，此时掌心向内，其所指的方向应与身体平行，屈右肘。从正面来看，右臂与躯干保持直角的角度，或者可使右肘低一些，减小夹角。从侧面来看，身体与右肘在一个平面，过前或过后都不适宜。

2. 预备的动作

预备时，右脚需背向投掷的方向站立，右腿保持直立，这时身体的重心压在右脚的全脚掌上。左脚处于右脚后方的20~30厘米，左腿稍微屈，左脚的脚尖点地，为了使身体保持平衡，首先站立的姿势要端正，髋横轴和肩的横轴要与地面维持平行，而与投掷的方向相垂直。颈部则正直，而头不要扭转或者侧屈，眼睛目视前下方的几米处，此时左肩则向身体的前上方或者正前方做自然伸手动作。预备动作曾被人描述为"横平竖直"的动作，即髋及肩的横轴要平，脊柱则要直。

3. 团身的动作

团身动作在预备动作完成时开始，它也是滑步动作的前提动作。为了确保正确的身体姿势，身体平衡的维持则是完成团身动作的重要条件。

首先，上体要前俯，在左臂跟随上体前俯之后要逐步下垂，此时左臂跟随上体的前俯逐步下垂，左腿则向后上方摆动，当摆至大腿与身体成直线的高度时，顺势屈右膝，然后收左腿，降低身体的重心，而后形成团身的姿势。然后，右脚背向投掷的方向，身体的重心压在右脚的前脚掌上（此时右脚跟可提起也可放下），个人根据自己的腿部力量情况，右膝弯曲到合适的角度（100°左右），右膝的前缘要超过右脚尖，左腿则紧跟在右腿之后，而左膝紧靠右小腿，左脚的脚尖轻轻触地或者离地；从身体的侧面来看，肩横轴与髋横轴的延长线则与地面保持平行，背部的肌肉则适当的拉长、放松，右臂的动作不变化，眼睛目视前下方，左臂则自然下垂或者向投掷的反方向伸出。

此外，另一种不需要预备就进入到滑步动作的简单形式——直滑式技术，它的具体动作要领为：预备动作的时候，需背向投掷的方向直立，两脚间距适度，脚尖前后对齐或者前后稍分开，屈双膝，然后降低身体的重心，上体前俯，上体与地面大致平行，而左臂下垂，此时左手几乎触地（但注意并不触地），身体的重心在前脚上。那么团身的动作由单腿支撑变为双腿的支撑，从而减轻了局部压力，动作简单易于操作。许多优秀的运动参与者在比赛中采用此动作，也获得了非常好的成绩。

4. 滑步的动作

在滑步开始时，身体的重心保持水平向投掷的方向做快速的运动，此时左腿的大腿带动小腿向抵趾板做踢出动作，左脚沿着地面划动，左脚的脚背朝下，左脚在投掷圈直接大约3/4的距离时做外翻动作，最终左脚落在抵趾板的中间略偏左处，投掷的方向与左脚的纵轴成90°~100°。

左脚的纵轴与投掷方向构成90°~100°。在踢出左脚后，从侧面来看，左脚到左肩约成一条直线。右腿的蹬伸动作配上左腿的动作，身体的重心则由右脚前掌逐渐过渡到脚后跟，而右脚的动作则似一滚动动作（自然地采用脚跟滑步，在后退走时则脚尖先离地，然后脚跟离地），在整个滑步的过程中右膝不要伸直（一般的技术录像或者图片中存在右膝伸直的瞬间图像，但这实际上是动作过程，若在做动作中，努力伸直将出现身体的重心过分向上的现象，这是非常不利的），两腿夹角要大，伸展髋部，右腿积极迅速内收，而右脚稍内扣，在圆心附近落下，右脚的纵轴和投掷的反方向的夹角成20°~45°。

滑步开始时左腿也开始做动作，与此同时，左臂轻快地向投掷的反方向进行摆动（也可向身体右侧摆动），此动作主要拉长主要的肌群及保持超越器械动作的功能，而此时上体保持原有的姿势不变。

滑步结束时的身体姿势（即在双脚落地后）：这时左脚的纵轴和投掷方向成90°~100°的夹角；脚的外侧抵在抵趾板的中间稍偏左处，而左腿则基本伸直，处于用力的紧张状态；右脚则内扣20°~45°；左脚尖与右脚跟在一条直线上（但是保持至少10厘米的横向间距）；右膝弯曲至110°~130°，身体的重心落至右脚的前脚上。注意右脚跟不落地，持续用力的状态。左脚尖与右脚跟的方向在投掷方向的正中间的延长线上；髋的横轴保持与地面平行（切记不要一侧低一侧高）。注意肩横轴垂直于投掷的方向，但与地面平行。上体向投掷的方向伸展（此时指的是双肩），躯干和地面的夹角控制在60°以内；左臂则向后下方伸出，右手臂此时动作不变；端正面部，眼睛目视投掷圈后的前下方。

在滑步时，保持身体的重心移动平稳进行，尽力做到沿着地面平行的运动，对于初学者来说显得尤为重要，因此应该高度重视。此外，具有一定运动水平的运动参与者在滑步时其臀部可以要求向抵趾板的方向运动，如此一来对提高滑步的速度及减少身体重心的起伏具有积极的作用。

5. 最后的用力动作

滑步结束之后，右脚的脚跟不要落地，在右腿用力的同时，右脚内侧积极用力形成侧蹬的动作，而右膝则尽量顺着水平的方向继续向前运动，右腿做侧蹬时同时伴有转动的动作（但不过分地强调转动的动作，在这一点上铅球和铁饼项目在右腿的动作上显然不同），右小腿与地面夹角呈现较小的夹角后，右腿尽力蹬伸以推动身体继续向前。

滑步结束时左脚落地，之后左腿继续保持紧张的伸直状态，这时身体重心随之向前运动，左膝微微弯曲，此时左膝处在一种退让的紧张用力的状态下，基于生理上出现的牵张反射，左腿最终形成较强的支撑后的用力蹬伸动作。

在最后的用力过程中，要注意在身体重心积极向前运动和下肢做动作时，上体由背面变成侧面，整个身体从下至上形成侧弓形，在这个动作过程中，整个身体的主要工作肌群处于拉紧的状态。从滑步时右脚落地开始，直至身体形成的侧弓这个过程的技术，是整个推铅球技术里非常重要的环节，我们把这个过程叫作蓄力阶段，也称作最后用力的贮备阶段。此阶段又分为两个阶段：一是右脚落地至左脚落地的阶段；另一个则是双脚落地而形成双支撑直至形成侧弓的阶段。

除了最后的用力动作较准确合理外，其余重要的环节的技术动作有：第一，在右脚落地的一瞬间其脚后跟力争不要落地，尝试用脚前掌积极做侧蹬动作；第二，右腿沿着水平方向做运动，不要用力向上做蹬伸动作；第三，右下肢的动作要迅速，发力要柔和；第四，髋部一边向前运动一边转动（但是勿原地转动）；第五，拉紧上肢，注意上体不要主动用力。

铅球在最后出手时原则上应该达到最高速，但是为了确保铅球获得快速的出手速度，就要重视最后的用力之前的准备阶段，不仅要求身体的姿势调整到位，而且要确保全身的肌肉在后面的阶段能充分发挥其收缩速度。俗话说"拉弓射箭"，做到弓充分拉满，箭才能射出更远，而所谓的弓拉满即肌肉充分地拉长，而肌肉只有在适度的放松下才能被充分拉长，因此在最后的用力的准备阶段务必不能过分紧张，而是在之前动作的基础上顺势用力，以使得肌肉内耗减少，促进肌肉的充分拉长。

在身体形成侧弓之后应继续向前运动，领先的是髋部，身体则迅速地形成正弓形，有的也可呈满弓后者反弓形，在身体转至正面的时候铅球则即要离开颈部。在最后的用力开始直至身体呈正弓形开始，左臂则是先经过身体的左侧上方然后止于左肩的下侧。左肩做一直向前的运动（同时伴有轻微的转动），直到铅球出手时为止，左肩再停止运动，在这个过程中注意避免左肩出现故意的下压及后拉动作。

此外还有一点需要格外注意，身体是积极向前运动的，随后右臂才参与运动把铅球推拨出去，右手在最后有个拨球的动作，这个拨球的动作是自然动作，并不是故意做的。

铅球在最后出手时的身体姿势：左腿应充分蹬直，而右腿充分地蹬伸；注意抬头、挺胸，运动参与者面对投掷方向；伸直右臂，左臂放置身体的左侧，左手则低于左肩膀；左侧的肩、胸、肋、腰、髋、膝、踝则形成强大的支撑。推铅球时其实际的出手角度约38°，而通过技术的分析则可以看出铅球的出手点在左脚的上方或前上方。

6. 结束的动作

在铅球出手之后，身体向前的惯性容易造成身体的失衡，但是整个身体会持续向投掷的方向运动。为了保持身体的平衡，也为了防止身体出现跌倒或者出圈而引起犯规，在最后的用力及铅球的出手动作时必须注意。一般情况下，会采用及时交换双腿以改变运动的方向，左腿积极地后退，降低身体的重心，用以更好地维持身体的平衡以避免出现犯规，确保已经取得的成绩。

（二）旋转的推铅球技术

此技术在比赛中使用相对较多，它的技术动作与滑步的推铅球既有相似之处也有一定的不同之处。旋转的推铅球技术包括4部分：握球与持球技术、预备的姿势、旋转技术、最后的用力及维持身体的平衡。

1. 握球与持球技术

旋转的推铅球技术其握球与持球的方法与背向的滑步推铅球相同，右手持球放置与肩上的锁骨窝处，铅球则紧紧地贴在颈部，因为在旋转时会产生较大的离心力，因此需要把铅球握得更牢固。

2. 预备的姿势

预备时两脚要左右开立，间距稍宽于肩，脚尖稍靠近投掷圈的后沿，重心位于两腿上。而左臂则自然向下，稍屈两膝，上体则稍前倾。

3. 旋转技术

旋转开始之前，上体要前屈并且做向右转动动作，同时左臂与左肩也向右转动，此时膝关节也适度的弯曲，体重由右腿支撑，右侧的肌肉稍扭紧，随时做好向左旋转的起动动作。在开始旋转时，上体首先向身体的左侧转动，之后慢慢加大上体前倾及膝关节弯曲的幅度，以降低身体的重心。这时是以左脚的前脚掌为轴进行转动的，身体的重心从右腿平稳地移至左腿上，而左膝、左腿持续外转，当身体的重心全部移到左腿上时，右脚已完成蹬离地面，则形成了以左脚为新的支撑点的单腿支撑的旋转轴。在转动中，身体的上体稍为向左侧倾斜，使身体保持平衡，弯曲右膝，形成以左腿为轴的摆动。伴随着身体向投掷方向的持续转动，左腿快速地蹬离地面，形成一个低腾空，右腿抓住时机迅速完成扣髋的动作，然后迅速向前跨出，前脚掌着地落在投掷圈的中心附近。

在右脚落地之后，膝关节慢慢弯曲以承担体重，左腿做屈膝动作并且积极地靠拢右腿，以尽可能地缩小下肢的转动半径，以右腿为轴进行单腿支撑旋转，同时加速旋转，继而给右髋快速地超越上体创造了条件。此时左髋沿着逆时针方向继续转动，用以加快旋转的速度及左脚落地的动作。左脚的前脚掌着地，落点在中线的稍偏左侧位置，易形成最后用力前较佳的姿势——双腿支撑；较低的身体重心，上体处于扭紧的状态下，左臂稍上举且内扣，右肩低于左肩，使左侧肌肉在最后用力时达到了充分拉长的状态，以便于为最后快速地推球创造了极佳的条件。

旋转时，左臂和头部的动作也非常重要。开始旋转时，上体和头部向身体的左侧转动，随之左臂也摆至了左侧，当以右脚为轴进行旋转时，髋部进行快速的转动，则使头、左臂及左肩落在了后面，使得左侧的肌肉被迫扭紧拉长。右脚支撑旋转时，若头及左臂做向左的转动，体重必然会过早移向左腿，因而造成不能形成超越器械的最佳有利姿势。

4. 最后的用力及维持的身体平衡

从左脚着地开始，右腿则积极用力地蹬转，以推动右髋继续向前上方移动，而使上体和铅球留在后面，之后的动作与背向滑步推铅球相同，在完成推球出手的动作和铅球的出手后努力保持身体的平衡动作。

二、掷标枪的基本技术

掷标枪从理论上来说与其他的投掷项目是相通的，包括握枪技术、持枪技术、最后的用力技术及维持平衡这几个技术阶段。由于标枪形状较特殊，动作方法上有着其自身的特色。

（一）标枪的握法及持枪技术

1. 握枪技术（以右手投掷标枪为例）

标枪的握法有两种，分别是普通式的握法和现代式的握法，每种握法的特点均不同。①标枪的普通式握法：目前国内外的运动参与者均采用的方法是将标枪斜握于掌心，而拇指与中指则握住标枪绳把末端首圈的上端，而食指则自然贴于标枪上，小指与无名指自然握住绳把，这种方式能充分利用中指长度来加大投掷的距离以促使标枪出手时能获得较大的力量。②标枪的现代式握法：拇指和食指紧握住标枪绳把末端的首圈，另外3个手指则握住绳把，其特点是动作较自然。至于运动参与者如何选择握枪的方式，则需要根据自身的特点，以保持手腕运用的轻松自如，以使标枪能精确沿着理想的轨迹在空中稳定地做旋转飞行的动作。

2. 持枪的技术

助跑时，好的持枪技术显得尤为重要，有利于助跑的完美发挥。平时见到的持枪的方式包括肩上持枪法、腰间持枪法及综合持枪法3种。

（1）肩上持枪法

把标枪举于肩上，用弯曲的投掷臂及手腕稳稳地控制标身与地面保持平行动作，大、小臂的弯曲幅度较大，采用这种方式较易控制标枪、稳定标枪。使标枪的尖部稍低于其尾部，而整个标枪则高于头部，这种持枪的方式，手腕运用轻松自如，易于引枪。肩上持枪还可把标枪放置于右肩上的耳际部位，然而投掷臂显得较为紧张。

（2）腰间持枪法

握枪后将标枪放于腰侧，在助跑时让枪尖朝后，而枪尾在前，但持枪助跑时像平时跑步进行前后的摆臂，之后进入投掷步的时候再进行引枪，枪尖对准投掷的方向。此种方式做引枪动作时，要翻手腕把枪尖对准备前方，所以相对难度大。其优点是在助跑的时候肩部、臂的动作较自然放松，有利于速度的发挥。

(3) 综合持枪法

持枪助跑时，前半段一般采用腰间的持枪方式，而后半程则换成肩上持枪方式，最后投掷时再做引枪动作，如此一来，即可在前半程较好的发挥跑的速度，而后半程引枪又方便，也便于更好的控制标枪。所以，许多优秀的运动参与者比较喜欢这样综合式的持枪助跑。

(二) 助跑技术

助跑一般包括预跑和投掷步这两个阶段，分别如下所示。

1. 预跑阶段

助跑的距离一般为 25～35 米，即从第一个标志线至第二个标志线 15～20 米的距离为预跑的阶段，一般跑 8～14 步。

在预跑阶段，上体稍微前倾，投掷臂持枪做好准备，前脚掌着地，大腿抬高，充分蹬伸，动作舒展轻快，配合较强的助跑节奏，两臂与两腿的动作协调配合，双眼平视前方，头部则自然抬起。

预跑过程的助跑要逐渐加速，步长要适度稳定，均以利于完成投掷步及最后的用力为主。通过研究发现，掷标枪的速度等同人最高跑速的 70% 左右，这个速度最有利于助跑。但是这也和个人技术的娴熟程度有关。一般的初学者，要控制预跑阶段的助跑的速度，之后随着技术的提升，助跑速度可以逐渐增加。

2. 投掷步阶段

从第二个标志线至投掷弧的这一段距离所做的助跑称为投掷步，实际上则是从预跑加速开始到最后的用力直到标枪的出手这一个过程。其任务则是经过特定的助跑技术，加快下肢的动作，然后在向前运动的过程中完成引枪的动作，经过投掷步而形成一种身体超越器械的身体姿势，以方便最后的用力及为出手创造最佳的条件。

投掷步有两种方式：跳跃式的投掷步及跑步式的投掷步。通常投掷步跑 4～6 步，男女则因为步幅的大小不同，其投掷步的距离也不相同，一般情况下，男子的投掷步为 9～15 米，稍远一些，女子的则为 8～13 米。

(1) 跳跃式投掷步技术

跳跃式的投掷步类似于弹跳步，此形式的腾空时间相对较长，腿部蹬伸力量较大，则有利于超越器械及引枪动作的完成，运动时相对轻松。但是以这种方式跳跃时，要避免跳得过高，以使得重心起伏过大，从而影响动作的连贯性及直线性。

（2）跑步式投掷步技术

跑步式的投掷步与平跑步极为相似，尤其是向前的速度较快，身体是平直向前的，这样非常不利于形成超器械的身体姿势。许多优秀的运动参与者目前多采取"混合式"投掷步，就是在前面两步采取跑步的形式，使速度充分发挥好，在交叉步的时候采用跳跃的形式，然后最大限度形成超器械的动作。

第一步：左脚在踏上第二个标志线时，右脚向前迈步，此时右肩后撤，而左肩则继续对着前进的方向，这时及时引枪。但是右肩后撤，持枪臂则沿着身体紧靠着胸部而向后继续引枪，右臂不要完全伸直。枪尖则与左肩保持齐平。眼睛则目视前方，而左臂顺势摆到胸前位置。

第二步：左脚离地即开始向前迈，此时髋关节则向右转动，并跟随着朝向前进的方向。继续后撤右肩，右臂向后伸，引枪动作完成。右臂伸直至肩膀的高度，而标枪靠近右小臂，标枪的角度控制在适宜的角度，枪尖高度与右侧眉弓持平，确保标枪的纵轴与投掷的方向保持一致。

第三步：第三步是交叉步，此步的任务是使躯干逐渐落后于下肢，最后形成超器械的姿势。左脚要用力进行蹬伸，而右腿则大幅度地积极向前迈步，使得下肢超越躯干及上肢，躯干向后倾斜的角度加大，而髋轴则超过肩轴，以促使超越器械的动作完成。

之后随着左腿的蹬伸，右腿在向前摆动时身体则侧对投掷的方向，头继续向前平视，如此方可使肩轴与前轴呈扭紧状态，形成交叉步。右脚落地时其脚掌和投掷的方向成45°，其落地时是以脚外侧着地的，而体重的大部分已然控制在右腿上，此时的右腿是保持弯曲的。而第三步的交叉步大小和转髋动作的大小，均由运动参与者个人的特点而定。

第四步：用力的最后一步，这个环节难度相对较大。最后用力的过程：交叉步的右脚落地之后，此时躯干有一定程度的后倾，重心在右腿上，之后右腿被迫弯曲，而左腿顺着助跑的节奏，向前积极地迈步，注意左大腿不要过分抬高，左脚用低而平的轨迹向投掷方向的偏左位置着地。左脚和右脚的落脚点间距20~30厘米，而左脚尖与投掷方向成20°夹角，落地后成为稳固的左侧支撑，为最后的用力做好准备。

在投掷步的阶段力争维持在预跑阶段已经获得的速度，每步跑的节奏也不尽相同，一般第一步与第二步较快，而第三步稍微慢，第四步则最快。

（三）最后用力的技术

最后几步技术的掌握在整个投掷技术中显得非常重要，直接关系到比赛的最终成绩。所以，务必要重视最后用力的动作技术，而且要准确地掌握。其正确的最后用力的动作如下。

在投掷步的第三步，右脚落地，而髋部则随着惯性向前继续运动，身体重心在超过右脚的支撑点的上方时，左脚还未落地，右脚则积极地蹬地。而左脚着地的瞬间，左腿积极制动，上体向前做加速运动。右腿则继续蹬地，以推动右髋关节加速向投掷的方向继续运动，髋关节超过了肩轴并带动肩轴持续向投掷的方向转动。肩轴完成向投掷方向转动时，投掷臂迅速向上翻转，上体则面对投掷的方向，呈"满弓"的姿势。与此同时，投掷臂则处于身后保持与肩同宽的间距，投掷臂与躯干成直角，而标枪在肩膀的上后方，手掌心向上，而枪尖朝前。

在"满弓"形成后，胸部则继续向前送，为了将投掷臂尽量控在身后，充分伸展右肩部肌肉。因为向前的惯性，迫使左膝屈膝，但是左膝做迅速的蹬伸，与此同时，以胸及右肩带动以投掷臂为轴而做出向前的爆发性的"鞭打"动作，而且用力的方向经过标枪的纵轴。

在最后的用力时，取得最大出手速度的关键则是用力顺序要合理。右脚落地开始，发力要及时，持续至右臂做快速的"鞭打"及标枪的出手，这个过程人体的各个环节形成一个完整的动作，人体各个参与运动的肌肉群自上而下按照一定的次序进行发力，使得人体的各环节进行有序的加速及减速，从而实现动量的传递，以此来获得最佳的出手速度。

在最后的用力阶段，若要获得最佳的效果，须做到以下几点：第一，标枪的出手的速度为助跑速度及投枪速度之和，为了实现助跑速度的提升，现代的掷标枪技术，逐渐重视助跑及最后的用力动作的配合；第二，为了更好地衔接技术动作，在交叉步时腾空应稍低，而在右脚着地之后，应及时发力，左脚则主动地快落，以做好支撑及制动动作。

（四）身体维持平衡的技术

在标枪出手之后，身体平衡的维持则是最后的动作。为避免人体超过投掷弧犯规，在标枪出手之后，为保持身体的平衡，右腿则及时向前迈一大步。为确保最后的用力，运动参与者在不犯规的前提下，可以向前大胆做动作，而最后一步时，左脚的落地点离投掷弧的间距为1.5~2.0米。

（五）标枪飞行的技术

标枪在出手后继续沿纵轴旋转并向前飞进做自转动作，由于其在空中飞行时具有一定的稳定性，因此在某些情况下，具有减缓标枪落地时间的作用。标枪出手后，自转速度高达 25 周左右，飞行时间为 3.5~4.5 秒。

三、掷铁饼的基本技术

投掷铁饼的完整技术过程有握法、预备的姿势及预摆、旋转、最后的用力及维持身体的平衡这 4 个环节，具体如下。

（一）握的技术

持饼时五指自然张开，之后拇指与手掌自然握住铁饼，另外四指自然地分开，四指末节紧扣住铁饼的边沿。而手臂微屈控制住铁饼使其稳固，不至于滑落。铁饼握好之后投掷臂放置于体侧，保持放松下垂姿势，为了不影响投掷铁饼的成绩，注意持饼时不要太紧也不要太松，均以便于拨饼发力为主。

（二）预备的姿势及预摆技术

1. 预备的姿势

运动参与者背对着投掷的方向，两脚一般左右开立，间距与肩同宽或者稍宽于肩，在投掷圈的后沿站立，左脚尖则稍离开铁圈，以便于进行旋转，持饼臂则放松下垂置于体侧。

2. 预摆的技术

掷饼的预摆动作专门为旋转做铺垫的，也使肌肉在此过程呈最佳的状态。预摆主要有两种方式——左向上右向后式的预摆及体前的左右预摆。无论选择哪一种预摆的方式，最终总会有"制动"的动作，而这个制动点则是旋转动作的起始点。

（1）左向上右向后的预摆方式

做好预备姿势之后，要开始做预摆动作。持饼臂先起动，首先在体侧前后的自然摆动，与此同时，身体重心也随之做左右的移动，铁饼摆至身体后面时，重心逐渐靠近右腿，而后右腿迅速蹬地并向左移动重心，持饼臂则向左上方进行摆动，这时弯曲右臂，在铁饼摆至前额的左方时，避免铁饼的滑落，左手及时托饼，此时重心完全移至左腿上，而上体也顺势向左转动。之后投掷臂稍放松继续向右后方进行摆动的动作，重心又随之移到右腿，而上体自左向右后方进行转动，稍弯曲右腿，左臂则自然屈臂于胸前。预摆的整个过程中，头则随上体转动，眼睛平视。当摆至与右肩同高时（即最高点）即为制动点，这种预摆的方式较为简单操作，所以初学者较适合运用。

（2）体前的左右预摆技术

预备的姿势准备好之后，首先在体侧做几次预摆，当铁饼摆至身体的后面时，身体重心则向右腿靠拢，而躯干先向左扭转，同时其带动投掷臂经由体前做向左的摆动。持饼手摆至体前时，要翻手掌向上，向前倾右肩，而体重则向左腿靠拢。之后持饼臂由前向后做回摆，持饼的手掌要翻掌向下，体重随之移至右腿。往复摆臂的过程中，上体则随之左右扭转，向右回摆铁饼的过程中，注意充分扭紧上体。这种预摆方式的特点主要是动作放松，而幅度较大，不过需要紧握住铁饼，防止其滑落。所以，这种预摆的方式被优秀运动参与者所钟爱。

（三）旋转的技术

助跑及旋转的作用大致相同，均是为了在最后的用力及出手之前获得一个较好的初速度，为最后的用力及出手创造最佳的身体姿势。据相关的研究表明，旋转的掷铁饼与原地的掷饼距离相差 8～12 米。

两摆动作结束的瞬间旋转动作开始，最初是左脚支撑为轴进行旋转，以借助与右腿的蹬地的力量，以此向投掷的方向转动左肩及左膝，稍微降低身体重心，而重心逐渐由右侧转至左腿的方向，左腿则边屈膝边做旋转动作，同时带动身体向左转动，此时身体稍前倾并收腹。

左肩转动至左腿的支撑点的垂直线上时，此时左腿屈膝而向投掷的方向移动，与此同时，左肩则带动整个身体以向左转动，变成以左半身为轴而进行旋转的姿态。此时右大腿则带动小腿，画弧线绕左腿进行旋转，右腿此时向投掷的方向跨步，使整个身体形成以左侧身体为轴而进行的大扇面的旋转。身体的重心通过左腿时，需左脚用力蹬地，身体向投掷圈的圆心移动。在旋转的过程中，右肩和投掷臂滞留在身体后，要保持放松，右侧身体肌肉被拉长，从而形成身体超越器械的姿势。

掷铁饼的旋转动作，其实就是左腿的蹬转及右腿右髋做内扣旋转的配合。旋转过程有短暂的腾空，保证腿及髋的动作先于手臂，以利于形成髋超越肩轴的超器械的动作。在旋转动作结束的瞬间，右腿的前脚掌先着地，着地点近圆心位置，呈现一个极短暂且以右脚为轴的右腿支撑。此时整个身体不要停顿，继续保持以右脚为轴的旋转，之后是以左脚内侧着地支撑，同时开始最后用力的出手的技术过程。

（四）最后的用力及维持身体的平衡技术

最后的用力为掷铁饼技术的关键技术之一，用力的效果在很大程度上由四个方面因素构成：第一，工作距离足够长；第二，用力的速度较快；第三，作用在铁饼上的力量适宜；第四，出手角度要适宜。

旋转结束之后，最后用力之前的身体姿势要正确，这个主要取决于右脚旋转落地之后要继续做转动的动作，而左脚着地之后做好支撑的动作，之后就是要和最后的用力紧密衔接。

右脚边做转动边向投掷的方向蹬伸，以带动持饼的投掷臂做大幅度的运动。左腿支撑，右腿则绕着左侧轴进行转动，以此形成以胸带动臂做向前"鞭打"这样一个甩臂的动作。左腿此时积极向上蹬伸，而左肩制动，左侧用力支撑，上下肢及左右侧协调配合，此时全身各部位的用力均集中在铁饼上，出手的速度加快，力量及工作的距离也加大，使身体处在比较高的位置，从而为最后的出手创造一个适宜的角度。

但是有些细节需要特别的注意，首先是铁饼在离手时，由右小指至食指依次进行拨饼，从而使铁饼在空中做顺时针的转动；其次，为了避免出手后犯规或者跌倒，两腿及时地做交换动作，身体重心要降低，之后顺势向左转体，以维持身体的平衡。

四、掷链球的基本技术

掷链球项目的技术在田径运动项目中属于相对较复杂的。通常情况下，其基本技术包括以下5个部分：持握器械、预备姿势、预摆、旋转及最后的用力。

（一）持握器械

投掷链球通常会运用扣锁式的握柄方法。其正确的动作要领是：将链球的把柄依次放在左手的食指、中指及无名指的中段指节和小指的末节，而手指的关节自然弯曲呈钩形，钩握把柄处。伸直掌骨关节，两拇指进行交叉相握而呈锁扣式握法。

为了使旋转半径更大一些，运动参与者将把柄放在左手的指骨末端及指骨中段之间，之后将右手以同样的姿势扣握在左手之上。此外还规定，在掷链球时左手可佩戴光滑的皮质手套，但要求指尖外露。

（二）预备姿势

预备姿势时，运动参与者要背对投掷的方向站在投掷圈的后沿，两脚开立与肩同宽或者稍宽与肩，距离则以运动参与者方便预摆及旋转为宜，为了便于轻松完成4圈的旋转，左脚在投掷圈中心线附近，右肩则稍远。两膝关节稍微弯曲，上体则前倾右转，这时重心转移到右腿上，链球在投掷圈的右后方，伸直两臂，为了使动作更加轻松，可以对预备姿势进行适当的改进，例如，个别运动参与者选择将球提离地面，之后由体前向右后方摆动，最后进入预摆。

（三）预摆的技术

在预备姿势结束之后，紧接着就会进入到预摆过程。运动参与者在拉链球时，会使链球沿着高低点的特定轨迹绕着人体做适合的圆周运动。一般情况下，运动参与者的预摆均是两周，在预摆时，链球保持加速地运动，但是第二周的预摆比第一周的预摆速度较快，幅度较大。而预摆的速度保持与身体的平衡适度，此时身体的平衡依靠两腿及髋的移动来完成。在预摆的两周时，链球在每周的运行距离为 5~6 米，速度为 12~15 米/秒。

预摆两周的技术要点：第一周的预摆是从两腿蹬伸及上体保持直立左转拉伸之后伸直两臂开始，链球的移动路线是从身体右后然后向前、向左再向上运动。链球向前移动时，身体重心逐渐从右腿转至左腿上，链球摆至身体前面，与髋轴平行时，充分伸直两臂，之后随着链球继续向左上方运动。当链球摆至左侧的高点时屈两肘，双手置于额前的上方，而当链球经过预摆的斜面高点之后，两臂则逐渐伸直，身体重心则移到右腿上，左腿微屈，肩轴自然向右扭转 70°~90°，此时链球从身体右侧向下方摆，之后第二周的预摆开始。

（四）旋转的技术

1. 旋转技术其原理分析

投掷链球取得好的成绩需要好的旋转技术做保障，身体通过旋转之后，能使器械获得大的运行速度，让身体形成良好的"超越器械"的动作，从而为最后的用力创造了有利的条件。旋转时要求人和链球成为一个整体，以这样稳固的旋转轴及适宜的旋转半径，在身体保持好的平衡的前提下，变换支撑的形式，全身协调用力，然后逐渐加速，保持明显的节奏，充分利用支撑时的加速转动，进而缩短单支撑的时间，以便于做好双支撑快速向单支撑过渡旋转及单支撑完成向双支撑转换，此过程中力争加长链球环绕人的转动半径，以加快其旋转之角速度。

旋转时，由于单、双支撑阶段链球的运行距离有差异，所以每圈的旋转运行距离也不尽相同。链球旋转运行距离的加长与运行速度的加快，主要是依靠双支撑用力时间的增加，并且要缩短单支撑的时间来完成的。全面的旋转技术，其旋转加速之节奏要清晰可见。而加速的节奏主要体现在缩短单支撑的时间及加速双支撑的速度上。

在旋转时，链球的最高点逐步升高，而运行斜面角度也逐渐加大，此方便为最后的用力创造适宜的角度。正确的旋转技术则要求运动参与者头部和肩部保持稳定，而头部不能有丝毫的扭转和倾斜，若头部位置改变，则会直接造成错误的旋转动作。例如，头向左转易造成肩带紧张，从而影响伸直双臂及旋转的困难。躯干保持直立则能维持平稳的旋转及对抗链球的拉力，从而有利于旋转加速。伸直两臂，放松肩膀，使手臂和肩膀放松拉动链球，然后形成一个较稳定的三角形，形成较理想的旋转半径。旋转时，向前挺髋，这样易于身体重心的顺利转移及由双支撑向单支撑过渡，而双腿弯曲则对对抗链球的离心力较好，也可以增加蹬地旋转的速度。

2. 动作分析

从上面旋转技术的原理分析可见，旋转技术可分为单支撑、双支撑、双支撑的过渡及单支撑的转换4个阶段。

（1）单支撑的阶段

从右脚的抬起到右脚落地这一过程为单支撑阶段，在此阶段，身体的重心转移至左腿非常重要。这个时机要把握准，取决于在旋转时由双支撑向单支撑的过渡时机，时间过早或者过晚都使右髋扭曲，以造成旋转轴的偏离。在单支撑时，链球上升到制高点前要保持稳定的速度，因为在此时链球与人体是保持同步运动的，旋转是从左脚的外侧支撑来完成的，此时双臂充分伸展，旋转的半径可达到最大的限度。在链球接近高点前做转体动作，达到制高点左脚迅速由脚的外侧转向前脚掌，当链球从高点下行时，右脚快速地落地，左膝关节弯曲下压，以此完成单支撑阶段。同时，继续伸直双臂，右髋及右腿则超越肩轴，随之扭紧身体，以形成较好的身体姿势，即下肢超越链球和上肢。

（2）双支撑的阶段

从右脚落地开始到右脚的离地这一过程为双支撑阶段，此阶段是链球进行加速的最佳阶段。在右脚落地时，髋轴则超越肩轴成20°~40°夹角。链球运行时，放松两肩膀，充分伸展两臂，而链球则以最长的运行距离和最大的半径进行运转。在此阶段，两腿保持弯曲，躯干正直，身体稳定，以有利于对抗链球离心力。

（3）双支撑的过渡阶段

由双支撑向单支撑过渡的阶段保持在髋轴与肩轴的平行，此时的链球由体前的低点开始。这时链球的运行半径缩短，旋转的角速度则加快，此时应借链球进行加速，而双脚向左侧转动，与此同时身体重心向左移动，迅速抬起右腿，紧接着进入单脚支撑的阶段。过渡的阶段由于加大了转动力量和角速度，则双脚要同时完成转动和身体重心的左移，所以动作相对较为复杂，掌握起来相对较难。

（4）单支撑的转换阶段

由单支撑向双支撑转换和单脚支撑旋转密切相关，链球由高点进行下行时，双臂伸展、躯干挺直，此时以左脚前脚掌为轴开始转动，左膝则积极准确做弯曲下压动作，以促使右脚快速落地，从而形成充分超越器械的姿势。

（五）最后的用力

第三圈或者第四圈旋转完成、右脚落地时，最后的用力开始。在最后一圈时右脚落地，而下肢的动作超越了上体及链球，肩轴和髋轴则达到最大的扭转程度，此时两臂伸展充分，双膝弯曲，链球位于离身体较远的右后上方，身体的重心向右移动，而身体的重心移到双腿上。链球移至身体的右前方时，双膝由弯曲逐渐蹬伸，身体的重心开始左移并逐渐升高，链球随着身体右侧呈弧线向上。与此同时，左腿有力支撑，而右脚向左蹬送，躯干挺伸，右髋左转，头自然向后仰，左肩向左转，链球快速地运行上升。当高度与左肩平时，将链球沿着顺行的切线方向与理想的角度向前掷出。为了确保身体的稳定性及预防犯规，在链球出手之后要进行转体换腿，以使身体的重心降低。

第 5 章　田径运动的健身测评

田径运动的健身测评有着非常重要的意义。通过测评，能够及时科学的对田径运动的量、负荷强度进行监督，并且可以依据测评结果，针对性地进行运动调整，保证田径运动的科学性，以达到科学健身、促进健康的目的。田径运动健身测评是判断运动量大小是否适宜的主要依据，也是监测健身效果的重要手段，对运动后的机体恢复有着重要的意义。

本章主要从田径运动的负荷量安排及其测定和评价进行阐述。

第 1 节　田径运动评价的方法及意义

一、田径运动评价的方法

田径运动训练评价方法因对田径运动训练评价的目的、评价指标性质与评价对象的不同而有所不同。主要分为定量指标的定量评价方法和定性指标的定量评价方法。

（一）定量指标的定量评价方法

定量指标就是指能够用一定的计量单位进行定量描述的指标。一般来讲，对这类指标的定量评价，最普遍的是使用仪器测量所获得的数据，并应用数理统计方法制度评价标准，设计评价方法。这种评价方法的优点是客观和准确。运动训练评价的指标中，定量指标主要包括形态、机能、身体素质和运动能力等。

评价形态和机能发育水平常用的方法主要有以下几个。

（1）普通相关性

即先用离差法（或百分位法）评价身高，再以身高为自变量，分别以体重、胸围为因变量的回归直线为基准值，以其标准估计误差为离散距，综合评价身高、体重、胸围等发育指标的一种身体发育评价方法。

(2) 指数法

即根据人体各部分之间的比例及相互关系，并借助于一定的数学公式，将两项以上的指标联系起来并结合成某种指数，用以评价身体发育水平的一种评价方法。

(3) 百分位法

即以大数量横剖面调查资料的中位数（第50百分位数）为其准值，以其余各百分位数为离散距，分等级评价身体发育水平的方法。

(4) 离差法

即以大数量的横剖面调查资料的平均数为基准值，以标准差为离散距，分等级评价身体发育水平的一种评价方法。使用这种方法时，为了保证良好的评价效果，必须要具备的前提条件是指标应呈正态分布或基本上近似于正态分布。指标呈正态分布（或基本呈正态分布）时，平均数位于正中，其余值较对称地分布于平均数的两侧。分布的范围与平均数和标准差呈一定的数量关系。

对身体素质和运动能力的评分与评价方法。身体素质和运动能力就是指人体各器官系统在肌肉活动中所表现出来的机能能力。力量、速度、耐力、灵敏协调和柔韧五大身体素质及走、跑、跳、投、攀爬等运动能力都属于身体素质和运动能力的范畴。评价身体素质和运动能力的方法主要有以下几个。

(1) 标准百分法

标准百分法实际上是利用了离差法的原理制定的评分标准，较其他评价方法来说，其评价的等级分为细致和详细。以正态曲线下面积分布的理论为主要依据，±2.5秒包括了98.76%的频数、±3秒包括了99.7%的频数。在制订评分表时将评分表的两级分数（0~20分或0~100分）规定在±3秒范围内，更能反映总体的实际情况。

(2) 分组指数法

在身体素质和运动能力方面，不同的年龄、性别、身高、体重及同年龄、同性别中的不同个体存在一定的差异性。因此，在评价身体素质和运动能力时，需要参考身高和体重等重要因素。

(3) 综合评价法

通常情况下，对身体素质的全面发展水平进行评价，需要进行全面的综合评价。然而由于各项目和指标的计量单位各不相同，不能相加，因此，这就要求评价方法必须标准化。国外通常将测验成绩转换成标准分，其评价方法主要有 Z 标准分和 T 标准分。Z 标准分中，一个 Z 分表示一个测验成绩得分在平均数之上或之下相当于多少个标准差；Z 分的平均数为0，标准差是1；Z 分有可能是负数或分数。T 标准分中，T 分为正数，小数可四舍五入为整数。在采用 T 标准分进行综合评价时，将各项指标的 T 分累加成 T 总分，便可评价多项综合水平。

(二) 定性指标的定量评价方法

所谓定性指标，是指有确定的测量单位的指标，也被称为质量指标或软指标。定性指标的定量评价又称为经验评价法，它主要是以专家的多年实践所积累的专业经验为依据。由于这种方法会对评价的有效性和客观性产生一定的影响。因此，这种指标在以质量学思想为基础的评价方法，如质量学对质量的定量评分方法、调查研究法等较为适用。

运用综合评价方法对个体的身体素质和运动能力的全面发展水平进行综合评价时，需要强调的是，要以被评价者的性别、年龄为主要依据对相应的单项评分表进行查看，并将各单项得分合计成总分；而对集体的身体素质和运动能力进行综合评价时，可按集体的平均总分进行直接比较，也可将每个集体中每个人总分按照综合评价标准将所属评价等级查出来，然后按照5、4、3、2、1 的方式计算集体总分进行对比（人数应相等）。

二、田径运动评价的意义

(一) 对身体素质的增强较为有利

对人的健康产生影响的因素有很多，这不仅同生物因素有关，而且与人的心理因素也有密切的联系。根据相关调查得知，多数学校对体育卫生工作并不重视，从而导致我国人民健康状况不佳，比较具有代表性的有体检合格率低；体型偏瘦，耐力素质下降；心理承受能力较差。从另一方面来讲，导致人们身体健康和精神健康方面存在问题的原因有很多，如社会、学校、家庭等因素，但是，主要原因还是对人们身体健康状况的监督较为缺乏。运动是人的身体健康状况的综合表现，运动水平的提高对人们健康水平的提高具有重要的作用和意义。因此，做好运动训练的评价能从整体上反映人们的健康状况，从而更好地督促人们进行体育运动锻炼，使其运动能力得以提高、身体素质得以增强。

(二) 为学校实施素质教育和体育改革提供有力的依据

进入 21 世纪以后，我国加快了素质教育的改革。新形势下，国家更加重视"以人为本"的教育思想，更加看重人的发展。由于现代社会"文明病"盛行，使得发展人的运动成为重要的方面。由于学生运动训练评价具有重要的信息功能，因此，其能够在一定程度上为素质教育的进行和体育教育改革提供必要的依据。

（三）对全民健身计划实施的推动有一定帮助

我国全民健身计划的实施，对于国民身体素质的增强起到了重要作用，是发展我国体育事业的一项重大举措，具有全局性、战略性的意义。一个健康的体魄，是全面发展和提高人的综合素质的首要条件，因此，应该加强学生运动的训练。另外，人们运动水平的发展不仅对群众体育的开展有着十分重要的影响，同时也对我国的竞技体育具有重要的作用。

运动训练的评价能够指导和促进身体健康水平的提高。通过对运动训练水平的评价，可对采用适于自身的训练方法进行一定的引导，从而达到促进全民健身运动开展的目的。除此之外，运动训练的评价还具有甄别与筛选的功能，在运动训练评价的过程中，可以发现更多的具有运动潜力的竞技体育人才。同时，对人们进行科学的运动训练评价，能够对业余训练起到有效的监督作用，使对竞技人才的培养更为有效，从而达到减少体育人才浪费的目的。

第 2 节　心血管指标及评价

一、心血管系统指标体系

（一）心率指标

心率是心脏在一分钟之内搏动的次数，是心脏周期性活动的频率，田径运动健身中最简单易行的监测方法是计算脉搏法。监控心率分为基础心率、安静时心率、运动时心率和运动后心率。

①基础心率：即清晨起床前，空腹卧位心率，基础心率较为稳定。

②安静时心率：安静心率因人而异，不同个体差异较大。一般来讲，正常健康的成人安静心率为 60~90 次/分钟，运动参与者的安静心率相对较低。

③运动时心率：运动时心率分为三种，一是一般负荷心率，大概 140 次/分钟；二是次极限负荷心率，约 170 次/分钟；三是极限负荷心率，约 180 次/分钟及以上。运动时，心率会随着运动负荷量的增加到最大限度，这时的心率称为最

大心率，一般用220减去年龄计算，随年龄的增长，最大心率会逐渐减少。最大心率减去安静时心率称为心搏频率储备，它反映了人体运动时心率可能增加的潜力。

④运动后心率：运动过后即时心率。运动健身过程中，多采用运动过后即时的脉搏作为运动后心率。

（二）心率的测量

及时测量心率在运动健身中占据重要的地位，在机体评价中也有着重要的意义，具体表现在以下几个方面。

1. 运动后即时心率能准确地反映运动强度

一般情况下，运动健身时的心率与运动强度的大小成正相关。鉴于心率与运动速度、强度的特殊关系，所以，经常用运动中的心率及运动强度的大小，通过对即时心率的测定来控制运动健身时的速度与强度。

2. 定期测量心率在某种程度上可以反映健身的效果

随着运动健身时间的延长，机体心血管系统会随着运动水平的程度产生一系列适应性变化，主要表现就是在完成同一运动负荷后，运动健身后的心率要低于运动健身前的心率。所以，运动一段时间后再次测量心率，会出现心率在一定范围内有所下降，这说明这一阶段运动健身效果较好。最好的测量方法就是运动前后完成相同运动负荷心率的对比，这样能更加直观地反映出运动健身的效果。

3. 心率测量能反映恢复程度

运动后心率的测定，可用于监控机体运动后是否出现疲劳现象，心率恢复时间的长短也可以鉴定是否存在疲劳的积累。一般情况下，身体健康的机体基础心率相对比较稳定，在没有其他因素的影响下，如果基础心率出现增加的现象，应该考虑机体对运动负荷的不适应，这时就要及时地调整运动量或强度，如果锻炼过程中平均心率较高，则考虑运动负荷较大，要适当降低负荷强度。

4. 心率测量能够间接反映其他生理指标

在健身运动过程中，整个机体都参与运动的全过程，心率只是其中一个测定的指标，还有一些其他的生理学指标也能反映机体的机能状态，但是测定过程太过复杂，如最大摄氧量的测定，不但需要许多很多的仪器设备，而且测量步骤较为繁杂。有些研究者则利用心率与完成功率的关系，间接推算出了最大摄氧量，应用比较广泛的是利用PWC_{170}推算最大摄氧量法。但是由于是间接推算，精确度上会收到一定的影响。

(三) 心率的评价

个体的基础心率不是一成不变的，而是随着运动水平的提高和运动年限的增加，心率呈现下降趋势，这是对经常参加田径锻炼的群体而言，如果出现基础心率突然变化，或加快或变慢都是不正常的现象，注意是否有过度疲劳现象，或者及时去医院检查，防止意外的发生。

长期进行有氧大强度运动的人群，安静时的心率比正常人要低，也低于参与其他项目的群体，耐力运动参与者的心率最低可达36次/分钟，所以，在运动评价时，不能依照个体的心率高低来评判，而应该参照自身机体状态的好坏、身体的前后对照等，这样才能更为准确、科学的为田径运动健身做评价。

通常情况下，健身运动时，心率的高低与运动强度密切相关，强度越大，心率相对就会越快，运动强度较小，心率也会逐渐下降。

运动后的恢复评价在田径运动健身中也是极为重要的，运动后心率下降速度可以作为评价身体恢复状态快慢的依据，心率下降较快，说明机体恢复的相对较快，否则就说明机体需要更长的时间来恢复机能状态，这时就需要延长休息时间，等待心率下降到一定程度后再做运动。

评价循环系统功能状态。心率是评价循环系统功能状态的重要指标，简单易行，行之有效。安静状态和锻炼过后，心率的变化从一定程度上反映了机体每搏输出量的大小，也间接反映了是否有运动性心脏肥大的现象或者运动性心脏肥大的程度和性质。经常从事田径速耐锻炼的群体，随着锻炼时间的延长，机体健康水平也有一定的提高，反而安静心率并不减慢，这说明心室腔容积的增大并不明显，从侧面反映了在锻炼过程中是否出现不当的力量练习而导致了心脏的向心性肥厚的情况，应当加以重视。

二、血压的检测与评价

(一) 血压的检测

血压包括收缩压和舒张压，是血液在血管中流动时对血管壁的侧压力。正常成年人的血压基本是固定在一个范围内，健康成人指标主要表现在以下几个方面。

①收缩压：收缩压代表了心脏的搏出功能，反映了心脏每搏输出量的大小。通常情况下，我国健康成年人的收缩压为 90~130 mmHg。

②舒张压：心脏回血时血管壁的侧压力，主要反映血管外周阻力的大小。我国健康成人的舒张压为 60~90 mmHg。

③脉压：又叫脉压差，是收缩压与舒张压之间的差值，反映了大动脉管壁周围的弹性，正常健康成人的脉压范围是 30～40 mmHg。

(二) 血压的评价及应用

运动过程中，血压变化与运动强度的大小紧密相连，大强度运动后如出现收缩压上升和舒张压下降且恢复较快的情况，则表明身体机能状态良好。如果运动后收缩压明显上升、舒张压也随之上升或者与运动强度刺激不一致或者恢复时间延长等情况，说明机体机能状况不佳，运动时要多加注意。此外，如果安静血压不稳定，出现高于平时 20 mmHg 左右，且时间持续两天以上，则考虑可能因为身体机能下降或者是运动过度疲劳的问题。

收缩压在运动时一般随运动强度的增加而上升。大强度运动时，收缩压升高幅度更大，可达到 190 mmHg，甚至更高，舒张压变化不大，出现轻度的上升或下降。但是在运动时，如果出现脉压差增加幅度较平时抵，则为不正常现象，此外，收缩压的高低与运动强度成正比，如果收缩压的上升与运动强度的增加不相适应，或者出现突然下降的情况，均为不正常现象，当收缩压下降达 20 mmHg 时必须立即停止运动，防止意外事故的发生。

田径健身项目中，有喜欢中长跑或者马拉松的健身者，在长时间、大强度的运动后，身体的舒张压可能会升高，这时一定要注意调整锻炼，使舒张压下降，如不及时调整，可能出现血压继续上升的情况，这样就起不到健身的效果，严重时甚至会影响到健康，会使人出现失眠、头痛等症状。所以，喜欢从事高负荷锻炼的群体要注意，如果持续数周出现以下情况则预示着身体出现了健康问题：安静时的舒张压增加，并且超出正常水平 10 mmHg；安静脉压差缩小，比正常水平缩小 20 mmHg；安静心率持续增加，超出正常心率 6 次/分钟，这些都是健身运动中的不正常现象，预示着身体机能状况的不佳，要做好实时监控。

第 3 节　能量代谢指标及评价

一、有氧代谢能力

1. 指标

(1) 最大摄氧量

最大摄氧量（VO_{2max}）是指运动参与者剧烈运动时，循环系统、心肺功能和呼吸系统等全身器官和系统达到最高水平时，机体每分钟摄入和利用的氧容量，是评价运动参与者有氧耐力水平价值较高的生理指标，它的重要意义在于反映人体最大有氧代谢的能力。优秀有氧耐力的个体的最大摄氧量也相对较高。最大摄氧量的测量方法分为两类，一种为直接测定法，另一种是间接推算法。如由Astmnd Ryhnuiy设计，根据基础心率和运动中完成的功率与摄氧量三者之间的关系，进而推算出最大摄氧量[1]。

(2) PWC_{170} 实验

PWC_{170} 实验是一种常用的评定身体机能状态的次极限负荷实验，是测定机体定量负荷心率在170次/分钟时，单位时间内所做的功，是反应机体工作能力的一种方法[2]。

(3) 乳酸阈

乳酸阈是指在运动负荷逐渐增大过程中，从有氧代谢供能开始向着无氧代谢供能转换的临界点，当临界点出现时，血乳酸此时的含量达到4 mmol/L，将此时血乳酸的浓度定义为乳酸阈，它是评价个体耐力水平高低的重要指标。个体耐力水平的高低不仅取决于心血管系统的改善，还与骨骼肌有氧代谢能力的高低密切相关[3]。

2. 评价

(1) 最大摄氧量作为评定运动能力变化的指标

当个体在参与田径运动健身时，不同的身体状态最大摄氧量也不尽相同，尤其是参加长时间如越野跑、公路跑等项目更为明显。随着锻炼水平的提高，最大摄氧量会随着机体运动能力的增加而增加，因此，可以用最大摄氧量可以作为评定个体参与者锻炼效果好坏的重要指标。个体机能状态良好，最大摄氧量随之增大，当锻炼状态明显不适或者出现强度负荷过大时，最大摄氧量就会随之降低。

当进行运动参与者最大摄氧量测评的实验中，个体应尽可能按照要求负荷运动，如通过功率自行车，对最大摄氧量的间接测定，若受试者没有按照要求进行测试，所得结果就不可靠，骑车转速达不到规定要求，测定结果会高于实际值。如果骑车速度高于规定要求，则测定结果则低于实际值。所以，在进行评价实验中，受试者要以认真的态度去对待，因为最大摄氧量的值是靠预设负荷及完成负荷的心率推算出来的。

---

[1] 陈家琦. 运动生理学 [M]. 北京：人民体育出版社，1990.
[2] 王瑞元，苏全生. 运动生理学 [M]. 北京：人民体育出版社，2011.
[3] 邓树勋. 运动生理学 [M]. 北京：高等教育出版社，2005.

(2) PWC_{170} 实验可以作为评定个体锻炼状态好坏的指标

PWC_{170} 与最大摄氧量密切相关,是指单位时间内所能够完成的负荷量,用单位功率表示。此外,PWC_{170} 的测定一般是通过间接的方法推算出来的。根据器械设备的不同又可以分为台阶测定法和功率自行车测定法两种形式,推算原理是一样的,都是根据机体完成的负荷量与完成负荷时的心率在一定范围内呈直线关系的规律推算出来的。所以,采用不同强度的两种负荷运动,得到两组心率和负荷的数据,进而确立心率与负荷之间的直线关系,最后,再根据心率与负荷量的直线关系推算出心率在 170 次/分钟的功率数,这样便得到了测定的 PWC_{170} 值。

在田径健身锻炼的生理学评定中,对于相同的中等负荷量,机体状态好的,心率会相对较慢。PWC_{170} 测定结果显示,在相同的心率是完成功率较高的负荷量,身体的机能状态较好,因此,PWC_{170} 的测定可以用来评定个体健身锻炼的程度和身体机能状态。在运动能力下降时,PWC_{170} 值会出现明显下降,如运动时的过度疲劳。

(3) 乳酸阈测定法是田径健身运动评价中最有价值的方法

面对大众群体,身体素质各异,体重和身体各个机能状态也各不相同,所以所能承受的锻炼手段和强度也不相同,通过个体乳酸阈值的测定恰好能针对不同的群体制定不同的运动负荷量。个体乳酸阈测定判定不同个体有氧代谢能力的差异和不足,因此,可以可根据每个人的个体特征选择最佳的运动强度和计划。"乳酸阈"也叫"无氧阈",是根据血乳酸浓度值和运动强度两者关系的变化而提出的。在负荷量逐渐递的运动中,血乳酸浓度会随运动强度或负荷量的增加由缓慢状态转变为快速升高,在此过程中,血乳酸浓度有一个快速积累点(OBLA),1981 年,加拿大学者 Jacobs 将此点定为 4 mmol/L,它就是乳酸阈值,它表示在长时间运动中,血乳酸浓度保持稳态水平的最大有氧代谢能力,此时血乳酸数量的积累与清除速率是相等的。因此,乳酸阈不仅反映了"中枢"的呼吸循环系统的供氧能力,也反映了健身运动时肌肉对氧气的利用能力。1981 年,Stegmann 考虑到个体身体机能的差异性,提出了"个体无氧阈",其血乳酸浓度值因人而异,但总在 2.0~7.5 mmol/L。乳酸阈的测定方法很多,但大多数方法是根据乳酸—功率曲线为基础原理,采用逐级递增负荷的方法进行测定的[1]。

二、无氧代谢能力

无氧代谢能力的评定指标包括以下几种方式。

---

[1] Wilmore J H, Costill D L. Physiology of sport and exercise [M]. 3rd ED. Champaign: Human Kinetics, 2004.

1. Quebec 10 秒无氧功实验

用来测定磷酸原系统代谢能力的状况，可以测量最大功量、疲劳指数及平均功量。

2. 10 秒最大负荷测试法

它是磷酸原系统代谢能力的测试指标，是根据磷酸原供能系统的供能特点决定的，用 10 秒以内的最大负荷运动量进行测试的方法。

3. 无氧糖酵解能力评定方法

无氧糖酵解能力评定方法即 Wingate 无氧实验。实验步骤如下。首先，进行 Monark 功率自行车运动，在功率自行车上进行 30 秒的全力骑行运动，蹬踏负荷控制在 75 克/千克，测臂力时用 50 克/千克体重，根据运动水平的高低可以适当调整负荷量的大小。要求运动开始必须尽快达到规定负荷强度，争取在 3~4 秒内完成，达到规定符合强度后开始计时，做 30 秒的全力运动。然后在计算出 30 秒运动的平均功率、输出做的总功及最高功率和疲劳指数。疲劳指数=（最高功率-最低功率）/最高功率×100%。其次，要进行 400 米的全力跑，并记录运动成绩，分别测出运动前安静时及运动后的第 3 分钟、第 6 分钟及第 10 分钟时的 BLA 值。

第 4 节 神经系统和感觉功能指标及评价

一、闪光融合率

闪光融合是指当刺激不是连续作用，而是断续刺激的时候，随着断续频率的增加，感觉到的不再是断续刺激，而是一连串闪光，这是视觉系统兴奋水平降低造成的，视神经疲劳后，感觉到的光点是连续的，这时大脑功能水平出现下降趋势。因此，闪光融合率可作为测试由于运动引起的中枢神经系统急、慢性疲劳状态的一项指标，也可以作为判断大脑功能状态和频率水平的指标。

二、两点辨别阈

两点辨别阈是指皮肤感觉能分辨出的两点皮肤之间最小的距离。当机体出现运动疲劳时，就会造成不同部位皮肤的感觉敏感性下降，所以就把皮肤的两点辨别阈作为监控个体运动疲劳与恢复的简单且行之有效的指标。

两点辨别阈的正常值要在安静时或者是运动前进行测量，然后在健身运动结束后或者大负荷运动后恢复期进行测量，然后再与正常值进行比较，当两点辨别阈的比值小于1.5时，可以视为无疲劳状态，当两点辨别阈比值大于1.5小于2.0时，则判定为轻度疲劳，而比值大于2.0则视为重度疲劳，这时要考虑调整运动量或者休息。

三、主观体力感觉等级

主观体力感觉等级是介于生理学和心理学之间的一种指标，是一种简单有效的评价方法，是对健身运动强度监控及医务监督行之有效的方法，其形式表现为心理，但实际反映的却是生理机能的变化。

第5节 健康运动指标及评价

健康运动也可表述为体质，它指的是身体对外部环境的适应力，是通过运动和锻炼获得的。即身体有充沛的活力和精神办理日常事务，还有足够的精气享受余暇活动及应对突发事件，却不会疲劳过度。健康运动包含机体的形态和机能及身体素质诸多方面指标，是人活动、劳动及工作能力的基础。保持好的健康运动既可以使身体健康、精力旺盛，又可以提升生活品质。一个人体质的好坏与年龄、性别及体型和生理等多种因素均有关系。对健康运动实行测量和科学评估，可全面了解身体的机能状况，进而有针对性地指导科学健身，有效地促进体育在健康方面的功用。健康运动主要包括身体的形态及身体成分、耐力、心肺功能、速度和灵敏、平衡性、协调和反应等诸多方面因素。健康运动的测量与评估在儿童期、青少年、成年和老年等不同年龄阶段有不同的检测标准。健康运动的检测指标一般由人体形态的指标、人体机能的指标、身体素质的指标及评价标准组成。

一、人体形态的指标

身体形态的测量指标包括身高、体重、肩宽、胸围、腰围、骨盆宽、臀围、四肢长度、皮褶厚度、身体成分及围度等。通过测量身体形态，则可以更好地了解人体特点和发育状况。

（一）身高

身高主要是反映人体纵向高度及骨骼生长发育的重要指标。从身高与体重、肢体长度、宽度、围度等的比例关系来分析，可有效地反映人体的匀称度及体型的特点，还可以用来计算和评价体格的特征及相对的运动能力。通过身高与体重、肢体长度及围度和宽度的比例关系，即可反映出人体匀称度，以及体型特点，也可以用于测算身体指数、评估体格特征，以及相对运动的能力。

（二）体重

体重是反映人体横向生长及围度、宽度、重量和厚度的重要指标。不仅可反映肌肉、皮下脂肪、人体骨骼及内脏器官的当前状况，也可间接反映出人体的营养状况。

（三）胸围

胸围反映的是胸廓大小及肌肉发育情况，是人体宽度及厚度最重要的指标之一，它反映的是身体形态，以及呼吸器官的生长情况。

（四）腰围

腰围在一定程度上可反映人体脂肪情况和体型特征，并可反映腰部皮下脂肪厚度和营养状态。

（五）臀围

臀围反映的是臀部脂肪的厚度和体型特征。

（六）皮褶厚度

皮褶厚度是了解体脂百分比、体脂肪量和体重等身体指标的简易参数。

（七）体重指数

体重指数（BMI）是WHO推荐的反馈身体重量的简单指标。

（八）腰臀比值

腰臀比值（WHR）是WHO建议参照的反映脂肪分布的简易指标。

二、人体机能的指标

人体机能可参考指标有以下几个。

(一）安静心率

安静心率是人体心血管的系统功能的体现指标，对提前发现心血管方面的疾病具有特定的现实意义。

（二）血压

血压是检测和评估心血管系统的功能的重要性指标。血压是指血液流动的时候对血管壁所产生的侧面压力，是心室射血及外周阻力的联合作用。收缩压则主要反映的是心脏每搏量的多少，舒张压反映的是外周阻力的数值，脉压则反映的是动脉管壁的韧性。

（三）肺活量

肺活量是测试胸腔的最大通气量，反映的是肺容量及肺扩张能力，也是评价人体在生长发育的不同水平阶段的常用的机能指标。

三、身体素质的指标

身体素质指标主要有以下几个。

（一）力量和耐力指标

握力是反映前臂及手部肌肉的力量；纵跳反映的是下肢的弹跳力；背肌力则反映出腰背部肌肉的伸展力。1分钟的仰卧起坐或者俯卧撑则反映出肌肉的力量和肌肉耐力，间接评估肌肉的持续运作能力。

（二）速度及灵敏指标

该指标包括"4×100米往返跑"，反映的是人体移动速度，以及身体的灵敏性。

（三）柔韧指标

柔韧指标指的是坐姿体前屈时测试静态下躯干、髋、腰等关节的动作幅度，反映各关节和韧带、肌肉的延展性和弹性。

（四）协调能力

协调能力主要是指人体反应时，神经和肌肉形态的表现及动作的能力。

（五）平衡能力

平衡能力主要是指闭着眼睛单足站立时的人体平衡性，并用于评估位置感觉、本体感觉和视觉间的协调力。

四、评价标准

除 BMI 和 WHR，其他的测量指标的单项评分是 5 分制，评分准则随年龄段的不同而有所分别，同一年龄阶段有相同的评分标准。再根据测试者全部的指标测定值的总和进行评估。评价标准可分为三级：优秀、良好、合格。18~40 周岁的测评标准也分为三级：一级为 30~40 分，二级为 26~29 分，三级为 21~25 分。

BMI 评价方法：BMI 即身体质量指数，BMI＜18.5 为偏瘦，18.5≤BMI≤24.9 为正常体，25≤BMI≤29.9 为偏胖，30≤BMI≤34.9 为肥胖，35≤BMI≤39.9 为重度肥胖，BMI≥40 为极重度肥胖。WHR 为腰臀比，目前我国女性 WHR≥0.8、男性 WHR≥0.85 时即可视为异常，称为中心性肥胖。

第 6 节　生理学指标及评价

一、血红蛋指标测评

血红蛋白是指红细胞中包含的铁蛋白质，一般以 100 毫升血液中包含的血红蛋白的克数表示。血红蛋白是血液载氧的重要载体。海内外有不少研究资料都表明，血红蛋白含量和运动负荷、运动参与者机能状态、训练程度及健康状况等因素有关，因而测评血红蛋白的含量就可以在某种程度上反映出运动参与者的运动能力和机能状态[1]。

经研究表明，拥有运动参与者体质的人每 100 毫升血液内的血红蛋白的含量和一般体质的人很接近，男子成人的含量为 12~15 克，女子成人的含量为 11~14 克。因为血红蛋白乃运输氧的载体，故血红蛋白含量的多少是表明运动参与者，尤其有氧耐力运动参与者的运动能力的重要指标之一。优秀的有氧耐力运动参与者身体的血红蛋白含量通常处于正常值范畴的上限，或者超过上限。经过一系列高原训练后，因为机体处于缺氧状态，使得肾脏分泌的红细胞生成酶及肝脏

---

[1] 冯连世，冯美云，冯炜权. 优秀运动者身体机能评定方法 [M]. 北京：人民体育出版社，2003.

合成的促红细胞生成素增加,而血液中促红细胞生成素的增加会刺激骨髓生成红细胞。运动参与者的血红蛋白含量一般会超过正常值的范围。

实践表明,大量运动训练开始的时候,血红蛋白的含量会下降,这种下降是因为红细胞加速破坏所引起的。坚持一段时间的训练之后,人体机能逐渐适应这种运动训练,于是血红蛋白含量上升,这时候运动参与者就能表现出比较好的竞技能力。假如运动参与者的血红蛋白含量持续下降且超过10%时,则表明运动参与者对这种运动训练不适合,或者说明该运动参与者的机能不是很好,可采取变更运动训练量或改变运动方式等针对性措施,必须使运动参与者的血红蛋白含量渐渐恢复,假如血红蛋白含量的恢复不明显甚至一直下降,则表明该运动参与者存在引起运动性贫血的原因,如过度的训练、铁的摄入量不足、蛋白质的摄入量不足,甚至有可能存在某些病理性因素。因此,运动参与者通过血红蛋白含量的测评,可以了解运动参与者对运动量的适应度、运动参与者的疲劳程度、机能状态及健康状况。

二、血乳酸(BLA)指标测评

(一) 血乳酸的生成及变化

静态下血乳酸是这样生成的,乳酸是肌糖原或葡萄糖酵解的最终产物。人体在正常生理活动时,血乳酸主要来自体内一些依靠糖酵解获取能量的组织细胞,如皮肤、视网膜、红细胞等,故此乳酸的总量一般较少运动参与者在静态下血乳酸的含量与正常健康人基本没有差异,其数值在 1.5 mmol/L 以下;在情绪紧张时,血乳酸的数值会有小幅增加,但一般与肾上腺素分泌增多有关[①]。

(二) 血乳酸产生的生理学基础

血乳酸产生是两个阈值的转化,涉及有氧阈和无氧阈两个概念。有氧阈是指机体运动时,肌肉处于完全有氧代谢的最高临界点,而无氧阈则是机体运动后,肌肉从磷酸原系统供能结束,快速进入糖酵解的无氧代谢的最低临界值,也就是无氧运动中引起乳酸开始积累的最低值。有氧阈和无氧阈均是检验身体有氧代谢能力高低的指标,但不同的是,有氧阈主要代表了机体为运动中的肌肉提供氧气的能力,而无氧阈则主要代表了身体肌肉对氧气的利用水平。有氧阈向无氧阈过渡阶段,也是有氧代谢的比重是逐渐减少,而无氧代谢的比例慢慢增加的过程。

---

① 田野. 运动生理学高级教程 [M]. 北京:高等教育出版社,2003.

（三）田径运动对血乳酸值的影响

由于运动导致肌糖酵解功能增多时，肌乳酸的生成也增多，使得血乳酸的浓度随之升高。

1. 决定血乳酸值的因素

血乳酸值的多少主要取决于机体生成乳酸和清除乳酸两者之间的平衡情况。机体产生乳酸的多少又主要取决于运动强度，因为只有运动强度达到一定程度后，才会动用能够大量产生乳酸的快肌纤维。而血乳酸的分解水平则是由机体的有氧代谢能力决定的，有氧代谢能力强则血乳酸清除快，否则血乳酸清除较慢，其中有氧代谢能力又以心肌纤维、骨骼肌慢肌纤维及肝脏器官有氧代谢为主，所以说这些肌纤维和脏器的有氧代谢能力决定着血乳酸值的大小。

2. 不同运动类型对血乳酸的影响

血乳酸值的高低与运动强度紧密相关，运动强度从最大运动强度的 50% 开始血乳酸值就会大幅提升，50%~60% 的最大运动强度是血乳酸增加最快的阶段。

（1）速度性或快速力量性运动对血乳酸的影响

短时间疾速跑或克服自身重量的快速跳跃动作等，这时主要的能量来源是磷酸原系统，但在准备部分和练习结束时，均有糖酵解供能系统的参与，因此，大量运动后血乳酸就会出现明显的增高，如疾速跑、变速跑加速阶段等。快速力量性跳跃或投掷运动，虽然有时运动强度也很大，但是因为每一次运动的时间都不长，所以供能主要以磷酸原系统，此外，也有少量糖酵解供能系统的参与，但供能量较小，所以，像此类的锻炼方式，运动后血乳酸增加的幅度较小，甚至不增加。

（2）速耐性运动对血乳酸的影响

速耐运动中，开始阶段的十几秒中主要是由磷酸原系统供能，之后的运动则主要由糖酵解系统供能，所以说短时间的速耐运动是产生血乳酸最高的运动项目。例如，全力 400 米跑后，血乳酸值可以达到 25 mmol/L 以上。

（3）有氧耐力性运动对血乳酸的影响

任何运动均不是由单一的功能系统而贯穿始末的，运动的起始阶段都有磷酸原系统和糖酵解系统的参与，后来再过渡到有氧氧化系统。耐力性运动项目主要动用肌纤维中的慢肌纤维，运动强度较小，主要以有氧代谢供能为主，运动时间相对较长，血乳酸在体内又不是固定的，机体在长时间的运动中会将血液中的乳酸运送到身体的其他部位进行分解，如心肌、非运动肌和肝脏等，对血乳酸进行再氧化，然后分解，最终身体内存留的血乳酸总量不大，血乳酸值基本稳定在一个较低的水平。

3. 锻炼水平对血乳酸的影响

在田径健身项目中，对于短时间的速度耐力性项目，参与者锻炼水平较高的，产生血乳酸值会偏高，反而在长时间耐力项目中，运动水平高的参与者血乳酸值会相对较低。在日常锻炼中，可以用一次大运动量前后的血乳酸浓度比较来评定身体锻炼的效果，运动后血乳酸的恢复水平反映了机体的代谢能力，血乳酸浓度恢复正常水平较快，说明机体有氧代谢能力较强，如果运动后血乳酸浓度恢复较慢，则说明有氧代谢能力相对较差，这就建议在进行田径运动健身时，多采用分组练习健身的方式，避免长时间有氧锻炼。

三、最大负氧债能力和碱储备量指标测评

最大负氧债的能力是评价运动健身参与者无氧耐力水平高低的生理学指标。一般来讲，正常人的负氧债能力有几升或十几升，但是长期坚持锻炼且无氧耐力水平较高运动参与者最大负氧债能够达到 20 升，即使在长时间运动中，机体无氧糖酵解产生了大量的乳酸，肌肉的供能系统仍不会出现中断现象。

此外，血浆碱储备量也是反映无氧耐力的生理学指标。人体每 100 毫升血浆中碳酸氢钠的含量被称为碱储备。一般情况下，正常人的血浆碱储备量保持在 50%~70% 的范围。而碳酸氢钠是碱性物质，用于中和乳酸中产生的二氧化碳和水，所以也被称为缓冲物质。由此可见，血液中碳酸氢钠的含量越高，缓冲乳酸的能力就越强。优秀的无氧耐力健身者，血浆中碱储备的含量要高出正常人的 5% 左右。所以，血浆碱储备量也是评价无氧耐力运动项目的生理学指标之一。

四、血红蛋白（Hb）指标测评

血红蛋白是指红细胞中包含铁的蛋白质，通常称之为血色素，血红蛋白含量占红细胞比约 95%。血红蛋白的特性使红细胞具有运输氧和二氧化碳的功能，同时也有利于红细胞及血液中 pH 的稳定。很明显这对发挥中长跑运动的能力非常重要。血红蛋白含量过高会导致血液的黏稠度增加，因而降低血流的速度，这会增加心血管系统的负担，还会影响二氧化碳的输出和肌肉组织的氧气供应[1]。

---

[1] 陆耀飞. 运动生理学 [M]. 北京：北京体育大学出版社，2006.

(一) 运动训练对血红蛋白的影响

连续进行高强度的运动训练有可能会导致运动参与者体内的血红蛋白含量下降，运动训练引起血红蛋白含量下降的因素主要有以下 3 个方面。

1. 物理性溶血

当运动参与者进行运动时，身体和内脏组织受到冲撞、摩擦，体内的渗透压也会改变，这些因素会使身体内部的红细胞受到损伤，从而导致其中的血红蛋白被分解了，这就是运动所引起的物理性溶血。

2. 化学性溶血

大量运动及竞赛均能使人体出现运动性疲劳，当精神紧张时，体内的肾上腺素分泌就会增加，促进脾脏收缩加剧，同时释放出溶血卵磷脂，它融入血液中会使红细胞受到损害，从而引起血红蛋白量的减少。另外，运动参与者在运动时，体内酸性代谢物（如乳酸）、过氧离子及超氧离子会逐渐堆积，也会出现缺氧等现象，从而增加红细胞细胞膜的危性，进一步增强了红细胞被化学性溶血破坏的程度。

3. 红细胞及血红蛋白的持续再生不足

长时间做激烈运动会促进红细胞的破坏，还会引起运动肌中蛋白质的亢进。亢进会使原本用于合成血红蛋白的蛋白质转而用于合成肌肉蛋白，从而使血红蛋白再生下降。另外，长时间且高强度的运动会引起铁的丢失，还会影响小肠对铁的吸收能力的下降，从而导致人体产生缺铁性的血红蛋白再生不足。

所以，运动性贫血是指因为运动而引起的单位血液中红细胞数目或血红蛋白的含量及细胞压低于标准值的现象。运动强度越大，尤其是激烈的高负荷运动训练，引起运动性贫血的概率就越高。在同样的负荷运动时，训练方式合理或机能水平高的人发生运动性贫血的概率就低。此外，是否会发生运动性贫血还与运动人员的年龄和性别有关。少儿比成年人发生概率高，同年龄段的女性要比男性发生概率高。

如果安排适当的训练负荷量，运动参与者有充足的营养和休息，那么就算是接受高强度的负荷训练，由于长期的训练使得运动参与者对训练产生了适应性，从而血红蛋白和红细胞的再生能力增强，运动参与者体内的血红蛋白含量也会增加。优秀的长距离跑的运动参与者适应训练以后，其体内血红蛋白含量可高达 16%～18%。

(二) 血红蛋白在运动性运动项目中的应用

1. 测评机体承受运动负荷的能力

大量运动训练期间,在清晨安静时,运动参与者体内的血红蛋白含量的高低能反映机体对其承受训练的负荷量的适应情况。因为大负荷运动训练开始时,使血红蛋白含量下降的因子会起到主要作用。随着运动训练的持续进行,运动参与者会逐步适应,这时促进血红蛋白产生的因子则会起到主要作用,这时血红蛋白的含量开始回升。当运动参与者的训练负荷量不是很大时(中、小负荷量),因为造成血红蛋白含量的因素不会很明显,故对运动参与者体内的血红蛋白含量影响不大。

2. 血红蛋白含量和机能状态相互影响

一般情况下,机能的状态良好时,其中的血红蛋白含量正常或者高于正常值,但机能状态相对较差时,血红蛋白的含量可能会随之降低。

同样,血红蛋白含量的变化也会在一定程度上影响机能状态。通过实践表明当血红蛋白含量降低在10%以内,对机能状态的影响不是很大,但当血红蛋白量降低至20%以上,则会导致机能状态下降,运动能力降低。因此,检测清晨时人体的血红蛋白含量,可以评估出运动参与者机能的好坏。教练员经常会在赛前做这项检测来评估运动参与者的状态。

3. 评定营养状况

在正常情况下,可以通过检测血红蛋白的含量来反映运动参与者体内的缺铁情况,从而根据血红蛋白含量也评定运动参与者的营养状况。

五、血尿素(BU)指标测评

血尿素是指在分解代谢的过程中蛋白质等含氮物质脱下的氨基经肝脏转变为无毒的尿素,尿素经由肝脏而释放人血,生成血尿素。一部分血尿素会通过肾脏排入到尿中,其时生成和排泄均处于动态平衡中,故血尿素可以保持相对的稳定。一般成年人血尿素的值为 2.9~7.1 mmol/L[①]。

(一) 血尿素的生物学意义

尿素虽然无毒性,但是对人体也没什么再利用的价值。由于尿素是由蛋白质

---

① 王步标,华明. 运动生理学 [M]. 北京:高等教育出版社,2006.

分解而得的产物，因此倒可以根据尿素的生成量来评估体内动用了多少蛋白质。对于普通人而言，蛋白质的主要功能是构成各组织细胞的"原材料"，不是供应能量的"燃料"。不过当人体处于应激、饥饿及一些消耗性的疾病时，蛋白质也会作为"燃料"被应用。故正常情况下，只有高强度的运动训练才会让蛋白质起到燃料的作用，使得血尿素的生成量增多，故可通过血尿素的生成量来推测运动参与者能承受的运动负荷量。

（二）运动训练对血尿素浓度的影响

1. 小负荷运动训练

该负荷训练基本可以由糖的氧化供能和脂肪来满足需求，故机体一般不需要动用蛋白质，而血尿素的值也不会明显升高。

2. 机体可以适应的高负荷运动训练

因负荷运动量大，在训练之后血尿素的水平会有显著升高，一般会超过 8.4 mmol/L。但运动参与者通常机能水平比较高，在经过一两夜的休息之后，清晨的血尿素含量便会恢复到正常值。

3. 机体无法适应的大负荷运动训练

假如负荷运动量过大，超过了运动参与者的承受能力，或者是负荷运动量虽然不大，但是超过了运动参与者当前的机能水平（如运动性疲劳引起的机能下降），遇到这两种情况，人体均会动用蛋白质，从而导致血尿素的上升，而且经过一两夜的休息之后，仍无法恢复到正常的水平。

（三）血尿素指标测评

在运动过程中，血尿素的含量可以作为评定运动负荷量的主要指标。一般血尿素的值升高会出现在训练课上了 30 分钟以后，而对于训练水平比较高的人员或者运动强度不是很大的时候，会出现在课程的 40~60 分钟。当血尿素的值不变化或者变化范围很小低于 5 mmol/L 时，说明该运动负荷对于该承受者来说为中、小负荷；当血尿素的值升高超过 5 mmol/L 时，说明该运动负荷对于承受者来说过大。

另外，通过检测训练课后次日清晨血尿素的含量可评定该运动参与者的机能是否适应运动负荷。次日清晨血尿素的含量如果能恢复到正常值，则说明该运动参与者能够承受负荷运动，如果次日清晨，有的连续 3 天仍旧不能恢复到正常值，就说明该运动负荷超出了运动人员的承受力，或者是运动人员的机能水平较低。不管是哪一种情况，都应该调整运动负荷量，或者训练的内容，对于后者更应该及时找出原因并采取对应措施。

六、血睾酮与皮质醇指标测评

（一）血睾酮与皮质醇比值

血睾酮是人体的一种重要雄性激素。成人男性每日分泌量4~6毫克，一般血液中的含量约为0.6毫克/100毫升。而皮质醇乃人体肾上腺皮质产生的一种重要的糖皮质激素。血液中的皮质醇浓度在一天内变化很大，一般晨起时值最大，而后逐渐减少，到夜晚降到最低[1]。

（二）生物学意义

血睾酮的作用有三个方面：第一，促进第二性征的生长发育，以及促进人体组织中蛋白质及核糖核酸（RNA）的合成，使得肌肉发达，因此血睾酮又名同化激素；第二，血睾酮能够促进促红细胞生成素合成，加速红细胞的合成作用；第三，血睾酮可以使机体对很多种抗原的刺激形成抗体反应，却不影响抗体的浓度。因此，血睾酮不但能刺激抗体提升免疫功能，还可以增强机体的抗感染力。

皮质醇不但可抑制机体内蛋白质的合成，还可抑制大脑中垂体性腺系统及睾丸间质细胞生成血睾酮，它能加速脂肪及蛋白质分解代谢，进而提供机体活动所需要的能量。

根据皮质醇和血睾酮的比值，可以评估机体的合成与分解的代谢平衡。比值低时，合成代谢占主要的地位；比值高时，机体内分解代谢占优势，处于消耗运动状态。故两者的比值可以用于评估机体的运动性能是否恢复。

皮质醇和血睾酮的比值应用在田径运动中，可以作为指标来判断机体是否过度疲劳。判断的方法：检测训练后次日或者小周期后的清晨时血睾酮与皮质醇的比例，如果二者的比例较平常变化较大，高于30%，则提示有可能已训练过度。

七、尿蛋白指标测评

（一）尿蛋白正常值

当人体处于安静状态的时候，尿蛋白主要由体内蛋白质的新陈代谢产生，其

---

[1] 陆耀飞. 运动生理学 [M]. 北京：北京体育大学出版社，2006.

量非常少，普通成人的尿蛋白含量约为 2 mg%，每日的排出量一般不会超过 150 mg%。运动参与者在安静时体内的尿蛋白含量与常人无异，也很少。人体安静时，如果采用常规的检查方法，很难检测出尿蛋白的含量，称为阴性尿[①]。

（二）尿蛋白生物学意义

运动性尿蛋白指的是因运动引起尿蛋白质的排出量增多的现象。运动性的尿蛋白与病理性尿蛋白及运动后尿蛋白均有不同。

1. 运动后尿蛋白

运动后尿蛋白指的是在运动之后出现的尿蛋白，它有可能是因为存在潜在的病理性尿蛋白或者是病理性与运动性两者均有的尿蛋白。因此，如果在运动之后出现了尿蛋白，需要鉴别属于哪一种。

2. 运动性尿蛋白

运动性尿蛋白指的是因为运动导致肾小球通透性增加，因为肾小管重吸收的功能下降，从而出现暂时性的尿蛋白，经过休息后，尿蛋白就会自然消失，并且无病理性的症状。

3. 病理性尿蛋白

病理性尿蛋白指的是因为泌尿系统疾病，导致肾小球通透性的增加，肾小管重吸收的功能出现障碍产生的尿蛋白。它一般需要对症治疗和好好休息才会渐渐消失，并有临床病理性症状。尿蛋白自身并没有生物学意义，但它出现的量及组成成分可用来评估运动人员的机能状态，还有运动负荷量的大小。

（三）影响尿蛋白的因素

1. 机能状态

在其他条件保持一致时，机能状态和尿蛋白的量成负相关。

2. 运动负荷

在其他条件保持相同时，运动负荷量的大小和尿蛋白含量成正相关，尤其高强度的运动负荷是以糖酵解的功能为主，尿蛋白的排出量最高。

3. 年龄

根据年龄的不同，人体内尿蛋白的含量也不同，通常情况下，成人尿蛋白的

---

① 王瑞元，苏全生. 运动生理学 [M]. 北京：人民体育出版社，2012.

含量要低于少儿的。

4. 环境

在不同的环境下，尿蛋白的含量也有所区别，寒冷或者闷湿热的环境中尿蛋白量比常温时要多。

（四）尿蛋白在运动训练中的应用

20世纪60年代，因为尿蛋白含量的测评方法相对比较简单，它作为评定运动人员的负荷量和运动人员的状态指标在我国已被普遍运用。但因为尿量的不同及尿蛋白有个体差异，它的应用只是作为参考指标，目前多用于测评运动人员能承受运动负荷的大小，以及运动人员个体的机能情况。测评方法：在运动后15分钟取其尿样，测定尿蛋白含量，如果机能状态良好，但尿蛋白量较多的时候，提示进行的运动量负荷过大。如果运动负荷和以往相同，但尿蛋白量增加，则说明运动人员的身体机能有所下降。在运动后的次日清晨测量尿蛋白含量，可用于评估机体的恢复情况。若次日晨尿蛋白含量消失，就表示机体运动适应该运动负荷量。若次日清晨甚至后续几日均有尿蛋白出现，则说明机体不太适应当前的负荷运动，或者机能降低了。这时，需要调整运动负荷量或者停止该项运动，同时要采取相应的措施。

八、尿肌酐及尿肌酐指标测评

（一）尿肌酐及尿肌酐系数

尿肌酐指的是尿液中存在的肌酐。它是肌酸、磷酸肌酸代谢的产物，在体内并无生理性作用，随尿液排出机体外。肌酐的日排泄量基本恒定。

（二）生物学意义

尿肌酐和尿肌酐系数在生物学上的意义基本相同，它们均可反映肌内磷酸肌酸和肌肉数量的含量。肌肉发达或者较瘦体重的人尿肌酐的系数较大。通常经常运动的人比不经常运动参与者体内尿肌酐含量要高。停止运动一段时间（数月）后或者肌肉组织受到损害，或者营养不良时，尿肌酐的排出量会明显减少。当恢复运动时它的排出量又会增加。在同一个专项训练中，机体水平高者其体内的尿肌酐系数一般也较高。

（三）尿肌酐系数在田径运动中的应用

在运动人员的机能评定中，常用尿肌酐系数来评定速度和高强度力量型的专项训练效果。当然，在其他条件保持不变的情况下，尿肌酐系数越高越好。

训练时尿肌酐系数的变化具有不同的意义，主要表现在以下两个方面。

①若是体重不变，而尿肌酐系数上升，说明肌内的磷酸肌酸的浓度增加了，或者机体的体脂削减，肌肉的含量增加；如果体重增加，但尿肌酐系数没有变化，则可能是肌肉量增加引起的体重变化。这两者都是肌肉机能提高的反映。

②若是体重不变，而尿肌酐系数下降，则是肌内磷酸肌酸浓度下降；如果体重减少，但尿肌酐系数没有变化，即肌肉重量有所减少；如果体重和尿肌酐系数均不变，则说明训练对肌肉质量和机能并没有起到明显的作用；如果体重上升，尿肌酐系数下降，则表明体重增加是因为体脂的增加。

第6章 田径运动健身常见误区及问题解答

第1节 田径运动健身常见误区及建议

"生命在于运动",早在18世纪法国思想家伏尔泰就提出了此格言①。运动与生命密切相关,生命存在于运动,运动又是生命寄存的载体,只有坚持体育运动,才能强化身体素质,壮大体魄灵魂。但是,并非坚持体育锻炼就能达到预想的目的,体育锻炼一定要坚持科学性的指导原则,如果锻炼手段不科学,甚至出现一些错误习惯,不仅起不到锻炼的效果,有时还可能影响身体的健康。所以,在日常的田径运动锻炼中一定要避免健身误区,主要包含以下几个方面。

一、运动前后饮食

(一) 误区

在田径运动健身过程中,很多人对饮食方面控制的较为随意,如饭后散步,运动完大吃大喝等,这些都是不科学的行为习惯,还有些人喜欢空腹运动,但又怕营养跟不上,就在运动前随意吃些东西,这对运动表现和运动后的恢复都会产生不利的影响。

---

① 生命在于运动 [EB/OL]. https：//baike.baidu.com/item/%E7%94%9F%E5%91%BD%E5%9C%A8%E4%BA%8E%E8%BF%90%E5%8A%A8/3440569? fr = aladdin. 2018 – 07 – 05.

（二）建议

1. 运动前

运动前补充营养应该以碳水化合物、低纤维和低脂肪食物为主，目的是为跑步或长时间运动提供能量，而且进食时间要控制在运动前一两个小时为宜，减少高脂肪和高纤维类食品的摄入，以避免运动中的不适现象。

2. 运动中

一般来讲，运动中不提倡饮食，因为运动使体内各个系统处于高度激活状态，运动中进食会阻滞各器官之间的融合贯通，给运动健身造成不良的后果。但是，如果运动时间过长，如跑步在 90 分钟以上或者马拉松跑等，这时要适当地补充一定的热量，可以喝一些运动饮料，或者吃一些易消化食物，如香蕉之类的高热量易消化食品。

3. 运动后

运动后 30 分钟内，是肌肉最易吸收糖原的时间，所以，长时间运动后要在这一阶段注意饮食的摄入，以减少肌肉的僵硬程度和酸痛感，同时还要补充适量的蛋白质。

二、运动前着装准备

（一）误区

在全民健身过程中，很多人不注意运动的着装，只要能运动，穿什么装备都一样，要说服装、鞋子不合适，顶多是运动过程中不太舒服而已。多数人存在这种心理，这也造成了很多人在运动时忽略了着装的重要性，其实运动时着装不当对身体造成的影响不仅仅是不适，还有其他一些危害。

当穿着非运动鞋、类型不合适的运动鞋或者鞋子不合脚时不适合锻炼身体，因为这些类型的鞋子缓冲、跟脚性都会下降，会对下肢膝踝产生较大的压力，经常性、长时间的运动甚至会造成膝踝的慢性损伤，如半月板磨损、踝关节痛等病症，所以，运动前还是要准备一双适合运动的鞋子；服装更是要选择弹性较大的运动服，有利于运动前的准备活动、运动中动作的舒展，更重要的是运动后肢体的拉伸放松。俗话说："筋长一寸，延寿十年"，所以，运动完后的拉伸练习非常重要，这就要求一套舒适、弹力足够的运动服。

（二）建议

1. 运动鞋选择

建议购买鞋服到正规的专卖店去购买，随着体育产业的快速发展，各种运动类型的运动鞋基本编辑市场，所以，买到符合运动项目特点的运动鞋比较轻松。此外，专卖店里也有相对专业的销售人员，也可以听取其建议，自己拿主意，根据个人跑步方式和脚型去选择适合自己的运动鞋，而且，慢跑鞋也有一定的寿命，一双鞋跑过500千米左右后，鞋子的缓冲功能及舒适度都会急剧下降，运动中易损伤，这时建议更换运动鞋。

2. 运动服选择

运动服饰要求透汗性强，排气舒畅，所以棉质布料不适合作为运动服，因为棉质材料吸汗较好，可能会导致出汗后潮湿着凉，所以最好选择速干材质的衣服作为运动服。而且冬天进行田径健身时，为了利于散热，运动时不宜穿太多衣服。

三、运动时段的选取

（一）误区

晨练优于晚练。很多人选择早起出去跑步，锻炼身体，认为早上起床空气清新，跑跑步，锻炼一下身体，整天精神状态就很好。其实这是一种错误的认识，从循环系统讲，早上起床后，人体的血压一般较高，血液凝聚力较强，引起血栓凝聚的危险系数就大，所以，这个时候做跑、跳、投的动作容易造成心肺功能失常的不良状况；从能量代谢方面来讲，晨练一般是在空腹的状态下进行的，经过一晚上的休息，精神状态确实调整到了最佳状态，但是，这时胃里的营养却消耗一空，所以，这时锻炼身体需要注意适当补充能量。

（二）建议

在日常生活中，大家都在忙于工作，能抽出时间去锻炼，跑跑步、健健身都已经显得很不容易，要求固定时段去锻炼身体，对于很多人群来讲相当奢侈，所以，基于田径运动健身的便捷性，大家可以选择自己合适的时间段去锻炼。晨练优于晚练的说法是不恰当的，但也不是说不能早上锻炼，基于机体生理学特征，如果早上进行锻炼，建议适当补充易消化能量。而对于糖尿病患者和一些肥胖症的群体来讲，吃完早餐休息一段后运动时有一定的益处的，餐后运动可以帮助降低餐后血糖。而对于心血管病患者或者年龄大的老人来说，黄昏则是最佳的运动时间，在这一时段进行有氧运动，有助于稳定血压，促进血液流通。晚上睡觉前不建议做大负荷运动，易引起神经过度兴奋，造成入睡困难或者睡眠质量下降等。

四、运动中补水

（一）误区

运动时不宜饮水。十多年前，有些专家认为，运动过程中不宜饮水，因为饮水会增加肠胃负担，引起肠胃不适，同时饮水还会加重疲劳程度，即使较长时间的运动也不建议饮水。现在多数专家都否定了此观点，认为口渴了就要补充水分，当身体处于缺水状态时，很容易引起运动疲劳，长期处于缺水状态会使血浓度升高，更严重者会导致脑血管意外事故等。

（二）建议

日常生活中，很多人对于补水就存在一定的误区，认为口渴了身体才需要补水。其实当感到口渴时身体已经处于比较严重的缺水状态，运动中也是如此，就拿跑步来说，很多人低估了跑步时体内水分的流失，运动完后没有及时补水，最终导致身体脱水，不但没有起到锻炼的效果，反而损害了身体机能。此外，值得注意的是，运动中补水是有节制的，不能一次性摄入太多水，否则容易产生疲劳，这也是为什么运动后休息时喝水喝多了不想继续运动的主要原因。有糖尿病患者更要注意及时补水，当身体失去水分的5%，运动时出现意外危险的概率会大大增加。

总之，运动前后补水要掌握住以下原则：第一，运动前一小时左右喝水在500～700毫升为宜，运动前几分钟可以再次补充1500毫升左右的水。持续运动时，间隔20分钟要及时补水，控制在2000毫升左右，如果运动时间持续90分钟以上，体内微量元素流失较大，则要考虑补充一些运动功能性饮料以弥补钠、镁等微量元素的流失。

五、运动后的休息

（一）误区：剧烈运动后立即停下来休息

不了解运动健身常识的人，经常在经过大强度运动后，立刻停下来休息，结果没休息好，反而造成身体不舒服、呕吐、头晕等症状，这都是对健身知识的缺失造成的，剧烈运动后要使心率逐渐下降，慢慢地使心率降下来。

（二）建议

剧烈运动时，体内血液流动速度加快，机体心率增加，肌肉中的毛细血管也都会随之扩张，同时，肌肉也会节律性地收缩，肌肉收缩则挤压小静脉，进而促进血液往心脏回流的速度。此时，如果立即停下来休息，会造成肌肉的节律性收缩停止，而之前流进肌肉中的大量血液则不能通过肌肉收缩流回心脏，体内外周血量增加，进而造成血压降低，会引起脑部短暂性缺血，进而引发头晕眼花、心慌气短、严重时甚至休克昏倒等症状，对身体的危害很大。

所以，建议剧烈运动后要给机体一定的缓冲时间，运动训练学要求放松运动的强度是运动训练强度的30%，健身也是如此，虽说对运动负荷不做要求，但是必须做到机体放松，防止肌肉突然停止工作。建议大强度后慢跑1千米左右，使身体机能逐渐过渡到正常水平，这样才能起到健身的效果。

六、跑步健身方法

田径运动健身项目中，跑步是最常见，也是最易入手、最不受场地限制的项目。再加上跑步时的负荷量易控制、时间长短可自由选择等优势，使得最近几年跑步健身的群体大幅上升。但是在公众的潜意识中，认为跑步是非常简单的运动项目，是任何健康人都可以采用的锻炼方式，其实不然，跑步健身中涉及很多专业知识，错误的锻炼方法不但起不到健身的效果，有时会出现负面作用。所以，跑步锻炼时要注意避免以下误区。

（一）呼吸方法

1. 误区

跑步时，经常听见有人说关于如何呼吸的问题。很多人对于跑步中的呼吸一无所知，更不知道该如何呼吸。稍有健身常识的人则认为，也是大众认为比较科学的方式，随着步伐一吸一呼、两吸一呼或者两吸两呼等方式。其实，这种不考虑呼吸交换量大小，只强调呼吸频率的说法，是不科学的呼吸调节概念。实际上，跑步的快慢与呼吸交换量是成正比的，不同的速度，呼吸交换量差距也较大，速度的高低有时能使呼吸交换量差距达到10倍以上，所以在跑步过程中，不同的速度会改变呼吸的次数，但是，绝对不能以单一的呼吸节奏来控制跑步的全过程。

2. 建议

（1）了解呼吸常识

人们在进行长距离健身的时候，经过长时间的有氧运动，会使机体出现短时间的胸闷、运动频率减慢和呼吸困难等现象，这在运动生理学中被称为"极点"，主要是因为运动过于激烈，造成氧气摄入量不能满足机体运动的需要，使机体处于缺氧状态，这才造成了极点的出现。此时不用慌张，可以通过深呼吸方式来有效改善身体的不适，通过吸入更多的氧气来满足机体运动的需求，在保持这种有节奏的呼吸状态一定时间后，极点所带来的不适感觉也会逐渐消失。这样科学的呼吸方式，才能使得有氧运动坚持更久，才能促进心肺功能的提高。跑步时的呼吸形式可以分为两个阶段，第一阶段是开始时先用鼻呼吸，这样才能使心肺功能得到更好的锻炼；第二阶段是"极点"出现后，随着运动时间的延长，"极点"后可以选择用口和鼻同时呼吸，以达到满足机体足够的氧气需求，延长运动时间[①]。

（2）适时调整呼吸节奏

跑步健身时，要根据双脚步伐有意识的调整呼吸节奏，一般来说，呼吸节奏是根据自身跑步速度和体力状况决定的，可以采用二步一吸、二步一呼或三步一吸、三步一呼的方法，但是不能以一种呼吸节奏贯穿整个运动过程。当跑步动作与呼吸节奏协调并适应后，就可摆脱呼吸表浅、急促，甚至呼吸节奏紊乱的困惑，也有利于加深呼吸深度。同时，还能通过调整减轻呼吸肌的疲劳感，缓解"极点"出现后给身体带来的不良反应。

通常情况下，跑步起始阶段是采用鼻子呼吸法，采用鼻子呼吸与跑步节奏相协调，就可以满足机体氧气需求。但是，随着跑步时间的延长和强度的加大，机体需氧量增加，则需要调整呼吸，采用口鼻吸、口呼的呼吸方式，呼吸时要做到慢、细、长，口微张呼气，切忌大口快速的呼吸方式或喘粗气，这都是不正确的呼吸方式。跑步时出现的呼吸急促、气憋不畅等状况都是呼气不充分、二氧化碳排出不及时引起的，二氧化碳排出不及时，占据肺泡的面积，这才限制了氧气的摄入量。所以，要想摄入更多的氧气，就要加大呼气量，有意识地延长呼吸时间。

（二）运动时间和强度

1. 误区

很多人知道，抛开趣味性来讲，慢跑、快走是最好的健身方式，但是运动多

---

① 曲绵域. 实用运动医学 [M]. 北京：北京科学技术出版社, 1996.

长时间、强度多大才能达到最佳的效果,很多人却是不知。多数人认为长时间慢跑和短时间快跑都可以达到锻炼身体的效果,其实不然。运动过量,轻则造成运动疲劳,起不到锻炼效果,严重者可能会造成运动损伤。

2. 建议

跑步时要坚持循序渐进的原则,把握适可而止的尺度,做到锻炼身体不急于求成,由慢到快,运动时间由短到长的原则。尤其刚开始跑步锻炼的新手,可以从慢走开始,然后过渡到快走,最后再过渡到慢跑,然后逐渐加快速度,但是跑步开始第一千米的速度要加以控制,以慢慢调动身体的机能状态,随着时间的推移,速度逐渐增加,到最后阶段速度要有所减慢,但不能低于第一千米的速度,以达到刺激乳酸分解的效果。运动量也应逐渐增加,每周的跑步距离增加量要控制在10%以内。

当运动疲劳时,要调整跑步方式,如倒着跑、障碍跑等,这种交叉锻炼的健身方式能够预防运动厌倦情绪,同时也能改变肌肉活动类型和强度,充分调节机能的功能。此外,跑步健身锻炼身体应根据自身状况选择适合自己的速度,尽量不要跟跑得比自己快的人一起锻炼,防止强度过大,运动损伤,于锻炼无益。运动中如遇身体不适,应立即停止锻炼,避免意外事故的发生。

(三)下坡跑步动作

1. 误区

跑步健身的方式多种多样,有在小区内锻炼的,也有在附近学校田径场进行锻炼的,还有在公园里进行锻炼的,但是,这些都受到条件的限制,因为居住位置的不同,有些人没有这种跑步的场所。而公路跑是每个人都能轻易做到的锻炼方式。公路并非平坦无坡,有些地方的公路甚至有着较大的坡度,这里就出现了一个运动的误区——下坡时的跑步动作。多数人认为下坡时跑步可以随意跑,更多的是倾向于放松跑,身体过度向前倾斜,且角度较大,造成步幅太大,速度失控,最后的缓冲会对身体造成一定的伤害,所以一定要调整下坡跑步的动作。

2. 建议

建议下坡跑步时,身体适当控制,保持略微向前倾斜,以小碎步的形式向前跑动。但也不能为了降低速度以身体后仰的姿态来抵抗重力的作用,正确的跑步姿态是上体稍向前倾,用以缓解双脚受到压力。

第2节 田径运动健身常见问题解答

一、在田径健身锻炼中如何坚持适宜负荷原则?

答:(一)充分理解适宜负荷的概念

负荷是由负荷量和负荷强度两方面组成的,量代表着刺激量的大小,其评价指标包括运动次数、运动时间、运动距离和运动时负重等,负荷强度则代表机体刺激的深度,它的评价体系包括运动速度、达到的远度及所跳的高度等。田径运动健身项目分为走、跑、跳和投几大类,任何项目的运动都有一定的负荷,运动负荷是由运动强度和运动量组成的,负荷强度影响着运动对身体的刺激深度,而平时说的负荷量则是运动量,代表着运动对身体刺激的量的大小。所以,即使是正常的健步走也存在一定的运动负荷,只是说健步走的运动负荷较易控制。运动过程中,负荷量的大小分别从不同的侧面反映出来,此外,也可以用不同的运动指标来反映运动负荷的大小。

(二)尊重适宜负荷原则的科学基础

①适宜负荷是身体机能对运动负荷的一种生理性适应的过程,是一种生物适应现象,运动负荷在身体的正常承受范围内,会对运动的各种刺激产生一系列生理、生化指标的变化,使机体逐渐适应运动负荷,但需要保持在一个适度的范围。运动负荷在一定的范围内,负荷强度越大,刺激机体的程度就越深,这时所引起机体的反应就越强烈,身体的应激性就会加强,身体机能状态提升效果就越明显,这就是适宜负荷带来的好处。

②适宜负荷利于机体的发展,而过度负荷则会对身体造成不利的影响,严重时会使身体产生劣变现象。身体机能的生物适应是在适宜负荷强度的前提下完成的,超出了适宜负荷的强度,也就超出了身体最大的承受力,这时会对身体造成一定的损伤,即所说的劣变现象,而且这种劣变不仅表现在身体上,心理也会承受一定的压力,这对运动健康是极为不利的。

(三)坚持适宜负荷的原则

1. 逐渐增加运动负荷量

在运动健身过程中,随着年龄的增加和身体机能状态的提高,运动负荷量会随之增加，但是，增加运动负荷量要遵循渐增式原则，必须循序渐进，由小到大，才能起到理想的健身效果。渐增式锻炼一般分为几个原则：直线式原则，就是随着时间的推移，逐渐增加负荷量；阶梯式原则，是保持某种负荷量运动一段时间后，再增加负荷量，然后再锻炼一段时间，依次递增；波浪式原则也叫波浪式递增原则，负荷量并非一直增加，而是适当调整减小，但总趋势是上升的。

2. 在运动中寻找科学的负荷量临界值

科学的负荷量临界值与身体正常发育程度密切相关，同时又受到身体机能健康状况的影响，因此，在负荷量临界值的测评中一定要有科学的依据，运用科学的方法去诊断，多次测试以求准确掌握。

3. 建立科学的诊断系统

在健身过程中，人们有时会遇到身体不适或者运动状态不佳的情况，这与运动习惯、运动强度或者生活习惯是分不开的，是一种正常的生理状态。所以，为了在锻炼过程中准确地把握适宜负荷的强度，必须建立一套科学的负荷诊断系统，在运动实践中选取实效的指标，在合适的时间选用科学的手段客观地对运动负荷进行测评。

4. 正确处理负荷与恢复的关系

锻炼离不开负荷，没有负荷就没有效果，无论是负荷量还是负荷强度在运动后都需要恢复，没有运动后的恢复，运动负荷仅起到了消耗机体运动量的作用，健身效果大打折扣，有时甚至对身体机能造成不良的影响。所以，为了提升运动健身效果，提高身体机能状态，必须高度重视运动后的恢复。

二、影响速度素质训练的生理学因素有哪些？

答：影响速度素质的生理学因素主要包括3个方面：反应速度、动作速度和位移速度。具体介绍如下。

（一）影响反应速度的生理学因素

1. 中枢神经的兴奋状态

机体的反应速度受中枢神经系统兴奋状态的影响，其兴奋度越高，机体的反应速度就会越快。当然，如果田径运动参与者中枢神经系统的兴奋程度降低或者运动参与者处于过度疲劳状态时，田径运动参与者的反应速度就会下降。

2. 反射活动的复杂程度

它决定了反应时的长短，对机体的反应速度起着重要的影响。反应时是身体受到刺激后到肌肉感觉并做出应答动作所用的时间。当机体受到刺激时，感觉器官产生兴奋，然后兴奋经过传入神经到中枢神经，然后大脑中枢再对兴奋进行分析、筛选，将兴奋传到效应器并做出应激动作。所以，反应时的长短不仅受感受器敏感度的影响，还与中枢的信息加工时间及效应器的兴奋性密切相关（刺激选取的方式越复杂，中枢神经对信息加工的时间就越长）——中枢所发出的冲动沿着传出神经传到机体相应的肌肉群——肌肉根据刺激的特点与要求做出相应的应答。

3. 刺激强度

机体的反应速度同样还受刺激信号强度的影响，信号对机体的刺激越强，机体对信号的反应就越大。

4. 注意力集中度

机体反应速度受个体注意力的影响，注意的集中程度越高，机体的反应速度就越快，反之亦然。

5. 遗传因素

调查研究表明，机体的反应速度中遗传因素达到75%以上。

（二）影响动作速度和位移速度的生理学因素

1. 身体形态和发育

"龙生九子，各有不同"，人生下来身体形态和发育状况也不尽相同，这对其速度素质的好坏具有重要的影响，二者具有十分密切的关系。身体形态对速度素质的影响主要取决于四肢的长度。人体四肢的运动形式是肢体绕关节轴的转动，所以，手和脚的运动都是以关节轴为基准，离关节轴越近，运动速度越小，离轴心的距离越远，运动速度就越大。一般认为，擅长疾速跑且成绩较好的人，身体不胖不瘦，下肢较长，跟腱长，踝关节较细，动作速度和位移速度快。

2. 能量供应

在田径运动训练过程中，影响人体肌肉收缩速度的因素有4个方面：肌纤维中动用化学能的速度与强度、兴奋在神经-肌肉之间传导的速度与强度、机体的化学能转为机械能的速度与强度、机体释放和分解三磷酸腺苷（ATP）的数量与速度。研究表明，在人体的三大代谢供能系统中，动作速度和位移速度的能力主要取决于磷酸原（ATP-CP）系统的无氧代谢供能能力。通过科学的运动训练，改善ATP-CP系统的供能能力，能有效地提高田径运动参与者的动作速度和位移速度。

3. 肌肉力量

从力学角度分析，加速度是影响一定时间内速度大小的决定性因素，而加速度大小取决于克服阻力做功的力量，力量越大，加速度就越大。对于人体来说，体重是需要克服的最大阻力，而人体质量（体重）与加速度成反比，因此，田径运动参与者若要提高动作速度就可以通过提高力量素质和减少人体质量带来的阻力两个方面来实现。此外，人体力量与体重之比是相对力量，相对力量是决定动作速度和位移速度的决定性因素，相对力量越大，克服阻力做功较易，肌肉的动作速度与位移速度就越大。因此，影响肌肉相对力量的因素必定会对动作速度和位移速度产生影响。

4. 肌纤维百分比

在肌肉类型上分，人体肌肉可分为快肌纤维和慢肌纤维，快肌纤维比例大，机体快速运动能就强，如果慢肌纤维比例较大，机体耐力能力相对较强。速度性项目优秀运动参与者的机体的快速运动能力要高于耐力性项目运动参与者的机体的快速运动能力。世界优秀短跑运动参与者的快速运动能力惊人，其快肌纤维百分比可高达95%。

5. 神经系统的功能特点

神经系统对肌肉活动具有支配和控制作用。运动生理学认为，人体是在神经中枢活动高度协调的支配下进行的各种形式的快速运动，即机体所表现出来的动作速度和位移速度。提高神经中枢活动的高度协调，能保证运动参与者在提高动作速度和位移速度的过程中，促进机体迅速组织必要的肌肉协作参与活动，抑制对抗肌（肌肉内部的阻力）的消极影响，从而表现出较高的运动速度。

研究表明，神经兴奋的灵活性主要从两个方面影响机体肌纤维，一是肌肉的猛烈收缩，二是肌肉的随意放松。随意放松能力是神经中枢适时起到的抑制作用的结果。运动过程中，充分放松肌肉的能力与长时间维持高速运动的能力成正比。除此之外，机体中枢神经系统兴奋与抑制转换的持续时间能够直接影响运动参与者在运动过程中转换速度的快慢，两者成反比例关系，即兴奋和抑制神经元之间的转换速度越快，转换持续时间就越短。运动参与者在进行高速活动中，疲劳的最初表现即为中枢神经的疲劳，随之会导致机体运动速度的降低，最后导致机体运动完全停止。因此，运动参与者在保持较高速度进行运动时，持续时间不宜太长。

6. 遗传因素

实践表明,田径运动参与者的动作速度和位移速度受个体遗传因素的影响很大。例如,50米跑速和反应时的遗传力均较高,分别达到0.78和0.75。

(三) 影响耐力素质训练的生理学因素(包括有氧耐力和无氧耐力)

1. 有氧耐力

①氧运输系统的功能水平。氧运输系统功能水平严重影响着机体有氧耐力水平的高低。氧运输系统主要由呼吸系统、血液和循环系统共同构成,主要任务是完成体内外氧气、营养物质和代谢产物的运输。氧运输系统的功能水平也称为最大氧运输能力(VO_{2max}),主要受血液载氧能力和心脏泵血功能两方面的影响。前者受血液血红蛋白含量高低的影响,研究表明,1克血红蛋白可以结合1.34毫升氧气,血红蛋白含量与血液结合的氧气量成正比例关系。一般来说,正常成年男性体内每100毫升血液含有血红蛋白约为15克、氧容量约为20毫升,女性和少年儿童则较少。优秀的耐力项目运动参与者的血红蛋白含量可达16克/100毫升血液,血液的载氧量也比一般人多。后者受最大心输出量(即心脏每搏输出量与心率的乘积)的影响较大。最大心输出量与肌肉组织在单位时间内获得的血流量及单位时间内氧气的运输量成正比。研究表明,与一般的锻炼身体群体或很少运动的普通人相比,优秀的耐力项目运动参与者的心室腔容积大、心室壁厚;心脏每搏输出量也更大(优秀运动参与者为150~170毫升,普通人为100~120毫升),即使在高达200次/分钟的心率时,每搏输出量仍不减少,心肌收缩力仍较大,射血速度快。

②神经系统的调节能力。对于田径运动参与者而言,良好的耐力基础对神经系统的要求也较高:要求神经系统可以支撑长时间的兴奋性,还要具备良好的抑制节律性,运动器官和内脏器官之间应有良好的协调和配合,可以保持肌肉收缩和舒张的节律。因此,有效改善神经系统的调节功能,使田径运动参与者的神经系统的活动更加适应耐力运动的需要,是田径运动参与者提高耐力素质的重要生理学基础和原因之一。

③骨骼肌的氧利用。它对耐力素质训练具有一定程度的影响。运动参与者的氧利用状况主要表现为以下几个方面。第一,人体的肌肉组织主要是从流经其内部的毛细血管的血液中摄取和获得氧气。因此,生理学认为,肌纤维的类型和有氧代谢能力对机体肌肉组织摄取和利用氧气的能力有重要的影响。在机体的肌纤维中,Ⅰ型肌纤维比例与其所在的肌肉有氧代谢酶的活性、肌肉摄取和利用氧的

能力成正比。实践证明，经常从事长距离、长时间的耐力项目的运动参与者，体内慢肌纤维的比例相对较高，氧化酶的活性高，线粒体的数量多，毛细血管分布密度大，肌肉摄取和利用氧气的能力高。第二，在影响耐力的机体机制中，心输出量是其中的核心影响因素，肌纤维类型的比例构成及其有氧代谢能力是次要的影响因素。第三，机体在运动时，骨骼肌的氧利用能力受无氧阈的影响。以无氧阈的最大吸氧量比值为例，比值越高，肌肉的氧利用能力就越强。正常人的无氧阈约为65% VO_{2max}，而耐力较为优秀的运动参与者的无氧阈可达80% VO_{2max}。

④能量供应水平。研究表明，田径运动参与者在参加耐力性运动时，机体的大部分能量都来源于机体内部肌糖原和脂肪的有氧氧化。因此，机体的肌糖原含量不足可以明显影响田径运动参与者的耐力水平，在田径运动前或运动过程中，通过合理训练而使机体的肌糖原储备增加、有氧氧化的能量利用效率提高、肌糖原利用节约、脂肪利用比例提高等，对提高田径运动参与者的耐力素质十分有益。

⑤能量利用效率。在单位耗氧量条件下，机体在运动中做功的能力就叫作能量利用效率。根据相关研究证实，如果运动参与者的其他机体因素相同或相似，耐力素质高低的差异更多的是来自机体运动量的利用效率，影响率最高时可达65%。根据考斯蒂尔研究发现，两个马拉松运动参与者的最大吸氧量相对值如果是相同的，并且他们在运动过程中均使用了80% VO_{2max}，但能量利用效率高的那个运动参与者可以比另一个人的成绩快13分钟。

2. 无氧能力

①骨骼肌的糖无氧酵解功能能力。骨骼肌的糖无氧酵解功能能力对田径运动参与者的无氧耐力具有重要影响。肌糖原在田径运动中的主要作用是通过无氧酵解为机体提供能量，这也是田径运动中无氧耐力的主要能源的来源。在田径运动过程中，肌糖原的无氧酵解能力主要受肌纤维百分比构成及糖酵解酶催化活性的影响。研究证实，不同代谢性质的田径运动项目中，田径运动参与者的肌纤维百分比构成和糖酵解活性明显不同，这也是构成田径运动参与者无氧耐力差异的重要原因之一。

②肌肉对酸性物质的缓冲能力。肌肉对酸性物质的缓冲能力影响着田径运动参与者的耐受能力。细胞内及机体内环境的理化性质的改变会影响机体的运动能力，尤其是影响机体的耐力。机体内部的理化性质的变化主要是由肌肉糖酵解引起，它可以在机体的肌细胞内大量累积，甚至可以扩散到血液中改变血液的酸环境，进而导致肌肉中酸性物质增加，影响机体的耐力素质水平的正常发挥。在人体中，肌肉和血液中存在着缓冲酸碱的物质，起到保持机体内环境pH稳定的作

用。这种缓冲物质是由弱酸（如 $NaCO_3$）、弱酸与强碱生成的盐按一定比例组成。研究表明，提高机体的耐酸能力是提高机体的无氧耐力水平的有效途径之一，当然，无氧耐力训练并不能直接提高田径运动参与者机体对酸碱物质的缓冲能力，而是训练提高和强化田径运动参与者对因酸碱物质产生的不适应感，从而提高田径运动参与者的耐受能力。

③神经系统的耐酸能力。它在一定程度上影响了田径运动参与者的无氧耐力水平。从总体上讲，人体的内环境是酸性的，安静状态下，人体血液的 pH 平均为 7.4，而骨骼肌内细胞液的 pH 约为 7.0。这是因为酸性物质在机体内积累的速度很快，肌肉和血液中存在的能缓冲酸碱的物质不能及时进行缓冲以维持酸碱平衡。在运动状态下，机体的骨骼肌细胞内和血液 pH 会有所下降。实践证明，机体的神经系统不仅可以协调运动肌的驱动，还可以协调不同肌肉群之间的活动，这对于提高田径运动参与者的无氧耐力水平具有十分重要的作用。研究表明，神经系统的以上两个协调功能会受到机体大量酸性物质的影响。合理与科学的无氧耐力训练有助于田径运动参与者在运动中提高神经系统的耐受能力，对抗田径运动中产生的大量酸性物质。

三、影响田径运动锻炼效果的生理学因素有哪些？

答：影响田径运动锻炼效果的生理学因素主要包括肌肉横断面积、肌肉初长度以及肌纤维类型等，具体如下。

（一）肌肉横断面积

生理学研究表明，肌肉横断面积（cm^2）用最大力量去收缩，可以产生 3~8 千克的肌力。而机体肌肉横断面积与肌肉力量是成正比的，横断面积越大，肌力越强，反之肌肉力量就弱。在田径运动训练中，田径运动参与者为了增强肌肉力量通常会进行相应的力量训练。力量训练的原理就是最大限度地增大运动参与者力量肌肉中的肌肉的横断面积。但值得注意的是，不能仅用肌肉横断面积的大小来解释力量训练中所有的现象。

（二）肌肉初长度

肌肉初长度与肌肉力量成正比，肌肉收缩前初长度越长，肌肉收缩所产生的张力就越大。造成这一生理现象的原因主要表现在两个方面：①肌肉本身具有弹性，在受到快速牵拉时可弹性回缩；②肌肉被拉长时，肌梭就会感知到肌纤维长度的变化，从而产生冲动，并通过牵张反射增强肌肉的对抗力。在田径运动训练中，肌肉初长度会对田径运动参与者动作的充分发挥具有重要影响。如投掷类项目运动参与者在投掷前的超越器械动作中，体前肌群的主动拉长，这些都会受到肌肉初长度的影响。

（三）肌纤维类型

按照肌肉收缩的特性，可将肌纤维分为快肌纤维和慢肌纤维。其中，快肌产生的收缩力比慢肌大。如果运动参与者肌肉中快肌纤维的比例较高，且横断面积也较大，那么肌肉收缩时所产生的张力也就越大；反之则肌肉力量小。通常情况下，人体肌纤维的发展状况会在一定程度上受到遗传因素的影响，但是先天因素的影响程度较小，最重要的还是受后天训练因素的影响。

四、少年儿童进行长时间的耐力跑时有哪些注意事项？

答：①少年儿童运动时，不仅要遵循运动健身的科学知识，更要遵循少儿身体发育规律和运动技能发展敏感期。一般来讲，女孩耐力水平发展相对较男孩早，女孩第一个耐力发育期为9岁，到12岁时会迎来第二个耐力提高期，随着年龄的增长，到性成熟后的第二年里，耐力水平反而会逐渐下降，15岁到16岁期间，耐力下降幅度最大；男孩耐力水平相对稍晚，也分为三个阶段，第一个耐力发展期为10岁，第二个发展期为13岁，当男孩到达16岁后，耐力水平会出现大幅提升。

②少年儿童耐力锻炼必须以有氧耐力练习为主。因为少年儿童身体发育还不成熟，身体机能还处于快速发展期，不宜过早进行大强度无氧耐力练习，否则会严重影响身体健康的成长，尤其是对循环系统影响较大。

③少年儿童在参与田径运动锻炼时不应仅局限于跑步的运动，应当多模式、多类型，跑、跳、投均有接触，不但发展儿童的心肺功能，还对少儿力量素质、柔韧素质都有一定的帮助。

④有些少年儿童喜欢长时间的耐力跑，建议在进行耐力跑的过程中，多进行持续训练法练习，中间为了避免锻炼枯燥，还可用法特莱克的变速跑进行调节锻炼。

五、跑步健身有哪些好处？跑步时需要注意什么？

答：跑步是日常最为便捷的运动方式，通过跑步健身能达到以下效果：①增强心肺功能；②促进新陈代谢，有助于控制体重；③增强神经系统功能。

跑步健身应注意以下方面：①呼吸自然有节奏感，全身放松，并注意良好的步行姿势；②循序渐进，量力而行，对自身的负荷能力要做好自我监测；③着装要适于运动，特别是鞋袜；④应在空气清新、宁静的环境中进行步行锻炼。

六、田径运动健身的任务主要有哪些内容？

答：田径运动健身的任务主要有以下几个。

①普及全民健身意识，扩大全民健身群体。田径是运动之母，田径运动是人与生俱来都具备的一种活动方式，具有很强的普及性，是响应国家"健康中国2030"政策最为有效的手段。

②根据广大群众日益增长的运动形式和体育需求，应用、拓展和创编田径类运动项目，将跑、跳、投融入游戏和健身过程中，为大众提供一个更好、更易接受且行之有效的指导性健身手段。

③宣传传统文化，普及田径运动相关的健身知识和技术，吸引更多的大众参与到田径运动项目健身上来。

七、影响柔韧素质训练的生理学因素有哪些？

答：①肌肉组织、韧带组织的弹性。肌肉、韧带的弹性是任何运动项目的柔韧素质的基础，是影响柔韧素质最为直接的因素。当然，不同年龄段、性别、训练程度的人，其机体肌肉组织、韧带组织的弹性也不同。另外，中枢神经系统的兴奋性会在一定程度上影响肌肉组织的弹性变化，例如，运动参与者在比赛时的情绪高涨，其柔韧性通常会比平时要好。

②神经过程转换的灵活性。它对田径运动参与者的柔韧素质具有十分重要的影响。运动过程中，肌张力与神经兴奋和抑制的转换灵活性密切相关，此外，中枢神经系统的对抗肌间协调性、对肌肉的放松和紧张的调节等都会提高肌力。另外，肌肉的张力与神经过程分化抑制的发展也有密切的关系。因此，运动参与者若要提高自身的柔韧性，就要重视对机体神经过程转换灵活性的训练。

③关节的柔韧性。它与关节周围组织的大小密切相关。关节周围组织（肌腔、韧带、肌肉、皮肤等）的大小与伸展性、关节生理结构都会影响关节的柔韧性。在关节周围组织中，肌腱与韧带有助于加固关节。一方面，肌肉可以从外部给予关节一定的加固力量；另一方面，韧带的抗拉性能将关节的活动限制在一定的范围内，避免关节在运动中受伤。此外，增进髋关节的韧带肌腱和皮肤的伸展性也是田径运动参与者提高机体关节柔韧性的有效方式和重要方法。

④性别差异。从生理学角度分析，与男子相比，女子的柔韧性普遍较好。这是因为男子的肌纤维长，强而有力，横断面积大，对关节活动范围限制较大；女

性身体肌纤维横断面积较小,伸展性较好,对关节活动范围的限制较小。

⑤年龄特征。不同年龄阶段的田径运动参与者,机体的柔韧性会有很大的区别。可以从以下几个年龄段进行区别:第一阶段为 0~10 岁,婴幼儿期柔韧性最好,随着年龄的增加,骨骼的韧性不断得到加强,因而,人体的柔韧性会有所降低。因此,在 10 岁以前就应给予一定的柔韧素质训练,以不断提高人体自然增长的柔韧性。第二阶段为 10~13 岁。这一阶段人体柔韧性有所下降,尤其是胯关节的柔韧度大幅降低,因为随着力量的增强,腿部前后摆动增多,肌肉面积和粗细程度也随之增长,导致胯关节左右开立,幅度明显降低。虽然此时身体骨弹性增强,但肌肉的伸展性仍有很大的可塑性,经过经常拉伸仍能提高关节的柔韧性。第三阶段为 13~15 岁。此时身体处于快速发育期,骨骼生长较快,但肌肉生长相对较慢,导致机体的柔韧度有所降低。所以,这一年龄阶段应多做全身性伸展训练,不要过分训练机体的柔韧性,以免造成拉伤。第四阶段为 16~20 岁。人体的生长发育趋于成熟,在柔韧性训练中,可以适当地增加训练的运动负荷和训练难度,为机体获得专项运动所需的柔韧素质打好基础。

第7章 田径类运动损伤预防与急救方法

第1节 田径类运动中的损伤及预防

运动损伤是指在体育训练过程发生的各类损伤。损伤的发生和运动项目、运动训练的安排、技术动作、运动环境的条件、运动训练水平等因素有关。

一、运动损伤的分类

（一）按受伤组织结构划分

按受伤组织结构划分，运动损伤可分为皮肤损伤、肌肉与肌腱损伤、滑囊损伤、血管损伤、筋膜损伤、关节损伤、骨骺损伤、骨损伤、神经损伤和内脏器官损伤等。

（二）按伤后黏膜和皮肤完整性划分

按伤后黏膜和皮肤完整性划分，运动损伤可分为开放性损伤和闭合性损伤。
①开放性损伤：黏膜或皮肤的完整性受到破坏，遭到破坏的组织与外界相通，出现创口及外出血，容易造成污染和感染，如裂伤、擦伤、刺伤及开放性骨折等。
②闭合性损伤：受损皮肤或黏膜完整，没有伤口与外界相通，如关节脱位、挫伤或闭合性骨折等。

（三）按伤情轻重划分

按伤情轻重划分，运动损伤可分为轻伤、中等伤、重伤。

①轻伤：伤后能按原计划训练。
②中等伤：受伤后未能按原计划继续进行锻炼的，需要减少受伤部位的活动或锻炼，甚至停止受伤部位的身体练习。
③重伤：完全不能进行锻炼或体育运动。

（四）按损伤病程划分

按损伤病程划分，运动损伤可分为急性损伤和慢性损伤。
①急性损伤：即在一瞬间受到直接或者间接暴力而形成的损伤。
②慢性损伤：因局部过量承受负荷，经多次轻微损伤积累所形成的劳损，或因为急性损伤的处理不当造成的陈旧性损伤。

二、田径类运动损伤的规律及特点

（一）田径运动损伤的部位特点

1. 跑步类项目

跑步类损伤主要集中在躯干与下肢身体部位，通过专家调研，跑步类运动损伤部位有很多种，其中膝关节运动损伤所占比例高达40%，脚及脚踝关节占比10%，腰背痛占比约5%，髋关节损伤、跟腱拉伤、臀部损伤等所占比例相对较小，约15%。

2. 跳跃类项目

跳跃类项目最容易、最常见的损伤是腰椎损伤、髌骨软骨损伤及腰部肌肉疼痛等，但有时也会出现恶劣的伤势，如出现椎弓崩裂和腰椎滑脱等严重情况。

3. 投掷类项目

最常见的伤病是肘、肩、躯干、膝关节等的损伤。

（二）损伤性质的特点

田径类项目运动损伤绝大部分是软组织损伤，其中涉及的软组织主要为肌肉、肌腱、筋膜、关节囊、韧带等，内脏器官与骨组织的损伤较为少见。

（三）损伤程度

田径类项目运动损伤多为轻度与中度的损伤，常见的是慢性或劳损性损伤，绝大多数的运动参与者均都能坚持锻炼，但是前提是做好充分的准备活动。

三、田径类运动损伤发生的基本原因

（一）缺乏必要的预防运动损伤知识

虽说田径运动是平时最常见的项目，但是，真正了解田径运动健身知识的群体比例较小，更有些人甚至对健身知识一点也不了解，这才容易因为运动中准备活动不足、行为不当、负荷不适等问题造成运动损伤。所以，运动健身前，科普运动损伤预防知识是非常必要的。

（二）对自己锻炼水平认识不够

很多人对田径运动健身有着不科学的认识，还有部分人喜欢跟风，跟随别人一起健身，这种情况并非不可，只是要对自身运动水平有一个全面的认识，自己能够进行多大负荷的运动而不受伤，这才是关键。

（三）对锻炼和比赛的认识不足

田径运动健身锻炼多以长时间、低强度为主要形式，而比赛则是具有高、尖、端性质的运动，不仅时间长，而且强度大，与运动健身属于两个范畴的运动。此外，国家政策鼓励大众健身，促进全民参与，进而向着"健康中国2030"的目标去靠拢，在这种大背景下，健康跑比赛、越野跑比赛等赛事逐渐增多，这就要求平时参加锻炼者对比赛参与和健身锻炼有着深刻的认识，预防运动损伤的发生。

（四）心理、生理状态不佳

参与运动健身的目的是为了身心健康，这就要求在日常锻炼中，要正确评估自身状态，尤其是生理状态和心理状态的把控，合理调整，身心状态良好，运动健身事半功倍。反而，当生理状态不佳，心理疲惫不堪时，运动健身时则会出现事倍功半的结果。

（五）场地、器材、服装、护具的卫生要求不达标

很多人对运动健身常识了解不足，认为只要想运动，随时随地、服装选择都不会影响锻炼的效果，这样的理解是片面的。舒适的场地有利于心情的舒畅，服装的舒适度更是影响运动的动作质量和效果，尤其是鞋子的选择更为重要，因为运动时全身的负荷中，以下肢承重负荷最大，尤其是脚踝，所以，选择一双舒

适、缓冲效果较好的鞋子是必要条件。

（六）空气质量

随着经济水平的发展，人们的生活水平得到了大幅提升，但是同时也给社会造成了一定的负面影响，如雾霾，夏秋影响相对较小，冬春影响较为严重。经济发展影响环境质量，这是社会发展的必经阶段，但是在这种必经阶段里，如何根据空气质量的好坏判断日常锻炼的负荷非常关键，在雾霾严重时或者空气质量较差的情况下，应尽量避免室外运动，可以在健身房跑步机上做一些跑步类的练习，或者做一些投掷类的练习，但是负荷量要较正常水平小。

四、田径类运动项目的预防原则

（一）加强运动损伤预防知识教育

健康中国的目标是全国人民的目标，必须以提升全民的健康意识、健身理念为基础，所以，在培养全民健身意识的同时，可以加大运动损伤预防知识的宣传力度，使更多的人了解并能用以日常锻炼。

（二）加强全面的身体训练

田径类运动项目中，很多项目、很多类型的运动损伤是由肌肉力量发展不平衡引起的，正常人体腰腹肌力较强，腰背肌力量稍差，右侧力量相对较强，左侧力量相对较差。所以，健身运动时，除了正常的锻炼项目之外，还要加强平时用的较少的部位的肌肉练习，以维持身体发力的平衡，避免不必要的运动损伤。

（三）合理安排运动负荷量，遵循运动规律

田径运动是老幼皆适的运动项目，但是坚持区别对待的原则，每个人生来都是一个独立的个体，身体素质和条件也各不相同，所以，健身锻炼时要根据不同个体、不同年龄合理安排运动量。青少年和老年人锻炼多以有氧练习和小重量练习为主，中年人可以适当做一些中高强度的力量练习和一些无氧运动，但健身时要坚持安全第一的原则，适量练习。

（四）加强运动中的实时监控

运动健身过程中，会有很多意外事故的发生，但多数都是因为发现太晚，或者在身体不适时重视度不够引起的，当运动时出现头晕、恶心或者感觉疲劳时就应该停止运动，待身体机能状态恢复后再做运动，或者感觉肌肉组织有轻度拉伤时，即使影响运动也要休息，不能感觉无大碍而继续运动，这样会造成肌肉深层次拉伤、久伤不愈或者是形成习惯性扭伤的情况。

第 2 节　田径类急性运动损伤的紧急处理

急救（emergency treatment）是指因为意外情况或突发事件造成的伤病事故而进行的应急性的临时处理。其主要目的是保护伤病者的生命安全，避免其再次受到伤害，尽量降低伤病者痛苦及预防并发症，为伤病者的转移和有效治疗创造条件。因此，做好现场急救对于应对急性损伤的情况，是十分重要的。

急救时要抓住主要矛盾，一切以救命为主。此外，要做好防治休克的准备工作。关节脱位、骨折、严重软组织损伤或合并其他器官损伤时，伤员很可能会出现因疼痛、出血造成的休克现象。所以，进行现场急救的同时，预防休克同样重要。如果出现急性损伤情况，休克者需要优先救助。其次，急救过程必须做到分秒必争，力求做到救人迅速、准确、及时有效。

救护人员对待伤员的态度要和蔼，语言要婉转、亲切；救护者要有高度的责任感；要时刻保持冷静，不惊慌失措，不能顾此失彼，在危急的情况也要保持镇静，有条不紊地进行抢救工作；急救技术要熟练敏捷，急救处理后，急救人员需要陪伴伤员到医院，给医生介绍伤员发病时的情况和急救经过。

一、休克现场初步处理

休克是指机体在各种有害因素的强烈影响下，所导致的有效循环血量骤减，重要器官组织内血液流通不足等情况所引起的严重全身性综合征。

（一）原因与原理

体育运动中引起休克的原因，大多是因为严重损伤、剧烈疼痛、出血过多或精神刺激等因素。此外，在田径类项目运动过程中，运动参与者疾跑后突然停止，会造成一种短暂性意识丧失昏厥，这种情况被称为重力性休克。

休克的病发原理：微循环内血液灌流障碍，导致其有效血循环量不足，造成全身器官、组织缺血缺氧、功能障碍。

（二）征象

休克的表征为四肢发凉、面无血色、冒冷汗。早期可能会兴奋不安，随后出现精神萎靡、全身无力、表情淡漠、反应迟钝，伴随的还会出现脉搏微弱、意识模糊、呼吸浅速、尿量减少和血压下降等，严重者会导致昏迷。

（三）急救

对休克患者来说，急救越快越好。要迅速使患者平卧，安静休息。患者的体位一般采取下肢抬高约20°，头和躯干部抬高10°，这样能提高回心血量并且改善脑部血流状况。此外，要及时松解患者的衣物，保证呼吸道畅通，确保口中没有分泌物或异物，要对患者进行保暖，但也不能过热，以免造成皮肤扩张，导致血管的容量增加，回心血量减少，从而影响到生命器官的血液灌注量，增加氧消耗。天气炎热的环境下，要时刻注意做好对患者防暑降温措施的准备，尽量避免搬动患者；若伤员有昏迷现象，需将伤员头侧偏，将其舌头牵出口外，必要时要进行人工呼吸或吸氧。以上是一般的应对休克的措施，由于休克是一种危及生命的、严重的病理状态。所以在急救的同时，应迅速拨打120，请医生治疗或马上送医院处理。对休克患者要尽量避免搬运，搬运时也要尽量减少颠簸。

二、关节脱位

关节脱位，也称脱臼，是指关节面失去正常的连接关系。田径类运动中发生的关节脱位，大多是由间接外力的冲击所导致的，例如，跑步时不慎摔倒而用手撑地，这就有可能导致肩关节脱位或肘关节脱位。

（一）征象与诊断

脱位关节会出现局部肿胀和疼痛现象，且关节完全不具自主活动性，还会出现肢体的轴线、长度改变或呈现畸形的状态。肘关节后脱位时，会出现关节头处于异常位置、关节盂内空虚、受伤一侧的前臂会出现显著缩短等情况，通过X线检查，可明确检测到体内有无骨折现象的发生和关节脱位的情况。

（二）急救

关节脱位的急救首先应固定伤肢。应保持脱位时身体的姿势，用铅笔盒、夹板、书和绷带、毛巾或皮带等进行临时固定。其次要保持伤员的安静及情绪稳定，并尽快将其送到附近医院进行专业处理。在损伤现场处理伤员时，没有关节脱位整复经验的人员不可随意对伤员整复，以免伤者加重损伤。

肩关节脱位的临时固定方法：用两条皮带或毛巾，一条兜住受伤前臂挂在颈部，另一条将伤肢固定于胸膛，在健肢腋下缚结。

肘关节脱位时，如果没有夹板，可以用铁丝弯成合适角度的夹板，置于肘后，用绷带缠稳，再用小悬臂带挂起前臂。如无铁丝夹板，可直接用大悬臂带包扎固定。

三、擦伤与刺伤

机体表面与粗糙的物体相互摩擦接触后会导致皮肤层的伤害，如跑步摔倒在道路上，长距离跑或走时因运动服质量较差引起的摩擦伤等，主要表现为表皮脱落，有小出血点和组织液渗出等情况。受伤后如果伤口无感染，则容易干燥结痂。但是如果伤口处理不当，则易发生感染，出现伤口局部化脓，出现分泌物等情况。

刺伤是指尖锐物体刺穿人体皮肤及皮下组织器官的损伤。例如，钉子扎到脚底，其造成的伤口小而深。

现场处理方法：对伤口较脏、有异物的擦伤可以用自来水先冲洗伤口，将异物及坏死组织处理后，再用消毒药水进行杀菌消毒，包扎伤口。可用极薄的塑膜覆盖至创面，用冷阵痛气雾剂短暂喷洒，重复两次，达到止痛、防止血液渗出和出现肿胀的作用，随后用0.9%生理盐水冲洗伤口，伤口周围用75%的酒精消毒，最后再用绷带将伤口包扎固定。随后需认真仔细地再次处理伤口。

关节部位擦伤大多选择包扎治疗，治疗时不能涂抹紫药水，因为紫药水的收敛作用比较强，使用后伤口结痂会大而硬，造成关节活动时痂易断裂、剥落，不利于伤口愈合。处理面部擦伤时，不宜使用红药水或紫药水，可以适量涂抹0.1%新洁尔灭溶液。

刺伤的伤口如果很小、很深且有异物时，应及时到医院处理伤口，并注射破伤风抗毒血清，预防破伤风的出现。

四、肌肉拉伤

肌肉拉伤是指肌肉主动强烈收缩或是被动过度拉长从而导致的肌肉细微损伤，其肌肉完全断裂或者部分撕裂。

（一）原因与原理

在田径类健身的运动项目中，引起肌肉拉伤的原因有很多。准备活动不足是最常见的原因，技术动作错误致伤因素也是比较常见的。另外，因运动疲劳或者动作协调性差受伤例子相对较少，而因为肌肉弹性、力量水平的差异而盲目跟风锻炼的损伤相对较多。此外，因场地或器材的质量欠佳、气温过低等因素引起拉伤的相对较少。

肌肉拉伤分为被动拉伤和主动拉伤两种。被动拉伤是指肌肉突然被拉长，超出了肌肉所承受的最大伸展性的负荷。主动拉伤是指肌肉主动猛烈的收缩超出了肌肉本身的负担量。

（二）征象

肌肉拉伤后的局部表现：肿胀、疼痛、发硬、压痛、功能障碍和肌肉紧张。当受伤肌肉在主动收缩或被动拉长时疼痛会加重，所以建议有轻度损伤的运动参与者应当停止锻炼，等身体康复后再进行健身锻炼效果会更好。如果损伤后发现肌肉收缩抗阻力实验阳性，一端异常隆起及局部有凹陷者，则被诊断为肌肉断裂。

（三）处理

肌肉轻度拉伤后，首先应及时对拉伤处进行冷敷加压包扎，冷敷30分钟后，改成海绵或棉花加压包扎，尽量抬高伤肢并减少伤肢活动。24小时以后，接触固定点，可以开始进行理疗、按摩及轻微活动等。按摩应尽量在伤部的周围进行，48小时以后逐渐在伤部周围进行按摩。72小时以后视情况而定，可以开始进行适量活动。怀疑有肌肉、肌腱完全断裂的伤者，要在局部加压包扎，固定后迅速前往医院确诊并接受治疗。

五、关节扭伤（以踝关节为例）

关节扭伤指韧带在暴力作用下过度牵伸所导致不同程度的韧带纤维或其附着处断裂。在田径类运动中，踝关节扭伤的发生率较高。

（一）原因和原理

田径类运动中，踝关节扭伤多发生在身体失去重心，或因场地不平整而导致的朝一侧倾斜或跳起落地时踝关节不稳引起脚外侧脚背先落地等情况造成的伤害。

踝关节扭伤中，外侧的副韧带拉伤最为常见。这是由于内踝比外踝短，距骨体前宽后窄，当足跖屈时，踝关节的活动度较大，足的外翻肌群的力量又小于足的内翻肌群。在跑、跳的练习中，运动参与者身处空中，足就有跖屈内翻的倾向。因此，在运动过程中一旦重心不稳，就会用足的前外侧着地，内翻，从而造成踝关节外侧韧带损伤。踝关节扭伤的80%的扭伤者都是外踝损伤。

踝关节损伤中，严重的会造成踝部骨折，韧带断裂或脱位。

（二）征象与诊断

踝外侧副韧带扭伤者往往有过脚内翻受伤史，伤脚不敢持重，脚踝外侧出现肿胀、压痛。踝关节强迫内翻会使疼痛加重，踝外侧韧带严重撕裂，甚至完全撕裂者，伤处会剧烈疼痛、严重肿胀，外踝和足背造成皮下瘀血。踝关节强迫内翻时伤处疼痛难忍，同时有距骨异常活动和踝关节不稳。踝关节如果活动范围过大，说明踝关节外侧副韧带完全断裂。

（三）处理

伤者受伤后，用拇指指腹立即压迫痛点进行止血，随后使用湿冷的弹力绷带将受伤的踝关节固定，使其处于放松的位置（如外侧副韧带损伤时，将踝关节固定在外翻位）并在痛点用冰袋外敷或其他方式冷敷。冷敷3~5分钟后将绷带取下检查伤处。可能出现韧带断裂或者严重损伤的情况下，需立即用大块棉花或其他软物品塞垫，对伤口进行压迫，加压包扎及冷敷。需要注意的是，对伤者处理时要抬高伤肢，并及时前往医院救治。轻伤者可外敷外用药来进行治疗，伤后24~48小时可进行按摩、热敷或理疗等治疗。

六、肌肉痉挛

肌肉痉挛就是我们常说的抽筋，是肌肉不自主的强直收缩造成的。小腿腓肠肌在运动中最易发生痉挛，其次是足底的屈趾肌和屈拇肌。

（一）原因和原理

肌肉痉挛主要由寒冷刺激、大量排汗、疲劳或者肌肉连续收缩过快等几个方面造成的。

寒冷刺激：当运动环境比较寒冷时，准备活动必须要充分，不然肌肉在受到寒冷刺激后，兴奋性的增高会使肌肉强直性收缩。

大量排汗：在经过长时间的激烈运动或者在气温高的季节中运动（如中长跑、马拉松、竞走等），由于大量排汗而导致流失过量的电解质，肌肉兴奋性快速增高，易造成肌肉痉挛。

肌肉连续收缩过快：运动训练或者比赛中肌肉过快并连续收缩，运动后放松时间太短，放松不到位，导致收缩与放松交替不协调而引起的肌肉痉挛。

疲劳：运动过程中，身体疲劳能影响肌肉的正常生理功能，特别是在局部肌肉疲劳的情况下,再做出一些瞬间发力的动作,使得肌肉中大量代谢产物(乳酸)对肌肉的收缩物质起作用,从而引起肌肉痉挛。

(二)征象

痉挛的肌肉呈僵硬状态,伤者疼痛难忍,往往涉及相应的关节,都有一定的功能障碍。

(三)处理

牵拉痉挛的肌肉要用相反的方向,牵拉的时间不能太短,否则没有效果。此外,还可采用重力按压,配合局部按摩,揉捏和点压承山、涌泉等穴位,操作时要注意保暖。

(四)预防

运动参与者为了提高运动水平,要加强自身身体素质的锻炼,提高自身的耐寒能力和耐久能力。运动前要做好充分的准备活动,要重点拉伸、按摩容易抽筋的部位。冬季运动前要做好保温、保暖工作,夏季长时间运动中要注意补充盐分,在疲劳状态下,要及时调整运动负荷,减少强度激烈的运动。

七、过度紧张

过度紧张是由于短时间内运动负荷过大,超过了机体负担能力而形成的生理紊乱或急性病理现象,这些症状大都在运动后立即出现,或在训练、比赛后出现。训练水平低、经验较少的新人在比赛时出现过度紧张,高水平运动参与者身上也时有发生,某些长时间未参加训练就进行剧烈训练或比赛的运动参与者身上也会出现。过度紧张的表现形式是多种多样的,根据不同的临床表现可分成以下类型。

(一)类型

1. 单纯虚脱型

这一类型比较常见。短跑和中长跑运动参与者身上易出现。剧烈训练或比赛后,运动参与者会出现头晕、呕吐、面色苍白、恶心、大汗淋漓等现象。轻者经过短时间的休息便可缓解,重者需卧床休养 1~2 天才能有效缓解。

处理方法:过度紧张出现后,需要及时卧床休息,注意保温保暖,可饮用热水或者咖啡,较重者则需吸氧或者注射葡萄糖等帮助恢复。

2. 昏厥型

其表现是运动参与者在运动中或运动后一瞬间的神智丧失、头晕、全身无力或头痛等,并伴随有心、肺、脑功能降低的现象。大多发生在竞赛运动参与者身上,特别是短跑和中长跑运动参与者比赛结束突然终止运动时,由于血管失去了肌肉的收缩和节律性挤压,再加上大量的血液淤滞在下肢造成回心血量减少,形成短暂性脑贫血,引起重力性休克。也有在大重量挺举训练时,胸腔及肺内压瞬间增高造成回心血量减少,导致大脑供血量不足而昏厥,有的则是在强烈的精神刺激下,导致中枢调节机制的一时性障碍而昏厥。

处理方法:立即将患者平卧或者头部稍低,迅速对其进行初步检查(脉搏、血压、体温等)。使用热毛巾擦拭脸部,进行下肢向心性按摩,并嗅以氧水或点掐、针刺或指压人中、涌泉、百会等穴位。较重者需及时送往医院给予吸氧,并静脉注射葡萄糖等进行救治。

3. 急性胃肠道综合征型

激烈运动后表现出恶心、头晕、呕吐、面色苍白等症状,1~4小时后会逐渐缓解。有些运动参与者会呕吐出咖啡状物,其化验潜血呈阳性,说明上部胃肠道有出血状况。

处理方法:让运动参与者停止剧烈运动,先进行休养观察。上部胃肠道出血者需服用止血药,饮食需要改服流食、半流食或软食。一般情况下,患者可在1~2周恢复,并可参与锻炼,若患者出现反复出血的情况,则需及时到医院就诊治疗。

4. 急性心功能不全和心肌损伤型

剧烈运动后,出现运动参与者呼吸困难、咳出的痰呈粉红色泡沫状、憋气、胸痛、血压降低、心跳加速或心律不齐、心脏扩大等急性心功能不全现象,严重则会出现昏迷死亡。

处理方法:让运动参与者立即停止活动,身体平卧,给予其吸氧等急救方法,迅速送往医院抢救。

除以上述类型外,有些运动参与者在运动过程中或运动后会出现一侧肢体麻木、动作不灵活、长时间伴有意识障碍、剧烈头痛等脑血管痉挛型征象,出现这种情况后,均需要及时休息,并到就近医院就诊治疗。

(二)预防

为了排除运动参与者自身各种潜在性疾病,田径运动项目健身者在健身前需要对自己身体做一个全面的健康检查，特别是在加入某个团队一起锻炼及参与业余跑步比赛时，要对自己进行严格的身体检查，并加强运动参与过程中的医学观察，遵守循序渐进的原则，新加入运动队伍的参与者要特别注意，严格控制自己的运动量和强度。

八、急救出血和止血

血液是维持生命的重要物质，是输送能量和气体物质的基础。

血量：人体中的血液量约占人体重量的8%，每千克体重含有60~80毫升的血液。失血量达到人体血量的20%时就会出现轻度休克，造成面色苍白、呼吸急促、四肢发凉、心慌气短、冷汗淋漓、脉搏增快等；失血量达到人体血量的20%~40%时则会出现中度休克，会造成脉搏达100~120次/分钟；如果失血量达到人体血量的40%以上会出现重度休克现象，重度休克会危及生命，出现脉搏细微，难以触摸感知其跳动。

（一）出血的分类

根据部位，分为内出血和外出血。

内出血：内出血不易发现，也看不出异常，容易发展成大出血，危险性非常大。外出血：外表看得见出血方式，易观察、易监管治疗。

根据血管损伤的种类，可分为：动脉出血——喷射状，出血量多，血色鲜红；静脉出血——缓慢流出，出血量中等，血色暗红；毛细血管出血——渗出，出血量少，血色由鲜红变为暗红。

（二）止血法

常用的材料有粘贴创可贴、无菌敷料、气囊止血带、绷带、表带止血带、三角巾等。禁止使用电线、铁丝、绳子等代替止血带。

1. 指压止血法

它是利用大拇指摁在伤口上的压力，将出血伤口的供血动脉（近心端）压向骨骼止血原理。

适用范围：四肢较大动脉、头部的出血。

止血特点：止血快速、效果好，但维持时间短。

头顶、额部和颞部出血：手指摁在伤侧耳屏上前方1.5厘米处，使劲压迫颞浅动脉。

面部止血：挤压双侧下颌角前约3厘米的凹陷处面动脉即可止血（图7-1）。

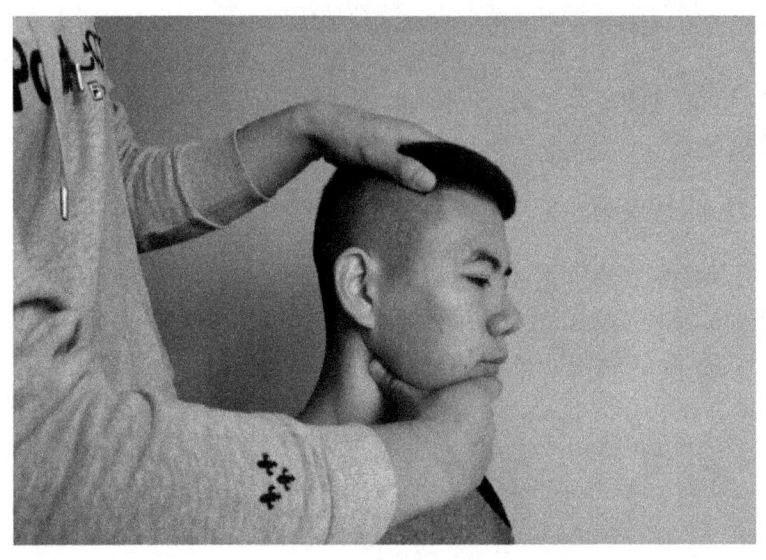

图 7-1 面部止血法

头后部出血：用两个拇指同时分别摁压双侧耳后及枕骨粗隆之间的枕后动脉搏动处。颈部出血：使用大拇指摁压同侧气管外侧与胸锁乳突肌前缘中点的颈总动脉向后、向内第 5 颈椎横突处压下。压迫时间不能过久，两侧颈动脉不能同时进行压迫，要分开，不然会造成心搏骤停、脉搏减慢、血压下降等症状。下肢出血：使用双手大拇指或者手掌根部压迫出血一侧大腿上 1/3 的内侧股动脉。小腿出血：腘动脉搏处在腘窝中部，找到位置后使用拇指压迫腘窝深部。

2. 压迫包扎止血法

压迫包扎止血法有填塞止血法和加垫屈肢止血法。

填塞止血法：出血量大，创口较大，组织损伤严重的，要立即进行现场急救。用敷料或者消毒纱布等填塞伤口后，再进行包扎，使用加压包扎法。

注意：一般只塞四肢伤，不塞腹腔、盆腔伤，胸腔。

加垫屈肢止血法：多用于四肢小动脉、头部、小静脉的出血，大面积的毛细血管渗血等。如前臂出现流血时，在肘窝位置加垫、屈肘进行止血；出现上臂流血时，可以在腋窝内加垫，让上臂保持贴近胸壁姿势；当小腿流血时，在腘窝内加垫、屈膝；大腿或者膝出血时，则可以在大腿根部加垫，屈髋，随后使用绷带或者三角巾将位置固定。

3. 止血带止血法

适用于上、下肢大量出血，指压止血法或者压迫包扎止血法没有效果的情况。止血动脉：上肢肱动脉——上臂上 1/3 处；下肢股动脉——大腿上 1/3。

位于四肢较大的动脉流血时，使用止血带止血比较有效。市面上常用的止血带有橡皮带止血带、充气止血带及橡皮管止血带。在急救现场，大多使用橡皮管止血带，因为其携带方便，但其弊端是施压面狭窄容易损伤神经。当现场没有橡皮止血带时，可使用宽布带或撕下衣服充当止血带，用以急救。

使用止血带一定要注意时间的控制，不能长时间转运而不放松，上肢止血带使用时间是半小时，下肢是 1 小时，到时间后应放松 2~5 分钟，让伤肢短时间反复地恢复血液循环。放松时在出血口附近使用手指压迫主要出血的血管，防止每次放松流失大量的血液。

使用止血带的注意事项如下。

①加垫：绑止血带加垫时，必须要进行环形加垫。

②部位：大腿中、上 1/3 处是下肢，上臂上 1/3 处是上肢。

③松紧：应凭借伤口停止出血或者摸不到远端动脉跳动为度。出血时，严禁使用电线，钢丝、绳索等代替止血带进行使用。

④时间：每隔 45~60 分钟松开止血带 3 分钟，松开的时候要用手压住血管上方止血，防止出现大出血的情况。

⑤标注：在止血带上要标记上止血带的时间和日期。

九、骨折的急救

骨折是骨头的连续性或完整性在外力的作用下遭到冲击、破坏所导致的骨头断裂的现象。

（一）骨折的分类

骨折可分为闭合性骨折和开放性骨折，是根据骨头断裂处是否与外界相通进行分类。

根据骨折线分类：横形、螺旋形、斜形、粉碎性骨折等。

根据骨折的程度分类：完全骨折和不完全骨折。

（二）骨折原因

骨折原因有：①直接暴力；②间接暴力；③肌肉强烈收缩；④积累性暴力。

(三) 骨折的急救处理

1. 急救原则

急救的原则是对骨折患者要防治休克，固定骨折，保护伤口。

2. 骨折的临时固定

骨折时，为了防止伤口活动，需要临时固定伤口，使用夹板、绷带把折断的部位固定包扎。目的是为了减轻伤者疼痛，避免二次伤害伤，并便于伤者转送。

临时固定时有以下注意事项：

①骨折固定过程中，要尽可能减少移动伤肢。

②固定时不要试图整复。开放性骨折，断裂处外露时，一般不宜采用，防止导致伤口深部污染。

③用来固定的夹板或者托板的长度、宽度，要和骨折的肢体相符合，夹板或者托板的长度必须超过骨折部位的上、下两个关节。

④固定伤口的松紧度要牢靠，合适、过松则不能很好的固定伤处，过紧则会压迫到血管和神经。

脊柱骨折临时固定与搬运：搬运时必须使脊柱保持在伸直位，不能前屈、后伸和旋转，严禁1人背运、2人抱抬或用软垫搬运，否则会加重脊髓的损害。

3. 搬运伤员的方法

伤病员在现场不管是进行初期的急救处理，还是随后送往医院的过程中，都必须经过搬运，这是伤者救治过程中一个重要的环节。正确的搬运方式对伤病员的抢救、治疗和预后都是至关重要的。搬运伤者在整个急救过程，是急救医疗不可或缺的重要组成部分，把这种搬运当成简单的体力劳动的观念是错误的。

危重伤病员的搬运方式如下。

①脊柱损伤：硬担架，伤者要在3~4人协力下搬运，搬运时要固定伤者，使其不能前屈、扭曲、后伸。

②颅脑损伤：半卧位或侧卧位。

③胸部伤：半卧位或坐位。

④腹部伤：伤者需仰卧、下肢屈曲，移动伤者要使用担架或木板等。

⑤呼吸困难患者：坐位。最好用折叠担架（或椅）搬运。

⑥昏迷患者：平卧，头转向一侧或侧卧位。

⑦休克患者：平卧位，不用枕头，脚抬高。

第3节　田径类运动损伤的急救包扎

一、急救包扎法

急救包扎的目的：包扎使用固定夹板或敷料，减少限制伤肢活动，避免伤者加重伤情；保护创口，预防或减少感染；支撑伤肢，使其保持舒适良好的位置，压迫止血和减轻疼痛，减少污染，防止或减轻肿胀；减少出血，预防休克；保护内脏、肌腱、神经、血管等解剖结构。

急救包扎的要求：急救包扎时要快、准、牢、轻。快——发现、包扎动作快，暴露伤口快；准——包扎部位准确；牢——包扎要牢，松紧适宜；轻——包扎动作要轻，先盖后包。

包扎过程中，动作要熟练、柔和，包扎的松紧度不能过紧过松，过紧会影响血液循环，过松就起不到包扎的作用；绷带包扎从伤部远端开始，包扎到最后，绷带末端要使用胶布黏合固定或者将绷带末端留下一段，纵形剪开缚结固定，缚结不能处于伤口处。

（一）绷带包扎法

包扎方法要根据包扎部位的形态特点来决定。绷带包扎使用时需要注意以下事项。

①包扎动作要尽量熟练柔和，尽量不改变伤肢的位置，减少伤员痛苦。

②包扎松紧度适宜，过紧影响血液循环，造成血液不流畅，过松则会失去包扎的作用。包扎四肢时，要露出脚趾、手指，以便观察包扎的松紧程度。

③卷带包扎一般情况下从伤处远心端开始，至近心端结束，末端使用别针或者粘膏固定，若使用缚结固定，缚结不能处于伤处。

（二）环形包扎法

肢体粗细均匀的部位用此包扎法较多，如小腿下部、手腕和额部等，也就是其他包扎法开始或结束时所使用的包扎法。包扎的时候，首先张开绷卷带，用拇指压住绷带端部斜放在伤肢上，卷带缠绕肢体一周后，再把带头的小角反折，然后继续绕圈包扎，之后的每圈都盖住第一圈，要包扎3~4圈。

(三) 螺旋形包扎法

包扎肢体粗细相差不大的部位常用到，如上臂、大腿下部等部位。包扎时先做2~3圈环形包扎，随后将绷带向上斜形缠绕，每圈都要盖住前一圈的1/3~1/2。

(四) 反折螺旋形包扎法

用于包扎肢体粗细相差较大的部位，如前臂、大腿、小腿等部位。包扎时，以2~3圈环形包扎为基础，左拇指压住绷带上缘，将绷带向下进行反折，向后绕并拉紧绷带，每圈都要反折一次，后一圈压住前一圈的1/3~1/2，反折处不能处于创口或骨突上。

(五) "8"字形包扎法

包扎肘、踝、膝等关节处常用到。方法有两种：一种是先在关节处做几圈环形包扎为基础，然后将绷带斜形环绕，在关节的上下两方进行缠绕，两圈在关节凹面相交汇，反复缠绕后，逐渐离开关节，每圈压住前一圈的1/3~1/2，最后以关节上方或下方做环形包扎结束；另一种是先在关节下方做几圈环形包扎，把绷带自下而上，再自上而下地来回做"8"字形缠绕，最后相交处逐渐向关节收拢，最后以环形包扎结束。

(六) 三角巾包扎法

三角巾适用于全身各个部位的包扎，其应用广泛方便，在这里只介绍手、足、膝（肘）关节、头部、眼部及单肩的包扎法。

1. 手、足包扎

手（足）心向下，手指（足趾）指向顶角，指（趾）分开，两底角拉向手（足）背，左右交叉压住顶角，绕手腕（踝部）打结。三角巾平坦铺开，手指对向顶角，把手平放在三角巾的正中央，底边横至于腕部。首先将三角巾顶角向下反折，再将三角巾两底角向手腕背部交叉围绕一圈，在腕背打结。

2. 膝（肘）关节包扎法

口诀：折成四指宽带状，放在膝（肘）把伤盖，膝（肘）交叉上下扎，外侧膝（肘）结打牢。

3. 头部包扎法

帽式包扎法。适用范围：头顶部外伤。

口诀：眉上枕下耳不扎，三角两手分开抓，枕后正确来交叉，回头固定额前结。三角巾底边放置于额前，顶角在后，将底边从额前绕至头后，压住顶角后交叉打结。如果底边较长，可以在枕后交叉后再绕至前额打结。最后，把顶角拉紧后，向上翻转固定。

4. 眼部包扎

在伤眼上覆盖一块无菌纱布，使用带状三角巾从头后部开始向前拉，在眼部进行交叉，随后绕向枕下部打结固定，眼球要能制动。

5. 单肩包扎法

口诀：下角上翻背后拉，顶角向后肩上绕，对侧腋下把结打。

二、急救臂带悬挂法

急救臂带悬挂法可分为大悬臂带法和小悬臂带法两种。

（一）大悬臂带法

除肱骨和锁骨骨折以外，其他上肢损伤都比较常用。将三角巾的顶角置于伤肢的肘后，一底角向健侧肩上拉，伤肢屈肘成90°角，前臂需放置在三角巾的中央，再将三角巾的另一底角向上翻折并将前臂保住，两底角在颈后打结。最后拉直顶角并将直顶角向前折回，使用胶布粘贴固定。

（二）小悬臂带法

常用于肱骨或锁骨骨折。把三角巾折叠成宽带，约四横指宽，宽绷带或软布带也可代替。将宽带的中间置于前臂的下1/3处，屈肘成90°角，宽带的两端在颈后打结。

第4节 田径类运动中的心肺复苏术

一、心肺复苏术

通常运用人工胸外按压和结合人工呼吸这两种方法。心肺复苏术是一种挽救呼吸、心搏骤停患者的急救方法。心搏骤停一旦出现，若未及时地对患者进行抢救复苏，4~6分钟后就会造成患者脑和其他人体重要器官组织的不可挽救的损害，因此心搏骤停后的心肺复苏（cardiopulmonary resuscitation，CPR）必须在现场马上进行。

二、基础生命支持

基础生命支持（basic life support，BLS）又称现场急救或初步急救，其目的是在于心搏骤停后，立即以徒手的方法争分夺秒地对患者进行复苏抢救，让心搏骤停的患者心、脑及全身重要器官都得到最低限度的紧急供氧（经过正规训练的手法，通常可提供正常血供的25%~30%）。BLS的基础包括突发心搏骤停（sudden cardiac arrest，SCA）的识别、早期心肺复苏、紧急反应系统的启动、迅速使用自动体外除颤仪（automatic external defibrillator，AED）除颤。BLS也包括了对心脏病发作和中风的早起识别和反应。在2010年成人BLS指南中，对于医务人员和非专业施救者都提出了这一要求。BLS步骤是由一系列连续的评估和动作组成的。

（一）评估和现场安全

急救者首先要确认现场情况的安全，轻拍患者的肩膀，大声询问患者"你还好吗？"检查患者的呼吸情况。如果患者停止呼吸或者只有喘息，要立刻启动应急反应系统。BLS程序简化后，在程序中把"看""听"和"感觉"删除了，这些步骤在急救中不仅不合理而且消耗了宝贵的急救时间，基于这些原因。2010心肺复苏指南强调了对无反应且无呼吸或无正常呼吸的成人，需立刻启动急救反应系统，并马上进行胸外心脏按压。

（二）启动紧急医疗服务并获取AED

①当察觉到患者无呼吸、无反应时，急救者应立即启动紧急医疗服务（emergency medical service，EMS）体系（拨打120），在有条件的情况下取来自动体外除颤器（AED），立即对患者实施CPR，必要时立即进行除颤。

②如发现患者无反应、无呼吸，急救者应启动EMS体系（拨打120），如果有条件就取来AED，对患者实施CPR，如需要时立即进行除颤。

③假若在现场有多名急救者，其中一名急救者按步骤进行CPR，另一名开启EMS体系（拨打120），取来AED（如果有条件）。

④淹溺或者窒息性心搏骤停患者在救助时，应先进行5个周期（2分钟）的CPR急救，之后再拨打120开启EMS系统。

（三）脉搏检查

在对没有急救经验的人员来说，不用训练强调让其检查脉搏，患者只要被发现无反应、无自主呼吸,应立即按心搏骤停来处理。对于有经验的人员或者医务人员来说,一般用一手食指及中指放置在患者颈动脉部感觉是否有搏动(搏动触点在甲状软骨旁胸锁乳突肌沟内)。脉搏检查时间一般不能超过10秒,若10秒之内依旧没能确定出是否有脉搏,胸外按压也应即刻实施。

(四)胸外按压

保证患者平地上仰卧或者用胸外按压板垫于其肩背下,急救者可采用踏脚凳或者跪式等不同的体位,将一只手的掌根放置在患者胸骨下半部胸部的中央,将另一只手的掌根置于第一只手上。手指不接触胸壁。按压时双肘要伸直,用力按压时双肘垂直向下(图7-2),成人按压频率至少要100次/分钟,下压深度至少要125 px,每次按压后要等胸廓完全回弹才能继续。按压时间与放松时间相等,放松过程中掌根部要继续贴着胸壁,以免按压点移位。对于儿童患者,用单手或双手于乳头连线水平按压胸骨。对于婴儿,用两手指紧贴乳头连线下方水平按压胸骨。对于未建立人工气道的成人,为尽量减少因通气而中断胸外按压,2010年国际心肺复苏指南推荐的按压-通气比率为30:2。对于婴儿和儿童,双人CPR时可采用15:2的比率。如双人或多人施救,应每2分钟或5个周期CPR(每个周期包括30次按压和2次人工呼吸)更换按压者,并在5秒钟内完成转换,因为研究表明,在按压开始1~2分钟后,操作者按压的质量就开始下降(表现为频率和幅度及胸壁复位情况均不理想)。

a 中指选定位置　　　　b 掌根重合胸骨长轴　　　　c 双手掌根重叠

图7-2　胸外按压手法

1960年,胸外按压法提出后,一直认为胸部按压会让心脏在位于胸骨和脊柱之间受到挤压,从而使心室内增加压力及关闭房室瓣,让血液向肺动脉和主动脉流动,放松时按压,"舒张"心脏会使其再度充盈,这就是"心泵机制"。但是在 1980 年以后，这一概念就严重受到"胸泵机制"的挑战，后者认为胸膜腔内压增高是在按胸部时向胸腔内所有腔室和大血管均匀传递，动脉由于不萎陷，周围血液由胸腔流入，然而会由于静脉萎陷及阻挡单向静脉瓣，胸腔外静脉压力不能传入，即静脉内并无血液反流；放松时按压，减少胸膜腔内压，当静脉压高于胸膜腔内压时，心脏有静脉血回流，会充盈心室。以此反复，不管"心泵机制"或者"胸泵机制"，人工循环都可以有效地建立。持续有效及快速有力不间断的胸外按压在国际心肺复苏指南中更为强调，因为按压中过多中断，会中断冠脉及脑的血流，明显降低复苏成功率。

（五）开放气道

通气前开始胸外按压是在 2010 年美国心脏协会 CPR 及 ECC 指南中出现的重要改变。在整个复苏过程当中，胸外按压会产生血流，所以胸外按压应该尽量减少延迟及中断。将头部位置进行调整，在进行口对口呼吸时应当实现密封，在进行人工呼吸时如拿取球囊面罩等都要花费时间。开始 CPR 能使首次按压延迟的时间缩短，应采用 30：2 的按压通气比。开放气道有两种方法可以提供人工呼吸：仰头抬颏法（图 7-3）及推举下颌法。后者只用在怀疑头部或者颈部损伤时使用，因为减少颈部和脊椎的移动可以用此方法。可以按照以下步骤进行仰头抬颏法：第一，在患者的前额放置一只手，再用手掌进行推动，让其头部向后

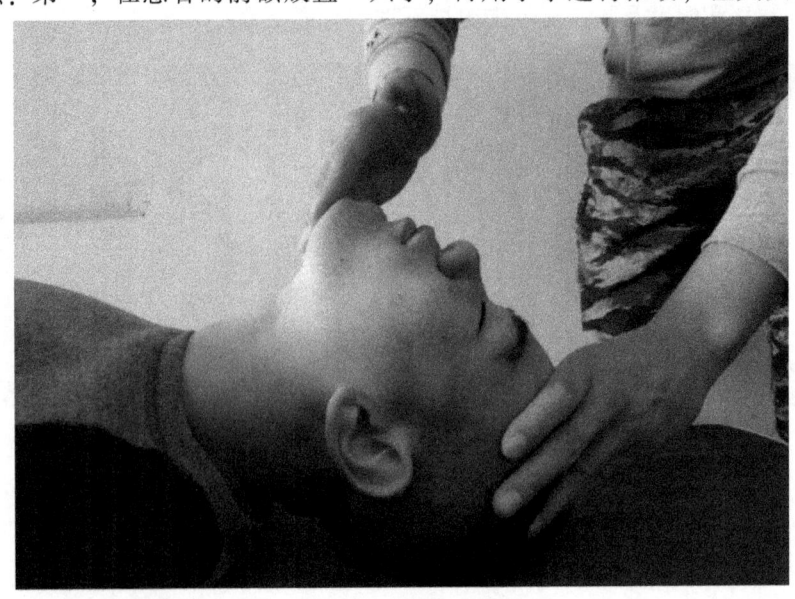

图 7-3 仰头抬颏法

仰;第二,用另一只手的手指置在颏骨附近的下颌下方;第三,上抬颏骨时,提起下颌。同时,必须注意的是,用手指挖出患者口中异物或者呕吐物,在开放气道时,若有假牙者则应该取出假牙。

(六) 人工呼吸

在对患者实施人工呼吸前,应正常吸气,无须深吸气。不同种类人工呼吸(无论是口对口、口对面罩、球囊-面罩或球囊对高级气道)都应该保持吹气1秒以上,并让足够多的气体进入体内,使其胸廓起伏(图7-4)。如若第一次人工呼吸没有能让胸廓起伏,可再次开放气道用仰头抬颏法进行第二次通气。但通气过多(多次吹气或吹入气量过大)可能会造成危害,也应避免。

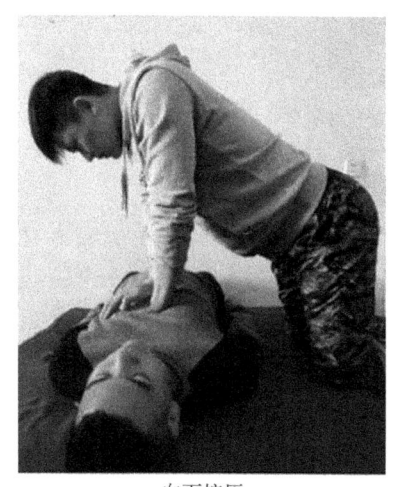
a 向下按压

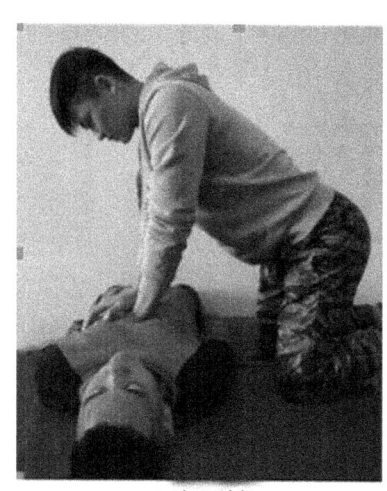
b 向上放松

图7-4 胸廓按压

借助急救者吹气的力量,对患者实施口对口人工呼吸,让气体被动吹入进肺泡,且经过肺部间歇性膨胀,从而达到氧合作用及维持肺泡通气,以减轻组织缺氧或二氧化碳滞留。方法:将受害者放置在稳定硬板上并保证仰卧,用手托住颈部使其头向后仰,用手指将其口腔进行清理,排除气道异物的堵塞,急救者把右手拇指及食指将患者的鼻孔捏紧,并用自己的双唇完全包绕患者的口,然后吹气1秒以上,使胸廓扩张;吹气后,施救者应立即把捏鼻孔的手松开,让患者的胸廓和肺靠其自身弹性自主回缩呼气,并同时均匀吸气,再重复以上步骤一次。对于复苏婴儿和年幼儿童,稍微后仰婴儿的头部,把患者的嘴及鼻子用口唇封住,将气轻微吹进患者肺部。对可妨碍进行口对口人工呼吸的面部受伤患者来说,也可用口对鼻进行通气。用嘴封住患者的鼻子并进行深呼吸一次,将患者的下巴抬高并封住其口唇,深吹一口气进入患者的鼻子中,救护者的嘴移开并用手敞开受伤者的嘴,通过这样的操作将气体放出。建立起高级气道之后,通气一次间隔为6~8秒,不用在两次按压间才同步进行(即呼吸频率8~10次/分钟),也不需要在通气时停止胸外按压。

(七) AED 除颤

室颤是成人心搏骤停的最初发生的较为常见而且是较容易治疗的心律。对于室颤患者来说,如若在丧失意识的3~5分钟内马上实施CPR和除颤,能使存活率达到最高。对于在监护心律的住院患者或者在医院外心搏骤停的患者,立即除颤也是医治短时间室颤的最好方法。除颤也会在下文做进一步的阐述。

除颤的有效指标如下:
①按压时,若在颈、股动脉处能摸到搏动,可听到收缩压在60 mmHg以上;
②面色、口唇、指甲及皮肤等的色泽转红;
③扩大的瞳孔再度缩小;
④呼吸改善或出现自主呼吸。

只要有前1~2项有效指标出现,心脏按压就应坚持下去,不管是呼吸骤停还是心搏骤停,或者是呼吸、心搏都骤停,在进行现场急救的同时,也应该快速派人去请医生来为患者及时进行处理。

第8章 田径运动拓展项目介绍

第1节 攀 岩

一、攀岩运动的起源与发展

攀岩运动发源于欧洲阿尔卑斯山脉中的绝壁上,这里生长着特有的高山玫瑰,勇敢的小伙子为了摘取花朵献给心爱的人便争相攀岩,相传只要拥有这种玫瑰便可收获美满的爱情,由此便诞生了攀岩运动的雏形,但这仅是一个传说而已。

攀岩运动是人们借助各种辅助装备作为安全措施,利用人类的攀爬本能,去攀登一些岩石所构成的峭壁或人工岩壁的运动,是从登山运动中派生出来的新项目,也是登山运动中的一项竞技体育项目,它起源于20世纪50年代的苏联,并在1947年成立了苏联攀岩委员会。

由于攀爬悬崖峭壁富有一定的刺激性和挑战性,所以攀岩运动被全世界范围内的广大青少年所热爱,因此,它作为一项独立的运动,在世界范围内迅速流传开来。

20世纪40年代末期,苏联举办了第一次世界范围内的攀岩比赛,从此以后,攀岩运动开始盛行于欧洲。60年代左右,欧洲举办了多次民间攀岩比赛,活动开展的如火如荼。1976年,苏联举办了首届国际攀岩比赛;1980年,法国也开始承办各种类型的攀岩比赛。80年代中期,意大利举行了一次世界性攀岩比赛,有许多攀岩水平较高的选手参加,促进了攀岩水平的提高,将攀岩运动带向了一个高潮,使比赛取得了巨大的成功。

因为自然岩壁大多在郊外,时间、距离等问题给许多参与者带来了很大的不便,人们只能选择在放假的时间来进行攀岩运动。因此,人工岩壁应时而生,法国人在80年代中期发明了仿自然人造岩壁，能够自由装卸，在比赛中，人工岩壁比自然岩壁更容易操作，而且观赏性更高，攀岩运动发展至此，将自然岩壁搬到城市里的愿望才得以实现。

1987年，国际攀登联合会决定当年在法国进行首次国际攀岩比赛，要求比赛必须在人造岩壁上进行。

1989年，首届世界杯攀岩赛在欧洲五国和苏联进行了阶段赛，世界各地选手先在各自国家内部进行角逐，然后根据每一站比赛所获得的积分进行排名，总成绩最高者获得当年的世界杯冠军。此后，每一年都要举办攀岩世界杯赛。

1991年，举行了首届世界攀岩锦标赛。

1992年，举办了首届世界青年攀岩锦标赛。

1991年"亚洲竞技攀登联合会"在中国香港正式成立，标志着亚洲攀岩运动进入了一个崭新的历史性时期。亚洲攀岩锦标赛要求每年举办一次，第一届比赛在1992年9月，开始于韩国。

1987年，我国登山协会派出了8名教练员到日本进行了系统的学习，进修回来以后，于当年10月，在北京怀柔举行了第一届全国攀岩比赛。

1990年，我国成功举行了首次人工场地的攀岩比赛，地点设在国家登山队的训练基地中。

1993年，经国家体委批准，攀岩运动正式成为我国的比赛项目，"全国攀岩锦标赛"也成为中国最具代表性的高水平比赛，且每年都将举办一次。

1999年，攀岩运动在浙江举办的我国第一届极限运动比赛中，以其特有的吸引力成了本届赛事的支柱项目，也得到了广泛的认可与普及，此后将每年进行一次。

二、攀岩运动的特点

攀岩最大的特点就是惊险、刺激，它也因此深受人们的喜爱，因为它能充分满足大部分人对于寻求刺激的设想，也能满足挑战自我的愿望。它正是以自己独特的魅力与个性感染着人们。学习攀岩，会让你在与岩壁的拥抱中感受到大自然的魅力，会使你在和悬崖峭壁的抗衡中学会坚持不懈，会使你学会享受成功攀登后的喜悦。攀岩运动也被誉为"岩壁芭蕾"，因为攀登者在岩壁上攀爬极为震撼，而且观赏性和美感俱佳。

（一）攀岩类型

1. 按地点分类

户外攀登：在户外，一般在天然岩壁上进行攀登。

室内攀登：在室内，是在人工自造的岩壁上进行攀登。

抱石：控制在一定的高度，不利用绳索进行攀登。

冰雪攀：利用冰锤、冰爪、冰斧等冰攀工具在冰墙或者结冰的雪地、瀑布上进行攀登。

绳队攀登：要使用多绳距的攀登，因为线路比较长，而且大多是在大岩壁或者冰岩上攀登。

2. 按攀登方式分类

传统攀登（traditional climbing）：可分为自由攀登和人工攀登，目标为完攀，攀登者需要沿路自己设置保护点，由于途中无永久保护点，因此大多数情况下要在裂隙之间攀登。

人工攀登（aid climbing）：借助手抓脚踏固定点、绳梯、保护点，使用绳梯、岩钉、上升器等人工工具进行攀登。但是由于岩钉会对岩墙造成损坏，所以固定点一般都是用岩楔做的。

徒手攀登（free climbing）：用传统装备作为工具设置固定点，把绳子作为安全的保证，只运用四肢抓踩天然形成的把手点或脚踏点进行攀爬。

运动攀登（sport climbing）：已预先设置保护点，攀爬者只需沿攀爬路线攀爬即可。目前运动攀登已成为攀岩界的热门，因为其门槛低且较为安全。

抱石（bouldering）：使用抱石垫在6米以下的安全高度进行的攀登。它与独攀（solo）有一定的区别，抱石的危险性要比独攀低得多。

先锋攀登（leading）：攀登者需在保护点尚未架设时，先进行攀登，沿途需挂上快扣，然后把绳子扣入快扣内作为确保。

3. 按确保方法分类

On-sight：攀登者无坠落，在此之前未攀爬过该条路线，一次过完攀，也没阅读过其他的相关资料。

Flash：攀登者无坠落，在此之前未攀爬过该条路线，一次过完攀，曾经有分析过相关的资料。

Red-point：攀登者一次过完攀，在此之前有过该路线的攀登经历，而且有过坠落。

Pink-point：攀登者一次过完攀，在此之前有攀登过该路线并有坠落过的经历。而且线路上全部的扣已放置完毕，攀爬者只需要将绳子扣入其中作为保护即可。

Yoyo：预先放置好确保点，也就意味着每次都是从最低的点开始攀爬，但是，跌落后不将绳索取出，在下一次攀爬时，前一次的部分仍是 top-roping，超过了前一次的高度后才会转换为先锋。

Hangdog：攀登者向上攀岩时，曾经有过坠落，但是悬挂于岩壁上休息，调整过后，完成攀岩。

上方确保（top-roping）：攀爬者在预先架设好的保护点上悬挂绳索，以该条绳索作为保护，沿攀登路线进行攀岩。

后继者攀登（second）：沿途中取下快扣（或者拿起先锋遗留下的快扣）前进，属于先锋后攀登。

（二）攀岩竞赛

先锋赛：赛前每位选手有大概六分钟的时间来观察比赛路线，观察后需回到隔离区，不得观看他人比赛，需依次出场，且只有一次攀登机会。比赛通常在人工岩墙上进行，高度为15米以上，限制时间为6～8分钟，比赛结束后按照攀爬高度来计算成绩。

速度赛：相对于先锋赛来说，路线上要简单许多，几乎所有选手都能完攀，所以比的是每位选手的攀爬速度。

抱石赛：在适合的高度下，以安全护垫作为保障进行比赛。比赛为4～8条路线且都有完攀点与中继点。比赛成绩则是以完攀、攀爬次数及抓到中继点的数量来计量。

三、科学进行攀岩运动

（一）攀岩装备

攀岩需在安全的范围内进行，因为它是一项危险的运动，所以，在进行攀岩运动时对装备的要求较高。

1. 安全保障

（1）合格的装备

由于攀岩具有一定的危险性，人们出于安全考虑，不断地发明和研制有利于该项运动的装备。

攀岩装备分为以安全带、绳索、主绳、铁索、头盔、上升器及下降器等为主的保护性装备和以攀岩专用鞋、防滑粉袋等为主的辅助性装备。因为这些装备都是与攀登者的安全息息相关的,所以在购买时,要确认产品品质可靠。凡是产品标有国际攀登委员会(UIAA)的专门认证标记的和欧洲标准(CE)标记的产品,基本上都是有保障的,目前国际市场上,欧美国家生产的装备较为普及。

(2) 正确的操作方式

包括如何正确使用装备、如何正确为伙伴提供技术保护及如何有效且合理的完成攀岩。

(3) 丰富的经验

攀爬者在攀爬进程中应不断学习,积累经验,还要注意自我安全的保护,并且始终保持高度的警惕性,以预防危险的随时发生。

2. 装备介绍

(1) 主绳

主绳是解决冲坠带来的危险的最主要手段。

1) 用途

在保护者与攀爬者间建立可靠的连接或者为操作者的平稳过渡提供安全保障。

2) 类别及适用范围

①动力绳:大多用于攀岩。

②静力绳:大多用于探洞。

3) 动力绳的性能指标

①直径:9.5~12.0毫米,最常用的是10毫米或者10.5毫米。

②抗拉力:22~30 kN。

③弹性系数:6%~8%。

注:冲坠系数=坠落距离/有效绳长。

4) 静力绳的性能指标

①直径:9.5~12.0毫米,最常用的是10毫米或者10.5毫米。

②抗拉力:22~30 kN。

③弹性系数:约等于零。

5) 使用主绳的注意事项

①要通过国际攀联(UIAA)的认可。

②个人装备,不允许转借。

③要存放在阴凉处、干燥处。

④使用前都必须进行检查，被落石击中后应快速进行检查。
⑤使用时，要避免将绳子放在锋利的岩角上来回摩擦。
⑥使用时，为防止出现意外，不能踩、踏、坐。
⑦尽量避免与油、酒精及化学药品发生接触。
⑧不准购买旧绳子。

（2）安全带

1）用途

在攀登者和保护者之间提供一种安全的联系。

2）安全带的分类及适用范围

①可调式：可以用于登山、攀岩场馆。

②不可调式：可以用于个人攀岩。

3）使用安全带的注意事项

①要分清上下、左右、里外，不能颠倒。

②要选择大小合适，松紧适度的。

③牢记带子必须要反扣回去，而且反扣的带子需长于8厘米。

④穿戴完毕要进行检查。

⑤攀登过程中不能解开安全带。

⑥装备挂环不能用于任何形式的保护。

⑦不要购买二手货。

（3）铁锁

1）用途

在保护系统中起到刚性连接的作用。

2）铁锁的分类及适用范围

①丝扣锁：可用于相对较永久的保护点。

②简易锁：可用于临时保护点。

3）性能指标

①纵向拉力：大于 20 kN。

②横向拉力：大于 7 kN。

③开门拉力：大于 7 kN。

4）使用铁锁的注意事项

①保证从纵向受力。

②丝扣锁在使用前要拧紧丝扣。

③要尽量避免从高处坠落，如果坠落高度达到8米以上，并且撞击硬物，就

需要报废。

（4）绳套

1）用途

在保护系统中起到软性连接的作用。

2）绳套的分类及性能指标

①机械缝（sling）：抗拉力达到 22 kN。

②手工打结（runner）：抗拉力随着打结方法的变化而随之改变，而且非常难接近 20 kN。

（5）下降器（保护器）

1）用途

通过与保护绳间产生的摩擦力来减小操作者需要使用的握力。

2）分类及适用范围

①"8"字：最普遍、普及度最高的下降器。

② GRIGRI：可以自锁的下降器。

（6）上升器

单绳技术中解决向上运动的方法可以分为左式和右式，提供给习惯不同的攀爬者。

（7）头盔

保护头部的必要装备。攀登自然岩壁的时候，保护者和攀登者都必须佩戴头盔。

（8）攀岩鞋

攀岩鞋属于辅助性配置，由于鞋的底部使用特殊的材质，会增加与地面的摩擦力。建议使用时选择脚感较为紧凑的鞋子，更有利于发力。

（9）镁粉及粉袋

镁粉及粉袋属于辅助装备，通过吸收手上的汗液及岩壁表面的水分，来达到增强摩擦力的效果。

3. 绳结

确保攀登安全最基本的技术就是绳结技术，绳子要与固定点、保护装备等形成各种连接，以满足实际的需要。绳结虽然很容易打，但重要的是能灵活运用，这需要在不断实践中得出经验。

（1）基本结

①单结：能够打在绳子的头、尾，用来阻止绳子端口松开或者作为绳结的保障，属于最常用的结。

②双"8"字结：是先锋攀登唯一的连接方式。

③布林结：它的特点是简便快速，不足之处则是比较容易松动以至于可能会彻底松开。它是顶绳攀登中可选择的连接方式。

（2）连接固定点

除了①②③3种结外，还有双套结，需要双向受力的时候，用于开放性的固定点。当绳端的负荷消失时，容易解开。

（3）绳子间的连接

①单"8"字结：用于连接主绳。

②平结：作为纽带连接绳套来使长度增长，或者用来作为两条同样绳子联结的手段。

（二）保护技术

各种装备的配备是基础，灵活运动是关键，但了这些外，还有一项保护技术非常重要。保护技术是依据各种岩壁，使用各不相同的保护装备，进行的各类安全保护操作及解决方法，主要有以下几个方面。

1. 保护点的设置

（1）所需装备

主要包括绳套、机械塞、铁锁、挂片、岩锥、膨胀锥等。

（2）顶点的设置

根据岩壁条件的不同，顶点所需要的固定点数在1~4个不等。

1个固定点：仅适用于人工岩壁（条状）。

2个固定点：可以用在人工岩壁（点状）上，以及使用膨胀锥或者大树来作为固定点的时候。

3~4个固定点：使用岩锥、机械塞、Nuts等在岩壁的裂缝处设置固定点的时候，最为安全的方式是3个点同时受力，而且要均匀，有些情况下可能会需要4个点。

（3）中间点的设置

竞技攀登路线：人工岩壁使用挂片，自然岩壁使用膨胀锥。

非竞技攀登路线：可以用裂缝、树木、鸡角状岩体、石桥等。具体要根据岩壁的特点来选择最合适的装备，装备可以用岩锥、机械塞、Nuts等。从原理上来说非常简单，但是实际操作的难度较大，通常都是在不断的实践中得出经验的。

2. 保护方法

按保护点的位置可分为上方保护和下方保护两种方法。

（1）保护者的素质

过硬的技术：必须具备。

强烈的责任心：必须具备。自己犯的错误可能会使同伴受到很大的危险，同时自己也可能面临危险。

（2）上方保护法

把保护点的位置设计在和顶绳攀登相对应的路线的顶部。适用于初学者攀爬。

注意事项：①任何时候都要保证始终有一只手紧握绳子；②收绳子时，双手要保持协调配合，不能顾此失彼；③放绳子时，动作要缓慢且匀速。

（3）下方保护法

通常在先锋攀登时采用。保护点间的距离会随着离开地面高度的增加而加长，一般能加到3米左右，有时甚至更长。

注意事项：①任何时候都要保证有一只手紧握绳子；②绳子要根据需要随时进行收放，且松紧度要适中；③必须时刻关注攀岩者的行为；④攀岩者下落时，应该给他一定的缓冲过程；⑤在可能发生危险时，要及时给攀岩者发出语言或标志物提醒。

3. 操作程序

从操作程序上，主要有以下几点：①攀登者和保护者都应时刻做好应对意外的准备；②彼此互相进行检查；③攀登者要向保护者发出"开始"的信号；④保护者也要向攀登者发出"准备好"的信号；⑤然后开始进行攀登、保护；⑥攀登者在登顶后应发出"下降"的信号；⑦保护者收到信号后开始放绳；⑧攀登者在返回后，应向保护者表达感谢。

四、基本攀岩技术

攀岩要具备优秀的身体条件和良好的心理素质，同时必须拥有全面的技术能力和丰富的实践经验。攀登是一项实践性很强的技术，需要在不断的练习中总结经验。

（一）攀登的基本常识

①攀登者要具备良好的身体协调能力、身体平衡能力、良好的耐久力，此外身体还要具备足够的灵活性和柔韧性、具备这些能力后，才会在攀岩时更加流畅。

②因为攀岩时手臂可以在意外发生时应对意外事故，所以，在攀岩过程中要尽量用脚来支撑体重，以节省臂力。

③攀岩的理想效果是使用最小的力量爬到最大的高度。
④完攀的关键是进行有效的休息。

（二）攀登的基本方法

在攀爬的过程中，大多时候都是靠直觉，其实就是身体的感觉，它会及时告诉你何时要放松、休息，何时要继续前进。但是，相对于直觉而言，更重要的是技术，而技术只有通过努力的练习才能掌握。

1. 手法

在讲述手法前，首先要了解一下手点，它的形态与大小各不相同的，手点大小没有必要特别大，因为多数情况下是用它来掌握平衡的。支点和手的接触力量尤为重要，不管接触角度如何，手上一定要放松，千万不能用太大的力。

在选择手点的时候，要先有计划，要尽可能找出最佳的抓点顺序，如果可以，要尽可能地把双手保持在肩以上的支点上，支点的形状多种多样，很常见的就有10余种。攀登者还需要对支点的外形了如指掌，各种的支点应该如何抓握，还要掌握用力的技巧。根据支点突出（凹陷）位置和方向的不同，有握、捏、抠、推、拉等方法可供选择，以下是各种手法的动作要领。

（1）紧握

当手指触摸支点时，要快速调整手指的位置，寻找最佳抓握点。不要犹豫，当找到了最佳抓握位置时，就不要再移动了，因为过多的犹豫只会让你更容易掉落。

（2）开握

手指可以在支点附近或者某些支点的凹处进行支撑，使手可以充分的摊在岩面上，这样的话，手就可以和支点有充分的接触，攀岩过程中更容易发力。当遇到圆形支点的情况时，唯独可用的抓点方法就是开握。

（3）抠握

攀岩时，在碰到支点较小的情况下，如果除拇指外的4个手指并拢后，可以把支点套起来，那么就用你的大拇指把食指按压住，这样一来，支点就完全套在手中了，而大拇指的力量则非常关键，由于大拇指既要把手指锁住，同时还需要靠住岩板，所以它需要承受更大的力臂。因此，在做抠握动作时，要尽量避免手指承受其他的压力和拉力，以防止手指受伤。

（4）反抠

这个动作一般都是起到保持身体平衡的作用，它是通过手和手或者脚之间的反作用来完成的。在手掌朝上，向上抓点时，用的动作全是反抠。当手反抠时，要尽量伸到支点的背后，但是这种动作一般在屋檐地带才会使用。

反抠这个动作实际上用到了一种非常容易的反作用力，但也是非常重要的。

（5）曲握

曲握实际上是在手部弯折，4个手指自然张开的情况下，用大拇指将食指按压住，然后用手掌的外部区域去抠握住支点的动作。由于大拇指的力量很强，能够很好地控制手型，所以这种手型应该是很有力量的，而且也会给其他手指一个很好的放松机会。

（6）捏

当这个支点无可抓握的部分，只可利用手指产生的摩擦力时，也许大拇指的轻捏动作，可以有效地提高握点的把握性。

（7）"洞点"的攀法

洞点的攀登非常费力，但是也非常有趣。在攀登过程中，经常会发现岩壁上有许多的小洞，特别是在石灰岩地区，看似洞点很多，但其实这些洞对于攀登者来说是有一定的难度的。在所有的洞点中，一指点是最难攀登的，因为它不易发力，不易抓握。此外，若不小心，很可能会对手指的肌腱造成损伤。若洞点较大，可以使用中指和食指两个手指进行攀拉，则攀登难度就相对稍低，若洞点再大一些，则可以用脚来进行攀登。

（8）侧拉

当支点的方向为竖直或者接近竖直方向，但是手又很难从支点的上面直接往下垂拉时，可以尝试一下侧拉。它的动作要领就是身体需要保持侧对岩壁，使用身体另外一侧的手脚来触碰岩壁，另外一条腿保持伸直状态，使身体保持平衡，然后依靠一条腿的力气把身体支撑起来，从而抓握到上方的支点。

2. 脚法

攀岩技术很大程度上是从正确的踩点和适当的选择实践中得出的。攀岩者应该要善于观察，尽量快速的找出路线上可踩的支点，并且利用经验，选择最佳的踩踏角度进行攀爬。

攀岩时，腿的爆发力和负重能力都是很强的，而且耐力性非常好，所以要想提高攀岩的水平，必须运用好腿脚的力量。选择攀岩鞋也是非常讲究的，攀岩鞋的鞋底是由硬橡胶制作而成的，鞋面一般则采用皮革材料制成，而且鞋子的头部要尖，鞋底部的摩擦力要大。穿上这种鞋，可以在攀岩时更加稳定。但是，初学者一般都会把鞋子买的比较大，其实，在选择鞋子时，只要勉强能穿进去就行，这样的鞋子跟脚性强，更有利于攀岩运动。

（1）正蹬

正蹬动作是运用鞋子正前尖和鞋尖内侧边（拇趾）发力，以脚的前部和大拇指为发力点，主要来源于"smearing"的动作。对于初学者来说，想通过尽量增加鞋子底部和支点之间的触碰面积，从而达到增强鞋子和支点之间的摩擦力，其中关键就是提起后脚跟，这也是正蹬动作的另一个重要的技术要领。正蹬的主要用途有两个，第一点是可以很好的收紧脚和小腿的肌肉，第二点是在屋檐和斜面地带攀岩，正蹬是主要的攀登方式。

（2）侧蹬

侧蹬就是用鞋子的外部侧面去踩踏平滑的支点。只要感觉鞋底摩擦力非常强，那么鞋子就和支点融合的非常好，不论是在屋檐或是垂直的岩壁上，侧蹬都可以使你的身躯与岩壁更加贴近，同时也有利于把重心转移到脚上，同时这个动作又可以减少手的拉力。侧蹬是踩点方法中最常用的，但想要真正的学会并运用于实践中，还需要经过反复的练习。

（3）脚后跟钩点

这个动作常用在斜面及屋檐上，目的就是把脚当作另一只手来使用。通常情况下是把鞋的后跟放到合适做这一动作的支点上，一般来说，脚的前后部要刚好被卡主。当做这个动作时，需要抬起脚，上半身尽量保持弯曲，直到脚能够挂到支点上。虽然这个动作并不难做到，甚至有时候是用脚尖去勾点，但是这个动作对鞋面损坏较大，建议尽量少做这个动作。

3. 重心

攀岩时，身体重心随机而动、随时调整在攀岩运动起着重要的作用。身体重心的转移主要作用是减轻双手的压力，以达到维持身体平衡的目的。刚开始学习动作时，大部分人都十分盲目，只想往高处攀爬，而忽视了身体重心的协调，急于求成，对体力的消耗会非常大。正确的做法是，先学习一段时间的水平移动，感受每一步时重心的移动，体会身体重心、身体平衡及手脚的运用等基本攀登技术。然后再过渡到攀登技术，攀登时，攀岩者应对自己身体重心的位置十分敏感，而且要灵活地控制好身体重心。身体重心的调节是通过推拉腰胯和腿来完成的，腰处于身体的中心部位，它的转动就意味着重心位置的调整，较大幅度的变动通常会在无意间做出优美的动作。

4. 节奏

攀岩非常注重节奏，通俗地讲就是动作的快慢和衔接要恰到好处。在做每一个动作时，身体都会产生一定的惯性，这时如果上一个动作正确且到位，不妨尝试使用惯性的力量,不产生任何停顿,直接向下一个支点发起冲击。这样你会发现原来很难通过的点,不经意间就通过了,平时过于求稳,每走一步都要做好充足的准备,遇到难点反而难以通过,而且还会耗费更多体力。所以,攀岩时最重要的还是要掌握好动作节奏,间歇进行,连贯动作的时候一定要调整到位,到支点后,要尽快调整好身体的平衡。

5. 线路规划

每个人的身体条件各不相同,当一面岩壁分布着众多的支点时,不同的排列组合就可以形成不同的攀登线路,但是对于每个人来说,都有属于自己的最佳线路。在进行演练时,不妨观察他人的攀登路线,并且按照自身的情况挑选一个最佳的方案,但是,在比赛时是不能观看他人比赛的,所以要对自己的身体状况,能力及身体素质有一个全面的认识,并根据这些要点,规划一条最佳线路。

(三) 攀岩的注意事项

初学者往往会因为技术、心理等方面的因素而更容易产生疲劳,而且地形越复杂,体力的消耗也会越大。以下是对解决这些问题的一些建议。

1. 克服心理障碍

选择一个具备安全保障的场所,在做好安全保护措施的情况下进行克服恐高的练习,如果前几次不行,可在调整过后进行多次尝试,反复进行挑战,慢慢的克服。

2. 用脚攀登

攀岩是一项主要靠脚来攀登的运动,手臂只是起辅助的作用,但是很多人觉得它是一项主要靠手臂的力量来攀爬的运动。如果能充分利用好腿部的力量,会使攀爬能力得到明显的提高。

攀登时,尽可能的用脚来维持身体的平衡,这样可以减少对手臂的使用。需要注意的是,在呈仰角的时候,尽量离岩壁远一些,使身体保持在与水平面垂直的角度,这样可以使脚与岩面的摩擦力尽可能的增大。在垂直岩面上,要始终保持臀部紧贴岩壁。

手臂则有机会就要进行放松,避免长时间处于弯曲状态。当脚开始往下一个脚点移动的时候,手臂尽量保持自然伸直的状态,避免过多的使用臂力从而改变身体的方向,在脚点踩稳以后,慢慢用转移身体改变重心的方式来完成动作。在改变臀部位置时,尽可能少使用臂力,尽量依靠腿部的力量使自己站起来。

当手点较大的时候,要采用下蹲的姿势使双脚承受大部分的重量,手臂则伸直，进行放松。

3. 注意观察

在攀登过程中，要注意对线路的观察，要保持注意力高度的集中。做决定时一定要果断，做动作要流畅，不要浪费体力。

休息的时候，尽量使两脚间的距离在一定的范围内尽量靠拢，以便更容易掌握平衡，而且给休息创造一个更为有力的环境。

手点的位置最好在与头部高度相近的地方，这样更有利于对下一个手、脚点位置的寻找。

4. 三点固定法

一次只移动四肢中的一点，其他三点保持不动。移动前，需要调整身体，保持身体处于一个平稳的状态，然后再进行下一步动作。移动时，则需要先转移身体重心，然后再进行移动肢体点，这也是攀登的基本方法之一。

（四）攀岩运动损伤的预防

1. 简单的预防

攀岩时，保证使用规定范围内的护具等防护装备。

攀岩时，使用正确的动作姿势和攀登方法。

在平时的运动中，导致受伤的原因通常都是训练方法和姿势不对，所以在感觉要出现问题时，就要提前进行检查，防止不必要的受伤。在训练中，一般人都是以专项训练为主，同样的动作不断地反复练习，其实这样并非科学的锻炼方式，不但不会使攀岩能力有明显提升，反而可能会导致肌肉或关节的损伤。正确的方法是不做大量重复的专项训练，应该加强体能方面的训练，在有保护措施的情况下，对耐力、灵敏性及肌肉力量等方面做一些针对性较强的练习。此外，在训练中往往会过多的训练身体某一部位的肌肉力量，从而导致肌肉发展不平衡，也增加了受伤的风险，所以训练时要全面训练，协调发展。

训练之前要做好充分的热身，训练结束后要进行全身的放松。

（1）准备活动

① 5～15 分钟的全身性热身：通过慢跑，提高肌肉的温度。研究表明，在 40 ℃时，肌肉的韧性是最佳的，同时承受压力的水平也是最强的。

② 10～15 分钟的伸展运动。

③ 10 分钟左右的专项性热身。

④ 调整好自己的心理状态。

⑤ 至少 20~30 分钟的热身运动。

（2）整理运动

① 5~10 分钟的慢跑，逐渐减速到步行，使呼吸平复。

② 5~10 分钟的伸展运动，可以使关节更加灵活。

③ 充分的休息。

充足的营养加上合理的休息，会让全身的功能状态变得更好。

2. 紧急情况的处理

紧急情况的处理一般按"PRICE"来进行。P，PROTECTION（保护）；R，REST（休息）；I，ICE（冰敷急性期）；C，COMPRESS（压迫）；E，ELVATION（抬高患肢）。I-ICE 冰敷急性期（不超过 3 天）或者自己感受受伤的部位是否有发热，若有发热，可以选择继续进行冰敷，若无发热，则可以改用热敷。这是判别急性或是慢性损伤的一种十分常用的方式。C-COMPRESS 压迫，目的是减少急性炎症。若有一个损伤，旁边的血液循环就会变得比原来大，血管也会变为全部扩张状态，血液就会往内部流，就会使炎症进一步加重。加压好以后，压力变高了，血液就进不去了，炎症自然就会减少。E-ELVATION 抬高患肢，让血液能够往回倒流，不停留在受伤的地方，以达到减弱肿胀，缓解炎症的目的。

第 2 节　定向越野

一、定向越野起源与发展

定向越野作为一种新兴的运动项目，它是利用地图和指北针导航的运动，在世界各地正吸引着越来越多人参与并为之狂热。它既是一种户外休闲、娱乐运动，又是一种竞技运动，所以说这是一项男女老少都很适宜的群众性体育运动。适合各种年龄、不同性别的人参加，男女老少皆宜。

在 19 世纪末、20 世纪初的欧洲北部斯堪的纳维亚半岛广阔而崎岖不平的土地上覆盖着一望无际的森林，散布着数不清的湖泊。城镇、村庄也稀疏散落，人们的出行交通路线主要依靠那些隐约出现在林中湖畔的蜿蜒小路。在这样的地理环境中生活，要比别的地方更需要地图和指北针，不然，要想穿越那莽莽林海是十分困难的。也正因为如此，那些最经常在斯堪的纳维亚半岛山林中穿行的人们——军队，便成了开展定向运动的先驱。他们知道，如果不具备在山林地中辨别方向、选择道路和越野行进的能力，就不能顺利完成保卫国家的重任。1918

年,瑞典一位名叫吉兰特(Maij or Ernst Killander)的童子军领袖组织了一次"寻宝游戏"的活动,引起参加者们的极大兴趣,这也就是定向运动的雏形。由于这个活动的组织方法极为简便,即有利于提高野外判定方向的能力,又能达到掌握地图使用方法的目的,还能够锻炼人的意志、培养勇敢顽强的精神、提高人的智力、体力水平等。另外,开展定向运动不需要像其他的体育运动项目那样,在场地与器材上需要耗费大量的经费,而且其娱乐性与实用性兼具,所以定向越野慢慢地受到了军队的重视,并很快在民间流传开来。

定向运动的本身是作为一种体育项目开展起来的,开始于20世纪初的北欧。到20世纪30年代时已在芬兰、挪威、瑞典、丹麦立足。1932年举行了第一次世界定向运动比赛,使定向运动在全世界得到普及和发展,尤其在军队里尤为普及,因为打仗时没有一马平川的道路。1961年5月,十几个国家的定向运动积极分子在丹麦首都哥本哈根成立了国际定向运动联合会(international orientering federation, IOF),确定了正式的比赛项目,并制定了一系列的比赛规则与技术规范,国际定联刚刚成立时,仅有10个成员,而到2001年已发展到56个国家与地区。国际定联是世界定向运动的行政实体,是国际体育联合会总会之一,定向运动也是国际承认的奥林匹克体育项目。在瑞典,有700多个定向俱乐部,每年要组织1000多场正式定向比赛。瑞典国王是定向运动最大且权威的支持者和保护者,众多政界要人、商业巨头及媒体名人都是定向运动的忠实爱好者和积极参与者。对许多瑞典人来说,定向运动已经成为人们较为普及的一种生活方式,所有瑞典学校学生及军队服役人员必须学习定向,这是一门必修课程,也是教育和训练的一部分。

二、定向越野的分类

定向越野比赛是国际定向运动联合会正式承认的比赛项目之一,也是国际军体理事会的正式比赛项目之一,每次比赛都能吸引十多个国家军队运动队的参与。根据1972—1983年的资料统计,以每年参加国的数量为标准,定向越野已成为与篮球并列国际军体锦标赛的七大比赛项目之一。

定向越野的分类很多,依据不同的分类方法可以分为很多种,大致可分为:徒步定向越野、夜间定向越野、团体定向越野、无线电定向越野、全能定向越野等,这些分类在工具的使用、比赛场地及人员安排的方面有所不同,但参赛的规则和原理是基本相似的。

三、科学进行定向越野运动

参加定向越野运动的参赛者,要依靠标有若干检查点和方向线的地图并借助指北针,自己选择路线行进,参赛选手必须清楚自己身体的承受能力和极限,量力而行,并依次寻找各个检查点,用最短的时间完成比赛的为优胜者。

比赛工具:地图、指北针(参赛者用)、打卡装备。

准备工作:路线设计、踩点、设点、封闭赛区、比赛出场顺序、工作人员安排。

比赛阶段:参赛地图工具发放、安排出场、终点接待。

比赛结果:结果有效性判断、时间统计、排名、公布成绩、颁奖。

(一)定向越野——器材

(1)号码布

号码布一般不超过24厘米×20厘米,号码数字的高度不小于12厘米,字迹要清晰,字体要端止。正规的比赛还要求将号码布佩戴于前胸及后背两处,并清晰印刷或佩戴在衣服明显地方。

(2)指北针

指北针多由组织者提供,如要求自备,则可能会对其性能、类型做出原则上的规定,对于所有参赛者来说,指北针的要求是一致的。而当今世界上已出现的指北针类型主要有简单式、透明式、照准式、液池式、电子式。目前国际上的定向越野比赛常使用由透明有机玻璃材料制作的指北针,北针为红色。

(3)检查卡片

检查卡片主要是用于判定运动参与者的成绩。用厚纸片制成,分为主卡和副卡两部分。主卡由运动参与者在比赛中携带,并按顺序将每个检查点的点签图案印在空格中,到达终点时交裁判人员验证。副卡则是在出发前,交由工作人员留底和公布成绩时使用。检查卡片的尺寸一般为21厘米×10厘米,以方便参赛人员携带,并可适应各种恶劣条件。若规定比赛完毕必须交回地图,可以将检查卡片的内容直接印在地图空白处,样式可自行确定,根据个人喜好印上可激励自我的信息。

(4)地图

地图是定向越野最为重要的器材,它的质量的好坏会直接影响到运动参与者的比赛的成绩,也关系到比赛是否公正,地图的坐标尺清晰准确,适应各种天气条件,因此,国际定联专门为国际间的定向越野比赛制定了《国际定向运动图制图规范》(drawing specifications for international orienteering maps)。

对国际定向越野图的最基本的要求是:

幅面的大小:根据比赛区域的大小确定,赛区以外的情况不必表示。

比例尺：通常为 1∶1.5 万或 1∶2 万，如必要时，也可采用 1∶1 万或 1∶2.5 万的比例。

等高距：通常情况下定为 5 米，如必要时，也可采用 2~10 米，但在一幅图上标准是统一的，不得使用两种等高距。

精度：精准度的设计标准是至少要给予正常速度奔跑者没有任何不准确的感觉。

（5）检查点标志

检查点用于检验运动参与者是否按规定跑完全程，为此设置的专门性标志。检查点应在地图上准确地表示出来。

检查点标志是由三面标志旗连接组成。每面正方形小旗，沿对角线分开，左上为白色、右下为红色，旗的尺寸为 30 厘米×30 厘米，可以用硬纸壳、胶合板、金属板、布等材料制作。标志旗通常要编上代号（国际上过去曾使用数字做代号，现已规定使用英文字母），以便于选手在比赛时根据旗上的代号来判断他是否找到了正确的检查点。

悬挂标志旗的方法有两种：有桩式和无桩式两种。悬挂高度是距离地面 80~120 厘米，测量点一般是从标志旗顶端开始。

（6）点签

点签是与检查点配合使用的，它是为运动参与者提供一个到达指定位置的凭据。点签的样式多种多样，但最常见的是印章式和钳式两种形式。

检查点印章上要雕刻有不同的图案或代码，最好选用能自动上印油的印章，否则在比赛时，应另备印泥。检查钳是用弹性材料制成，顶端装有钢针，钢针的不同排列，使检查钳可以印出不同的图案印痕。

除了上述的 6 种器材之外，国际定联还制定了一套《检查点说明符号》，为了帮助运动参与者在某些等级较高或规模较大的比赛中正确地寻找检查点。这些检查点说明符号是在比赛前以表格的形式提供给运动参与者使用的。

定向越野比赛对运动参与者的服装没有过多特殊的要求。但根据经验，运动参与者对服装的选择应该是：衣裤要紧身而又不能影响正常呼吸与运动，为防止树枝刮伤和害虫侵袭，最好穿用面料结实的长袖衣和长裤，甚至要使用护腿。鞋要轻便、柔软而又结实，为便于上下陡坡、踩光滑的树叶或走泥泞地，鞋底的花纹最好是高凸深凹的。

（二）定向越野——国际定向地图与指北针的使用

熟练地掌握使用国际定向地图与指北针的各种方法，在定向越野中具有特殊的重要意义。认识定向地图是为了正确地使用定向地图，因此，在学习定向越野技能的阶段，必须选择最合适的场地、用较多的时间去进行使用定向地图与指北针的训练。下述内容中，有的是属于最基本的，是必须通过反复的练习才能熟练掌握的，而有的则可以根据具体情况，先选择一两种最适用的方法进行训练，以便收到触类旁通、由浅入深、循序渐进的学习效果。

1. 标定地图

标定地图就是为了使定向地图的方位与场地的方向相一致。这是使用定向地图最为重要的前提。

2. 对照地形

对照地形，就是要通过仔细的观察，使图上和定向场地的各种地物、地貌能够一一"对号入座"，即相互对应。对照地形在定向越野比赛中的作用主要有两个：一是在站立点尚未确定时——只有正确的对照地形，才能在图上找出正确的站立点位置；二是在站立点已经确定，需要变换行进方向时——只有通过对照地形，才能在现地找到已选定的最佳行进路线。对照地形一般应先标定地图，然后再根据不同的需要采用不同的对照方法。

3. 确定站立点

熟练地掌握在图上确定站立点的各种方法是学习使用地图的关键。对于这些方法，除了要记住它们各自的步骤、要领，还要牢记的是要学会根据不同情况，与他们进行选择结合使用，时刻清楚自己所在的位置。

4. 按图行进

利用地图行进是定向越野的基本运动方式，它有赖于运动参与者对前面所述各种专项技能的综合运用。换句话说就是，学习辨别方向，识别定向地图及标定地图，对照地形确定站立点，都是为了能够熟练地利用地图行进。因此，在实践中要根据地形情况、个人特点，选择下述对自己最适合的一两种方法，反复练习，融会贯通，以便在比赛时不降低或稍降低运动速度的情况下，始终以正确的方向行进在自己选定的路线上。运动时要牢记，要时刻清楚自己所在的位置，防止迷路，这样才能顺利地到达目的地。

（三）定向越野技能与技战术

1. 如何选择定向路线

选择定向路线是定向越野的基本技能之一。定向越野图上，一条较好的定向路线，通常在不少路段设计成检查点与检查点之间有多条可选择的路线，而直线距离并不一定是最好的选择。

2. 选择定向越野路线的一般原则

最佳行进路线应该符合：省体力、省时间、最安全、便于发挥自己的技能或体能优势。对于初学者则可以参考下列原则："有路不越野""走高不走低"。

选择安全的越野路线，分析与解决选择路线基本问题的方法有多种，常见的比较安全的方法有借点法、借线法、偏向瞄准法、导线法和水平位移法，对初学者有一定的指导作用。

选择安全的越野路线注意两点：一是地图上的选定的参照点一定要与现地参照点是同一地物或地貌，由于地图是经过取舍而成，实地的地物或地貌一般要比图上多，不要错判；二是由于行进的方向是受到地形条件影响的，当选定某一方向前进时，要注意穿越或绕行给原定方向带来的变化。

3. 易出现错误

一是重新判定站立点位置；二是原路返回。如果无法按原路返回（如跑出地图等情况），只好请求别人帮助或进行野外自救，以确保安全回到终点。

（四）定向越野的体能基础——越野跑

定向越野的水平一般来说是由野外定向和识图用图的能力决定的。但掌握一定的奔跑技术，更能发挥最大的体能优势，并能避免一切可能发生的危险。

1. 野外行进速度比较

在野外，不同的地形条件所用的时间是不一样的，而越野跑较快走形式更能取得定向越野的最佳成绩。

2. 越野跑的特点

定向越野的越野跑实际上是一种长距离的间歇式赛跑（在途中常常需要停下来或放慢速度看图、定向）。这种在野外清新的环境中奔跑，可以使肌肉得到紧张与放松，身体的负荷与精神的专注不断地交替进行，需要自备食物以免中途出现体力透支的情况。

3. 越野跑的基本要求

定向越野中，越野跑同其他长跑项目一样，要求一方面能够尽可能地减少人体能量的消耗，维持一定的跑速，对参赛选手体能要求较高，要具备各项综合素质；另一方面又能根据越野路线和地形的情况，具有加速度的能力。

4. 越野跑关键因素

①基本跑步姿势：上体微向前倾，善于利用惯性。
②呼吸：自然、平稳、有节奏。
③体力分配：因人而异。
④行进速度：不宜过快，根据地形合理安排。
⑤行进节奏：保持体能，使动作协调。
⑥距离感：提高找点的速度，合理分配体力。
⑦间歇时采取的正确方式：放松慢跑比走好，走比停下来好，不要坐下。

5. 越野跑技术

越野跑时，由于跑的地点和环境在不断变化，所以跑的技术也要因条件的改变而改变。下面介绍的是在几种常见地形上的越野跑技术。在道路上时，采用基本上与中、长距离跑相同的技术，并尽量注意在路面平坦的地方奔跑。在草地上时，用全脚掌着地，同时留心向前下方看，以免陷入坑洼或碰在石头上。上坡时，上体应前倾，大腿要高抬，并用前脚掌着地，小步跑上去，遇到较陡的斜坡，可改用走步的方法或用之字形跑法（走法），必要时可用单手或双手辅助攀登。下坡时，上体应稍后倾，并以全脚掌或脚跟着地的方法行进，如遇到较陡的下坡或坡面很滑的斜坡，则可采用侧脚掌着地，甚至采用蹲状，并用手在体后以牵拉（草、树）、撑（地）方式行进，到达下坡的末端（一般 8~10 米）时，便顺坡势疾跑至平地。从稍高的地方（1.5 米以下）往下跳时，可用跨步跳的动作，踏在高处的腿（支撑腿）必须弯曲，另一腿则向前下方伸出，跳下，两脚着地并以深屈膝来缓和冲力。落地时，两脚应呈前后开立姿势，双手撑地减缓冲击力，以便继续前跑。从很高的地方往下跳时，应设法降低下跳的高度，根据情况采用坐地双手撑跳下或侧身单手撑跳下的方法，落地时要注意两腿深屈以卸掉重力带来的负荷。

在树林中奔跑时，双眼环顾四周，以避开树枝、树叶、藤蔓等物，以免在跑进的过程中被刮伤，特别要注意的是对眼睛的保护，此时一般用一只手或两只手随时护住脸部。

通过独木桥等狭窄悬空的障碍物时，应采取一脚前一脚后姿态，脚弓向前。如果这类障碍物很长，则不能跑步前进，应平稳地走过。

遇到小的沟渠、壕坑、矮的灌木丛或倒伏树木时，要增加跑速，大步跨跳而过。在落地的同时，上体稍向前倾，以便保护腰部与便于继续前进。在通过较宽的（2.5~4.0 米）的沟渠时，需用 15~25 米的加速跑，采用大跨步跳和跳远的方法越过。应注意做好落地动作，防止后倒、崴脚。遇到大的倒伏树木、其他矮障碍物时，可以用踏过它们的方法越过。遇到较高的障碍物（不超过 2 米）时，如矮围栏、土垣等，可用正面助跑蹲跳和一手或双手支撑的方法翻越。

6. 基本定向技术

（1）地图正置及拇指辅行法

先将地图正置，然后把拇指放在地图上自己所处的位置，这样便能清晰地了解自己前进的方向，也可清楚地观察四周的环境及地理特征。前进时，拇指随之移动，当前进的方向发生改变时，地图也要随之转变，即保持地图指向正北方。这样便可以在任何时候，都能立即找出自己在地图中的位置，为定向运动节省不少时间和精力。

（2）科学使用指北针（compass bearing）法

利用指北针，准确地找出目标的方向，每次前往目标前，可先观察目标周围的地势，加深印象，一定要快速及准确地到达目的地。

（3）扶手法（handrail）

利用明显的地理特征或人作引导，使之前进时更具信心，如小径、围栅、小溪涧、山咀等，皆是有用的扶手。

（4）搜集途中所遇特征（collecting features）

辨别前往控制点途中所遇到的地理特征，确保前进方向及路线正确。一定不要将相似的特征认错或者认混，标记清楚。

（5）数步测距（pacing）

先在地图上量度两点间的距离，然后利用步幅准确地测量要走的路程。方法：先量度 100 米需要行走的步数，假设为 120 步，那么，若在地图上由 A 点到 B 点的距离是 150 米便可推算出需走 180 步。为了减少步数的数目，可以利用"双步数"，只数右脚落地的一步，便可把步数减半，以上述例子为例，用"双步数"计量距离则为 90 步。

（6）目标偏测（aiming off）

利用指北针前进，把目标偏移，当到达目标的上面或下面时，才沿"扶手"进入目标。

四、定向越野的训练方法

（一）技能训练

定向越野的技能，就是指在野外环境中迅速准确，运用地图和指北针，判定方向，选择路线，以最短时间到达目标点的能力，可以通过识图训练，用图训练和模拟比赛的方法来提高训练效果。

1. 识图训练

定向运动的识图训练通常在学习地形图基本知识后进行，是对地形图基本知识学习的一种练习和巩固。通过识图训练，使运动参与者提高快速读图能力和利用地图判定地形的能力。

对定向运动图地物地貌识别的训练。要求运动参与者掌握定向运动图的地图符号规律和特点，既要学会判定地貌的起伏、高差、坡度和简单的通视度等，又要牢记定向运动图上的特殊符号，即与地形学上不一样的符号。定向运动参与者必须熟记这些国际定联规定的统一定向符号。

对定向运动图地物地貌识别训练可按下列步骤进行：

①通过阅读定向图，牢记地图符号；

②进行图上作业，在标有路线的图上让运动参与者独立完成越野路线，估算出每段路的实际距离及各点间的大致方位角等；

③进行记图训练，让运动参与者看几分钟地图，而后凭记忆将越野路线的大致地形进行描述，特别要描述出越野路线的距离和具有明显特征的地物。

2. 检查点说明符号识别的训练

对于国际定联规定的检查点说明符号，一定要记清记牢，这样才能在野外寻找目标点时，运用自如。对说明符号的识别训练，一般可以采用下列方法：

①浏览全部检查点说明符号，从同类符号中寻找规律，帮助记忆；

②抽测运动参与者的掌握情况，特别是符号相近似的，一定要学会区分含义；

③多做说明符号的解释练习，经常将以往比赛或训练中的检查点说明表，发给运动参与者，让他们独立完成解释练习。

3. 利用堆积简易沙盘进行地图立体形象训练

堆积简易沙盘是定向运动地图进行立体形象化训练的极好辅助方法。实施中可以由 1~2 名运动参与者根据要求和操作程序，在操场沙坑中堆积具有一定范围的地形，其他人员观摩训练过程，随后由教练员修正或讲评。也可以由每个运动参与者独立完成堆积沙盘的过程，然后进行互相检查训练效果。简易沙盘的堆积必须从简单的地形开始，逐渐过渡到较为复杂的地形。通过训练，不但能掌握简易沙盘的堆积方法，更主要的是让运动参与者看到地形图就能联想出该地的地形特征，以便能更快地掌握定向技能。

4. 用图训练

用图训练是在野外中进行的一种技能训练。

（1）运动中的方向训练

使运动参与者在野外具有明确的方向感，快速标定地图。运动中的方向判定可以按照以下方法进行训练：

①利用指北针，在较为简单的地形上，按方位角进行行进练习，提高运动参与者的方向感和距离感；

②利用地图在不能以直线越野（行进）两点间的练习，在绕行的过程中，检查运动参与者的方向感和距离掌握情况。

（2）用图训练中的注意事项

①用图训练必须根据场地的地形条件和运动参与者的定向技能水平等情况进行，训练中要采取循序渐进的方法，由易到难，特别是对于初学者，更是要从基础练起，在其能够接受的强度范围内训练，逐渐提高运动参与者的用图能力。

②各种方法可以互相交叉进行，但必须采取多次记忆的办法，即在同一地点同一路线训练2次，帮助运动参与者加深印象，特别是在第一次训练中出错的地方，通过讨论讲解后进行复走练习。

③训练用图的现势性不同于比赛用图，有的是以往比赛用的地图，有的是代用图，而且大部分是使用素图进行训练，对于地图与现地有差别之处，可以让运动参与者自己去发现、纠正，从而提高使用地图的能力。

④在用图训练中，教练员可以有意识地在相似的地物地貌处将点标放置有所偏差，让运动参与者去发现和纠正，锻炼他们的判断能力。但必须安排在运动参与者具有一定定向技能之后应用，否则就会适得其反。

5. 运动中站立点和目标点确定训练及现地对照训练

确定站立点和目标点是定向运动的关键技能，确定站立点目标点和现地对照是相结合的，通常相互配合进行训练，目的是使运动参与者尽可能快的掌握站立点和目标点位置的确定。具体可采用以下几种方法进行训练。

①标图训练法。在野外发给运动参与者每人一张未标定方向的路线地形图，由教练员带领一起行进，行至某一地点停下，让运动参与者快速标定站立点在图上的位置，反复多次，独立完成，而后由运动参与者讲述各自标绘的越野路线，其他人进行校正。

②记图训练法。在起点挂有标绘起点到1号点的路线和地形的地图。运动参与者根据记忆将该情况熟记，而后越野至1号点，看点位上的地图，1号点挂有

1号点至2号点的路线及地形的地图，看完后再行进至下一点，以此类推，运动参与者手中不拿地图，跑错了必须跑回前一点位看地图重新越野至下一点位，以训练运动参与者的记图能力。

③描绘地形训练法，将标有定向路线的空图（没有地物地貌符号）发给运动参与者，由教练员带领运动参与者进行或越野，各运动参与者将行进或越野过程中所遇见的地物地貌，描绘在标有定向路线的空图上，最后与标有定向的地形图相对照，教练员讲评。

④在训练中让运动参与者去放置检查点。

（二）模拟比赛训练

模拟定向比赛训练一般安排在野外定向训练一段时间后进行。通过模拟比赛训练，使运动参与者的定向技能全面得到提高，为运动参与者参加比赛打下良好的基础。模拟定向比赛训练既是综合性的定向技能训练，也是对运动参与者定向水平的检测。模拟比赛训练的训练方法和程序可以按一般比赛的程序和要求进行，也可以按平时训练的方式进行从简组织。运动参与者则必须按照比赛的心态严格要求自己，将识图用图的知识灵活运用到实践中。

模拟定向比赛训练中，运动参与者必须把握定向运动的原则，选准最佳的越野路线。最佳越野路线既能减少运动参与者的体力消耗，又能省时，而且能使定向水平得到充分的发挥。选择越野路线时必须要充分考虑：

①"有路不越野"，由于在道路上奔跑远比在丛林中越野的速度快，道路上路面平整，且危险系数低，所以有道路的区域要充分利用道路。

②"走高不走低"，这里的高与低是针对山脊和山谷而言的，高处的通视度好，比较容易判定方位，越野难度一般比山谷小，在这种地形上要予以考虑。

③"遇障提前绕"，遇到河沟水域、峻岭悬崖等障碍时，应该在选择路线时以全局考虑，避免遇到时绕道行进，多走弯路。

④"就近不就远"，在能越野通过，而且离道路较远的地形上，必须要权衡利弊，放弃有路不越野的原则，节省时间，果断越野。

"人在地上走，心在图上移"。这是定向运动中的首要原则。运动中运动参与者要随时了解自己在地图上的位置，做到每走一步都胸有成竹，只有这样才能快速、准确的寻找到目标点。

充分利用点标说明。检查点标志说明对检查点及附近地域的地物、位置都有指示，充分利用起来能起到快速定位检查点的作用。点标说明还能为运动参与者判定站立点位置起一定的引导作用。

遇到特殊情况时要保持冷静。长时间在野外奔跑，难免会在途中遇到特殊中断或出现意外情况，这时运动参与者要保持冷静，妥当处理。一旦发现自己走错了，这时就要采用登高法、回头法等进行妥善处理。如在越野过程中受伤了，不能继续参赛，则必须想办法与就近的工作人员进行联系，共同寻求解决的方法。

组织模拟定向比赛时的注意事项：必须根据运动参与者掌握的定向技能水平来考虑相应的地形区域和路线设置，切忌无凭无据采用难度大的路线，以免人员走丢而影响训练；尽可能地考虑运动参与者综合定向技能的提高，将布点的机会让运动参与者轮流担任，既可减轻教练员的工作，又可提高运动参与者的技能（准确地设置好检查点，也是提高定向技能的一种训练方法）。

运动参与者参加模拟比赛时的注意事项如下。

①比赛出发前，要时刻保持良好的心理状态，切忌急躁、紧张过度等不良情绪，任何不稳定情绪都会影响正常水平的发挥，并影响最终的比赛成绩。

②充分做好准备活动，利用在起点待发区的间隙，活动身体，防止因突然的剧烈运动而导致身体的不适或受伤。

③出发取图后，不要盲目乱跑。要先判定方向、规划大致路线走向、终点方位等，抓住地形的主要特征并快速进行图与现地的对照，快速选定出发点至1号点的路线。根据判断的大致距离和难易程度分配好自己的体力，快速出发。

④运动途中，要"充分利用别人而不能被别人所利用"，发现对手跟踪要想办法摆脱，发现其他运动参与者的行踪而不能盲目跟进，要经判断是否正确，才可迅速前进。

⑤捕捉检查点时，要细心而果断。做到接近时要速度放慢，以防错过找点，离开时要动作迅速隐蔽，以防被他人当作目标。打卡时一定要核对点标代号，一旦发觉错点时，不能慌乱，随后重新断定位置捕点。

⑥遇到特殊情况处置要得当，如发现越野路线错了可以按照所学的知识进行迅速处置，不要轻易地怀疑地图出错（训练中地图有可能会出错，而正式比赛用的地图一般不会出错），不要存在侥幸心理，然后冒险行事，否则后果将很严重。

⑦定向比赛是对手间相互看不见激烈对抗的赛场，区别于田径场的百米比赛，竞争对手就在身旁。当一个人在野外奔跑时，累了渴了也绝不能松懈，因为对手一直在努力，到了终点也许会发现别人仅比你快一秒钟，这时会感到非常遗憾。当寻找点标遇到挫折时也不能气馁，因为别人也会受到同样的困扰，特别是在团体赛或接力赛中，如果一人没有坚持下去，则会导致全队覆没。所以，要必须时刻清楚定向比赛的直接对手就是自己，要做到整个赛程都始终如一，并坚持到最后。

（三）体能训练

定向越野的体能训练，是为了让身体能够贮备足够的能量以应对长时间的运动消耗，它不像田径项目中的中长跑训练和比赛，有固定的距离，标准的场地，同样的气候条件，赛前就可以计划出每圈的速度，以达到理想的目标，每个专业中长跑运动参与者都有自己稳定的跑步节奏，可以计划出体能的分配。但定向越野是在野外复杂的地形上进行的越野跑，绝对没有相同的路程，迈出去的每一步所遇到的路况都不一样。所以在进行体能训练时，可以参考中长跑训练的手段与方法，来提高运动参与者的心肺功能，虽然有时训练方法有些类似，但本质却大不相同，也不能完全按照中长跑训练的方法进行练习。必须先要打破已有的中长跑的节奏，建立新的"节奏"，这种新的"节奏"完全是为了适应越野跑的需要。它包括的内涵远远超出中长跑节奏的内涵，这种"节奏"或者叫定向越野跑的基本规律，其外在表现是在不同的地形上采用不同的奔跑方法，而在各种不同地形上的跑法又有各自的规律（上坡、下坡、上台阶、下台阶、跨越沟渠、经过碎石地、沙土地等）。

体能训练，不可能每一次都到野外去选择不同的地形来练习，在田径场内采用不同的方法练习，也可以达到良好的效果，训练手段与方法的设计必须是针对野外环境而制定的。越野跑体能可以从以下几个方面进行培养。

1. 越野跑能力的培养

根据国家定联制定的标准，男子精英组的比赛距离在 18～20 千米；女子精英组的距离在 10～12 千米，而比赛的线路既不像公路马拉松那样平坦，也不像塑胶道上那样有规律、有弹性，线路上有山路、有水域、有树林、有荆棘……地形异常复杂。这就要求参与者具有适应各种地形并能长时间越野奔跑的能力。在训练时，就要有针对性，要有别于田径长跑运动的训练方法。

2. 培养连续跑的能力

这里的连续跑需要的时间很长，在 2～4 小时。我们的训练对象可以是中学生、大学生，也可以是有一定的长跑基础业余爱好者。因此，在训练初期不做过多的要求，只是将队员带至公园或类似公园的环境中，要求他们不考虑速度，只是不停地跑，最低限度不准走，但对时间作准确的要求。经过一段时间的训练，这"一段时间"指队员能够适应连续跑所规定的长时间，就可进行下一步训练——速度感和距离感。

①让队员在规定的距离上反复跑。例如，进行 3000 米跑，记录每次跑完的

时间告诉队员，让队员把成绩与跑时的速度进行比较。反复练习，直至队员跑完3000米后所估计的时间与教练员手中秒表所计的时间相差不大，在某时间区域内相对稳定。

②定时跑，采用12分钟定时跑，只要队员跑够2400米，2分钟400米，不能快也不能慢。记住2分钟400米的速度感觉。在田径场上完成几次基础训练后，再把队员拉到野外用同样的方法反复练习。当队员在各种地形上越野跑时，能够根据手表所示时间，确定所跑的距离，那么跑的能力训练就可告一段落。

3. 培养变速跑的能力

田径长跑比赛中运动员通常采用变速跑的战术，以此来打乱对手的节奏，从而获得比赛的胜利，也有运动员不采用这种方法，如王军霞的冲刺能力不如别国选手，但她一开始就以较快的速度领跑，始终保持，直至胜利，不给对手机会。但定向运动不一样，每位参与者都躲不过变速跑阶段，在比赛中不得不多次运用变速跑来捕捉点标，因此在训练中要特别注意变速跑能力的提高。变速跑、突快突慢，都非常消耗体力，对心肺功能的要求也极高。要练好变速跑，关键是提高心肺功能，提高心肺的负荷承载力。开始在田径场上训练，可以采用先100米快速、100米慢速、最后50米快速、50米慢速的方法进行练习，把调整期逐步缩短，使有氧训练和无氧训练有机结合起来，使心肺适应这种快速转换的过程。接下来快慢的距离变化不再有规律。例如，800米中速—50米慢速—100米快速—300米中速—1000米慢速—50米冲刺。训练中教练员可针对不同队员具体身体条件规定每段距离所用的时间。最好事先不让队员知道训练计划，当队员跑完某段距离后，教练员告之下一段该怎么跑，让队员始终处在"前途未卜"的状态下，这样效果更佳。

（四）组合训练

在定向比赛中，路况瞬息万变，谁都不知道前方会遇到什么样的困难，就连将要迈出去的每一步都有可能发生意外，一脚踏空，一脚踏上活动的石块，一脚踏上尖利的树桩等等。所有这些都会造成比赛时间的延误，甚至受伤，退出比赛。针对这些情况的发生，在训练中要有针对性练习，以提高运动参与者的应变能力，最大限度地避免受伤。全面提高运动参与者的身体素质，仅仅跑步是不能胜任的，还必须在训练中穿插一些篮球、足球项目的练习，以提高队员的变向跑能力。此外，还要进行简单的体操练习，用组合训练法提高队员的综合能力。例如，5个俯卧撑—立定多级跳—沙坑中纵跳20次—翻越障碍物—负杠铃—左、右单跳各15次—原地高抬腿30次—跳上箱顶—双脚落地跳下—再跳上另一只箱顶—单脚落地跳下—助跑两步跨低栏 3 个（栏间两步）—下栏后 30 米冲刺跑。这种训练以在规定的时间内（如 1 小时）队员能完成几次，来衡量队员的水平和综合能力的提高程度。在组合的具体内容上可根据现有的训练条件进行调整，项目数量上也可增可减。

（五）野外跑的训练

队员仅仅能在田径场、公路上跑还不能适应定向比赛的要求，还必须要具备能在野外各种路况上奔跑的能力。野外跑的训练就是要解决这个问题。以达到迅速准确，避免伤害。在能看清路面的道路上尽管跑，上坡时，上体前倾，腿高抬；下坡时，上体后仰，步幅小（如路上无障碍、体力充沛时，也可大步幅下坡节省体力，提高速度）。在杂草地带，脚要高抬，以免绊倒，如遇砍柴的痕迹，落脚时要小心，以免被扎伤脚，速度慢些，欲速则不达。乱石地带，脚踩石头跑，不能踩实，移脚要迅速，控制好身体重心，以免踏上活动的石块扭伤脚。遇到干沟，根据自己的体力和弹跳能力而定，能够跳跃过去，就像跳远那样跳跃过，不能跃过或拿不准就通过沟底过去。遇水沟，窄就越过，宽最好是趟过去，趟的时候不能赤脚，以免脚被异物扎伤，一旦受伤，只能退出比赛。

五、定向越野伤害预防

定向越野队经常在野外训练，不像在场地内有安全保证，运动参与者参加各级比赛时通常具有一定的危险性，易发生伤害事故。所以，在日常实际训练中，参与者要独立完成任务。为了预防突发伤害事故的发生，最大限度地减少运动损伤，在定向越野实践中要做好以下准备和预防措施。

（一）定向越野中的安全

（1）野外定向运动安全着装

衣服一般要求宽松舒适、轻便耐磨，下肢要穿长裤和鞋袜，不宜过多裸露身体，通常要穿戴帽子，这主要预防野外各类昆虫叮咬、蜂蜇、植物划伤或刺伤皮肤。若要穿越茂密处竹丛、树丛，不宜穿上色彩特别鲜艳的衣服，以免招致蜂袭击。运动鞋要舒适，鞋底花纹较粗，防滑性能好，不宜穿新鞋比赛。袜子要厚，穿着袜子要紧，这有助于保护踝关节。

（2）定向运动装备

定向运动装备中，指北针和哨子是运动参与者必备的用具，同时也是脱离危险的必备工具。当途中迷路，陷入困境时，指北针能帮助判断方位，哨子帮助你求救联络。

(3) 运动损伤的预防

合理运用野外运动技能和方法，避免运动损伤。在草地上奔跑时，为了避免受伤，应用全脚掌着地，以缓冲草地不平造成的重力不均，此外还要注意，留心向前下方路况，无论是上坡还是下坡的走跑动作，应能维持身体平衡，要注意着地方法和控制好身体。上坡时，上体应前倾，大腿适当高抬，并用前脚掌着地，宜采用小步跑进。下坡时，上体应稍后仰，并以全脚掌或脚跟部位着地，当遇到较陡的下坡或坡面很滑的斜坡时，身体重心不易控制，则可以采用脚掌侧向着地的方式进行解决。

行进过程中，出现跳跃动作时也要注意：从低于1.5米高度的地方往下跳时，可采用跨步跳动作，踏在高处的前腿必须弯曲，另一腿则向前下方迈出下落，用两脚着地，并以深屈膝来缓和体重俯冲的力量；如果从较高的地方（高度在1.5米以上）往下跳，要在往下落时，设法降低下跳的高差，以减少下跳着地的冲击力，保证安全；当采用大步跨跳动作跨越小沟渠、壕坑、矮的灌木丛或倒伏树木时，落地中，上体要稍向前倾；在通过较宽的沟渠时，需增加助跑距离以提高助跑速度，采用大跨步跳和跳远的方法越过，落地后，动作应屈膝缓冲，上体保持前倾。

当遇到大的倒伏树木、其他矮障碍物时，最好采用踏上跳下法方法越过，少用或不用腾越方式跨越这类障碍，以免落地后地面不平整造成扎上。

在定向越野中，当确定方位后，下一步就是运动线路的选择，选择运动路线时要慎重，力求避免穿越险地。例如，有道路时不穿林翻山，一般不走深沟峡谷和繁茂草丛；若非要穿越草丛、竹丛、树林交织稠密处，要选择植物分布稀疏处行走，力求"走纵不走横""走高不走低"，因为高处通风、干燥，荆棘、杂草、虫害及其他危险较少。

(二) 伤害事故的预防和处理

定向运动组织者，通常会注意选择安全性高的比赛场地，实际上在定向运动中极少可能碰到以下危险和意外，但是，以防万一，定向运动参与者还须对一些危险和意外有所认识，一旦遇到意外，能够及时采取正确方法加以应对。

①如果不慎在泥潭遇险，若双腿下陷难以自拔时，双腿不要用力向下踩，而是立即身体仰卧在地面上，张开双臂，然后缓慢地把陷在泥中的部位拔出来，并采取仰泳般的姿势向安全的地方爬行。若身在沼泽处，最好拿一根树枝，随时试验地面的软硬程度，避免陷入泥潭。

②如果行走或跑步中身体不慎后仰摔倒时，可用两手及时撑地，但两手撑地时指尖应向前，切忌手撑地时指尖向后，指尖向后易使腕关节造成骨折。

③发现蜂巢应避开绕行，若有个别蜂只在身边来回飞行，可屏住呼吸，身体不动，细观蜂活动，待蜂飞走，或者迅速跑离，不要误惹了蜂群。若真是出现误惹蜂群的情况，首先要用遮掩物保护好头颈部，然后迅速往反方向跑动，摆脱峰群的攻击，切忌试图向蜂群反击。

④一经发觉迷路，应当机立断，停止行动，认真阅读地图，仔细对照周围地形，明确自己位置，选择正确的折回路线，千万不要因惊慌失措而四处行走或盲目奔跑，那样只会使自己陷入险境。

⑤在毒蛇可能出没的区域，要提高警惕。尽量避免碰触树木、长草区、石缝、地洞口、树洞口等。在热带丛林地中行进，为了防止毒蛇袭击，行进中可用树枝或竹枝"打草惊蛇"。遇见毒蛇，应绕道而过。若被蛇追逐时，应向高处跑，或忽左忽右的转向跑。若见到毒蛇原地竖起头部并距离人体较近时，不必惊慌转身仓促逃离，而是边观察缓慢地向后退步，并做好快速应对的准备。

⑥在山林野外，要小心火种，防止山林野火的发生。

（三）定向越野中急救常识

1. 中暑

定向越野一般在丛林或山体区域中进行，当在夏季湿热无风的山区中开展登山活动时，由于身体无法靠汗液蒸发来控制体温，人很容易中暑。中暑的主要症状：在高温环境下，出现头痛、头晕、口渴、多汗、四肢无力发酸、注意力不集中、动作不协调等，体温正常或略有升高。如果不及时救治，中暑的人可能很快会失去意识，较为严重时，可能会导致意外的发生。因此在夏季登山前一定要做好中暑的预防措施，准备好预防和治疗中暑的药物，如十滴水、清凉油、仁丹等。另外，还应该准备一些清凉饮料和太阳镜、遮阳帽等防暑装备。一旦有人中暑，应尽快将其移至阴凉通风处，将其衣服用冷水浸湿，裹住身体，并保持潮湿，或不停扇风散热并用冷毛巾擦拭患者，直到其体温降到38 ℃以下。中暑者意识清醒，应让其身体呈半坐姿态休息，头与肩部给予支撑。若中暑者已失去意识，则应让其平躺。

2. 抽筋

抽筋多是因登山时运动量的过度或运动姿势不佳引起的，但有时肌肉的发力不协调，或因登山时或登山后身体受寒，体内的盐分大量流失，也会致使肌肉突然产生非自主性的收缩。抽筋的症状有患处疼痛，肌肉有紧张或抽搐的感觉，患者无法使收缩的肌肉放松。急救的方式为拉引患处肌肉，使患处打直，轻轻按摩患处肌肉，切记不要用力，防止再次抽筋。补充水分及盐分，休息直到患处感觉舒适为止。

3. 如何应付蛇咬

参加定向运动过程中，经过丛林、山体，或者经过蛇类栖息的草丛、石缝、枯木、竹林、溪畔或其他比较阴暗潮湿处等地时，要预防蛇类的咬伤。如果不慎被蛇咬伤，不要惊慌失措，首先应判断是否为毒蛇咬伤，通常情况下，观察伤口上有两个较大且较深的牙痕，才可判断为毒蛇咬伤。若无牙痕，并在20分钟内没有出现局部疼痛、肿胀、麻木和无力等症状，则为无毒蛇咬伤。判定咬伤无毒后，只需要对伤口清洗、止血、包扎，若有条件，再送医院注射破伤风针即可。被毒蛇咬伤的主要症状为：如是出血性蛇毒会出现伤口灼痛、局部肿胀并扩散，伤口周围有紫斑、瘀斑、起水泡，有浆状血由伤口渗出，皮肤或者皮下组织坏死、发热、恶心、呕吐、七窍出血，并伴随有血痰、血尿、血压降低，瞳孔缩小、抽筋等，如不及时治疗，被咬后6~48小时内可能导致伤者死亡。如是神经性蛇毒：伤口疼痛、局部肿胀，嗜睡，运动失调，眼睑下垂、瞳孔散大，局部无力，吞咽麻痹，流口水、恶心、呕吐、昏迷、呼吸困难，甚至呼吸衰竭，治疗不及时，也会导致伤者可能在8~72小时内死亡。

一般而言，被毒蛇咬伤后10~20分钟后，其症状才会逐渐呈现。被咬伤后，争取时间是最重要的。首先需要找一根布带或长鞋带在伤口靠近心脏上端5~10分钟扎紧，缓解毒素扩散。但为防止肢体坏死，每隔10分钟左右，放松2~3分钟。应用冷水反复冲洗伤口表面的蛇毒。然后以牙痕为中心，用消过毒的小刀将伤口的皮肤切成十字形。再用两手用力挤压，拔火罐，或在伤口上覆盖4~5层纱布，用嘴隔纱布用力吸吮（口内不能有伤口），尽量将伤口内的毒液吸出。

第3节 野外生存

一、野外生存的起源与发展

在20世纪的第二次世界大战时，德国的潜艇经常会对敌方军队的给养船进行攻击，在猛烈的攻击下，多数船员不幸遇难，但是，经统计，却有少数有着极强的心理素质和极为丰富的生存经验的年长水手存活了下来。所以说，一个人的生存技能和心理素质,是决定他能否在恶劣的野外环境中,生存下去的重要因素。所谓野外生存,就是指人在纯天然条件下的原始丛林中求生。在荒无人烟的荒野,和孤僻无援的孤岛,在没有任何仪器设备的帮助下,掌握野外生存这项技能,就显得至关重要。尤其是在一些特种部队中的战士们,更需掌握这项本领。关于野外生存这一理念,是德国著名教育家库尔特汉恩在1940年首次提出。隔年,全球首家野外生存训练学校正式创立,后流行于各个国家,对军队力量的增强,起了很大的作用。随着战争的落幕,不少社会群体也热衷于野外生存的训练,极限运动与定向运动逐渐也加入了训练内容。

二、科学进行野外生存运动

(一) 野外生存必带装备

自从越来越多的社会各界人士加入野外生存训练以后,亲近大自然就成了这项运动最为重要的目的,作为一项群体性活动,它不仅可以增强团队的力量还可以强身健体,这使人们纷纷加入进来,对野外世界充满了探索发展的欲望。

那么,应该如何正确认识野外生存装备呢?首先,来逐一了解。

1. 背囊

不小于50升,是野外生存背囊的一般大小,在外进行野外生存的时长是决定背囊大小的重要因素,也可随之调整。就如LC-2背包,属军用背包,为美军所用。考虑到军用,它的容量只有49升。它特殊的外框架结构,使背包所接触到的背部更加有利于散热,另外在平衡方面,可调节肩带等结构也十分受用。在定点存放的方法运用上,外框架结构也令其更加方便。

2. 绳索

绳索主要作用于在野外遇到无路可走的情况。在经济条件允许的情况下,可以选择攀岩绳中较为专业的,以及专业的锁扣。如果碍于价格,可以选择工地中常见的安全绳及锁扣。在登山时,一定要注意,悬崖在超过10米的情况下,最好不要触及,所以登山绳的长度,控制在20米左右就可以。

3. 登山鞋

登山鞋即野外生存所用鞋。这里的野外生存所用鞋,指的并不是平时所说的广义上的运动鞋,而是一种属于运动鞋中较为专业的,户外战靴。这种战靴独特的材质和结构,不仅增强在户外运动中的舒适感,防滑,还可以保护的踝骨和脚部。

4. 手电筒、荧光棒

野外生存中的手电筒，比日常使用的手电筒有着更高的要求。不仅要有很好的防水功能，在电量上也要求不少于 5 个小时的使用。在照射距离上，也需要达到一定的标准，也就是不小于 50 米。此外，还需要备用灯泡和电池以防万一。

荧光棒的优点也是数不胜数，是野外生丛中的必需品，它起到了照明和求救的双重作用。荧光棒的发光时间长达 48 小时，使用方便，使用方法也十分简单，但荧光棒里面的液体具有一定的危险性，在使用时需要多加注意，如果泄漏，将引发一系列的污染。接触眼睛后，需就医处理。

5. 指北针

指北针的大小不一，可以在各种军品店中，买到不同型号和尺寸的指北针，在指北针的应用上，应该选用较为专业配置的指北针用来野外生存训练。在使用的时候要注意，除了要熟练掌握使用的方法之外，更要注意指北针和相应地图的使用。

6. 求生哨

所谓求生哨，其实就是现实生活中所见到的哨子，它的外观及内外都和平时用到的塑料哨子相同，但是如果是在野外，它就有联系队友、求救等作用，是野外生存中必不可少的用品。

7. 求生小型组合工具

在平时生活中，简单比较常见的组合工具就是瑞士军刀了，这也是在野外生存中被称为"百宝箱"的组合单品。此外还有很多类型的组合工具，价格、级别不一。

8. 手表

野外生存所需的手表，和日常戴的手表不同，它具备更多、更全面的功效。如夜光、防水、方向测量、气温测量、秒表等功效。功能全面，应有尽有。

9. 通信工具

在野外生存训练中，最为理想的通信工具就是对讲机，它不同于手机一定需要信号，在野外，通话质量及通信范围都可以达到很理想的程度，且方便携带。

10. 帐篷

帐篷对于野外生存者来说，就犹如一个"休息基地"，野外生存者可以在里面休息、睡觉，对于体力的恢复起着至关重要的作用，此外帐篷还可以预防因为气候潮湿、蚊虫叮咬等带来的不必要的麻烦。帐篷的种类和形状多种多样，要全方位的学习如何搭建,才可以使它的作用发挥到极致。

11. 睡袋及防潮垫

睡袋的种类也很多样,可以根据不同的需要、所处环境的不同来选择最合适的材质的睡袋。睡袋的优点有很多,如方便携带、保温方便,是野外生存的必备单品。防潮垫因为外面一层特殊质地的金属膜,起到了很好的防潮作用。

12. 生火工具

火柴、打火机、放大镜和报纸,无一不是野外生活的良品。在以前,防风火柴深受野外生存者的喜爱,但如今,打火机已经基本上取代了火柴,成了更加方便快捷的生火工具。

13. 水壶

水是生命之源,是人体所需的最重要的维持生命的元素。因此,在野外生存中,水壶就变得尤为重要。野外生存所需的水壶,一般容量上比常用的要大,材质上也更加结实。通常还会和饭盒合二为一,更加方便实用。

14. 望远镜

望远镜在野外生活中,除了有观察地形、勘测规划路线的作用外,还可以用来观察在野外遇到的动植物。野外生存所需的望远镜一般直径不会小于35毫米,倍数不会小于7倍,更加适合野外观察。

15. 收音机

收音机在野外可以算得上是一种娱乐休闲工具。和以往收音机的作用一样,可以用它来听音乐,听广播,可以使在野外不那么枯燥,也可以让人和外面的世界有所关联。

16. 照相机

照相机,顾名思义是用来拍摄沿途风景的,记录在野外的美好回忆和精彩瞬间,是野外生存训练中携带的首选,因为它体积不大,方便携带。另外,在训练前,切记给相机充好电,备好电池和交卷等。

17. 备用食品

在野外生存中,所需食品的要求也是不同于平时的。所准备的食物要具备填饱肚子、提供足够的热量及方便携带的特点,就如压缩干粮,既提供了所需能量,又可以增强饱腹感,且便于携带。可以根据自己的口味及喜好来准备食物。

以上这些基本上就是野外生存所需的一些装备。经过了解后,如果配合正确,熟练地使用方法,带上它们,就完成了野外生存训练的第一步。但同时也需要注意，在野外生存训练中，要抱着对大自然敬畏、尊重的态度，千万不可随意行事，要根据实际情况，在保护大自然的基础上，开展有素质的野外生存训练。

（二）野外生存运动技能

1. 如何寻找水源

如果想要在野外找到可饮用水源，需要拥有灵敏的嗅觉和听觉。首先，可以通过的嗅觉，用鼻子去闻，如果闻到了潮湿的气味，或者水草、泥土的味道，那么此处就一定有水的出现。其次，可以靠听觉，当听到山涧、谷底等地有小溪或瀑布的声音，或者听到在水边栖息的动物的叫声，那附近就是有水源的，并且还是活水，即流动的水源，是可以直接拿来饮用的。可以沿着声音或者气味去寻找水源，只要有一定的经验，可以掌握这项发现水源的技能。

除此以外，如果具有充足的相关知识和丰富的经验，也可以通过观察周边的环境，勘测周边的地势，或者观察附近出现的动物，来确定水源所在。地下水是在野外需要寻找的水源首选，地下水的深浅、所处的位置及水源是否充足，都可以通过地势特征、地理环境来判断和寻找。不过地下水并非净化水，所以在饮用的时候一定要注意对地下水的二次加工处理。

（1）地面

可以通过地面的状态来判断地下水位的高低。而地面状态一年四季各有不同，在春季，就可以看冰雪融化的情况和解冻的情况，融化的越早，地下水位就越高。在炎热的夏季，在潮湿的地面上，经受过同样程度的日晒后，地面越潮湿就代表地下水位越高。而在秋季，夜晚的露水严重，白天出现由细小水珠组成的薄雾，那就说明此地地下水位较高，水源丰富。然而在冬季，就要通过白霜的状态来判断地下水位。

除此之外，可以参考的还有植物。通过植物的生长情况及种类也可以判断地下水。例如，如果此地育有黄花、马莲、木芥等植物，就代表此地有清澈的水源，且水位较高；如果此地长有沙里旺、蓬蒿等植物，就代表虽然此地有地下水但是水质不是很好，常伴有一系列的问题。另外，有水的地方，植物通常会比别的地方发芽快、枯萎慢，可以在初春和初秋时，根据植物发芽和枯萎的情况来判断是否有水位高的地下水资源。

（2）动物

如果遇到蜗牛、青蛙、大蚂蚁的栖息地，那就一定有水的出现；在夏天，蚊虫的聚集地也是水源丰富的地方；此外，还可以通过燕子的飞行路线来判断地下水的情况。还有很多动物会飞向水源，或背向水源。熟悉掌握动物的习性，对于寻找水源也有着很大的帮助。

（3）天气

天气的判断利于掌握降雨的情况。如出现雷电、乌云的天气，那必定不久将会有下雨的情况；如果在天空中看到了彩虹，那也代表此地会伴有雨水。另外，浓雾和露水都是有水源出现的象征。

（4）植物

这里的植物，指的不是根据植物寻找水源，而是直接从植物中获取水源。含水量很高的植物有很多种，如葡萄藤、五味子藤、野葛藤等，这些藤本植物中，有大量的饮用水可以获取，还有仙人蕉，在丛林中到处都可以看到它的存在，摘取仙人蕉，并把它割开，不仅可以从中获取液体，它的嫩芯也可以用来食用，在特殊情况下是充饥的一大方法。不过，在从植物中获取饮用水时有很多地方值得注意，一定要看清楚植物，要学会分辨这种植物是否有毒，否则会出现中毒的情况。另外，从植物中获取的水，最好快速饮用，否则容易变质。

上面所讲述的方法可以有效地解决在人员不多的情况下短时间内对水资源的需求，但终究不是长久之计。所以身在野外，最好还是选择离水源近的地方，不要过长时间地远离水源，以免发生缺水及水资源供不应求的情况。

不论怎样，在找到水源的时候，也千万要注意，最好不要直接饮用，应当对水源进行净化处理，下面就来介绍在野外如何净化饮用水。

2. 如何净化处理水资源

在大多数情况下，遇到的水源，除了井水和泉水，可以不经过净化处理直接饮用之外，其他的水源都要经过净化处理，才可以达到供人体饮用的标准，如露水、溪水、雨水、湖水、河水，还有经过人工沉淀过滤的水。

下面就是净化的方法。

①要学会利用净水药片。净水药片是一种对野外的水进行消毒的一种很好的办法，在部队中十分流行。通常，一片净水药片可以供给在野外寻找到的1升非净化水进行处理消毒。在经过净水药片消毒的水，可以直接饮用，当然也可以储备起来。

②医用碘酒，也是一个给水进行消毒的好办法。尤其是在没有净水药片的情况下，医用碘酒就可以发挥它的作用了。医用碘酒的使用方法和净水药片差不多，都是根据需要消毒的水的量，滴入相应量的碘酒，就可以起到消毒的作用了。

③除了医用碘酒，同样起到对水进行消毒作用的还有常说的漂白剂，也就是亚氯酸盐。它的使用方法和医用碘酒相同，只是在饮用时一定要注意，不要误饮

了经过消毒处理后所沉淀的物体，那样还是会发生中毒的情况。

④食醋也是可以在没有可靠的消毒物品的时候来对水进行消毒。食醋就是平时吃饭时所用到的，除此之外白醋也可以滴入水中，即可对水进行处理。

⑤如果在有火种且海拔条件允许的情况下，煮沸水也可以消灭水中的毒素和细菌，仅需煮沸5分钟即可。

⑥当找到的水中含有有毒矿物质或者找到的水是咸水时，就应该对水进行煎煮。分别用浓茶和地焦草对水进行煎煮，可以对抗水中的有毒矿物质，以及减少人体因为服用咸水而带来的不适。

经过时代的进步和发展，目前已经研制出了一种十分管用的在野外方便快捷地净化水的器具，那就是净化水吸管。只需要用这根吸管喝水，就可以保证喝到的是健康、干净的饮用水了。

在野外喝水，当然也不可随心所欲，尤其是在水资源有限的情况下，一定要注意有条有序的安排水资源的用量，不要一下子全喝光，此外还要注意拥有一个健康科学的喝水习惯。在饮水时要一小口一小口地喝，且最好每次补充两口水就可以了，切忌一饮而尽，这样不仅不利于饮用水的储备，更对身体不利，会加快身体对水的消耗，到后期会更加口渴。在正常情况下，一壶水足够在野外生存8小时左右。

3. 求生技巧概述

在野外生存，难免会碰到一些突发事件，这些灾难虽然要尽可能避免，但是如果真的碰到了，也要学会去应对。作为一个合格的野外生存训练者，应该具有强大的心理素质，面对灾难，所呈现的状态不应该是崩溃，而是要积极地去面对它们，而且要尽力去解决它们。经研究调查，人在野外所碰到的灾害，经过正确、合理的自救方法，加上过硬的心理素质，是完全有能力应对解决这些灾害，也可以减少这些灾难对人体造成的伤害。

如果在野外遇到灾害，需要备好以下几点。

①水：生命之源，生命离不开水，尤其是在遇到灾害时更是如此，除需要最大限度地储备饮用水外，还要尽可能找到流动的水源，这对饮用水的更换、伤口的清洗及卫生方面都有很大的帮助。此外，更要注意的是减少身体自身水分的流失，首先，要避免运动，尽量选择休息；不要饮酒和抽烟，这都会加快身体对水分的消耗；尽量减少进食，或者努力做到不进食，因为在人体消化食物的过程中会消耗大量的水分；尽量减少说话等用嘴呼吸的情况；注意避暑，待在阴凉处。

②盐：除了水之外，盐也是人体所需要的重点。盐的消耗量一定不可大于每日盐分的摄入量，一旦超出，将会对健康带来极大的影响，甚至还会出现头晕、

疲乏、恶心等症状。人体内盐的消耗，主要是通过排尿和排汗两种方式，所以，尽量选择阴凉处，可以减少汗的排出。补充盐的方法也有很多，最常见的就是喝淡盐水，直接把盐吞进肚子里是不可取的，不仅会使胃不舒服，还会损害肾脏器官，所以，要先将盐进行稀释，然后饮用，或者在没有盐的情况下，可以利用海水，海水蒸发所得的盐晶或是直接拿海水与淡水混合饮用，都是不错的补充盐分的方法。如果身处内陆，则可以通过观察哺乳动物的行迹来获取盐。

除此之外，可以通过植物来获取盐，如核桃树和夏柏桐的根，含盐量都十分高，可以从中获取盐分。

③食物：食物是人体所需的重要物品。人体需要依靠食物所提供的能量来维持正常的体能。一个人如果在野外长期缺乏食物，会导致体温下降，疲倦乏力，体能下降。一个长期没有进食的人，不但在遇到伤害时会严重影响到自愈能力，而且也会出现营养缺乏等一系列疾病。在野外，除了本身带的食物外，还有很多东西都可以当成食物吃进去。尤其是在遇到灾害时，只要是无毒性的种类，都可以食用。所以一定要具备分辨有无毒食物的能力。

在野外遇到灾害时，在没有储备充足食物的情况下，植物是人类当作食物的首选。首先，可食用植物在野外十分常见，可以轻而易举地找到，如藤本、有花类或者灌木等很多种类的植物都可以用来食用。其次，植物中含有大量且丰富的人体所需要的营养，不仅可以从植物中获取人体所需用来维持正常机能的矿物质和维生素，还可以从不同的植物中获取纤维素或者脂肪等。所以说，不仅要了解自己的身体状况，自身所需的营养成分更要研究清楚。不同的植物所产生的影响不同，以备届时对症下药。另外，要认清楚该植物是否有毒，避免误食有毒的食物。

当找到可以吃的植物之后，应该如何处理呢？在野外，一些植物完全可以直接食用，但多数植物还是需要经过处理，也就是把它们煮熟后，方可食用。一般来说，食用植物的时候，会选择吃一些比较幼嫩的植物的茎叶，这些植物的茎叶中，充满了人体所需的矿物质和维生素，可以满足在野外的身体所需要的营养。当然在选择茎叶时还是要尽量选择幼嫩饱满的，在遇到羊齿类或猫尾草之类的植物时，更要记得去除外表的绒毛，然后进行沸煮。另外，沸煮时也要注意把握度，千万不可过度沸煮，这样不仅影响口感，还会破坏植物本身所包含的维生素等营养成分。

在野外求生除了食用现成的植物之外，还可以捕鱼食用，那么如何徒手捕鱼呢？野外捕鱼一定要学会利用身边的各种材料，还有很多平时不常用到的资源。就拿捕鱼来说，可以利用手边的资源，自制捕鱼网。这可能就要用到一个或者两个很大的瓶子,如饮料瓶或者塑料水瓶等,如果手头没有的话,可以在四周寻找一下,可能会有丢弃的东西,以便加以利用。拿到水瓶后,将其拦腰割开,然后把瓶口部分从瓶身穿过去,打孔,用绳子穿过孔,打结。这样一个简易的捕鱼网就做好了,把它放在水里,绳子的另一头放在岸上,以便及时收网。

4. 寻找路程

在平时的野外生存训练中,应注意积累关于寻找路线和方向的技巧,例如,熟练地运用地图或者指北针,以及通过四周附近的地形、地质、地貌和植物的状态来判断方位。

除此之外还可以利用太阳,除了常见的通过太阳升起和降落来判断方向之外,也可以利用光线来判断。这时,需要一个小木棍,然后需要做的就是观察木棍的影子,用小石块在木棍影子的最高点做出标记,30～60 分钟后,影子的方向发生了变化,这时就可以在新影子的最高点做出标记。把这两个标记连起来,然后做出一条与之相垂直的线,这时就可以来判断方向了,左脚踩在之前标记上,接着右脚踩在最后的标记上。此刻所面对的正面就为正北方,背对着的是正南方,右手方向则为东方,左手方向是西方,这就是木棍成影法。如果正逢阴天,则可以用树木来判断方向。一般情况下,树木生长的比较旺盛的一面就是南方。除此之外,树木的年轮也可以判断方向,有条件的话切开树木即可。

另外,利用星宿同样可以判断方向。常见的可以用来判断方向的星宿就是北极星了,北半球的人们可以利用它来判断方位——前提是可以正确的在星空中找出北极星的所在。图 8-1 就是一个通过北斗七星的方位和仙后星座的方位来寻找北极星的星座图。可以清晰地看出北极星和以上两种星座的方位关系,在野外可以根据图 8-1 来准确地找出北极星的位置。在找到北极星后就可以顺利地找到北方了。

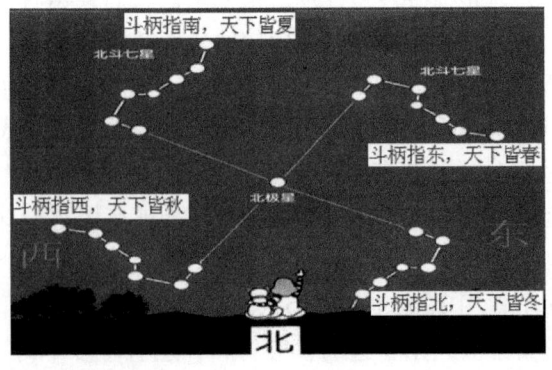

图 8-1 北极星

5. 求救方法

放烟火：野外求生中最常用的求救方式就是放烟火了。白天的时候，可以先把烟火点燃，然后在烟火上放上大量可以生成烟雾的东西，形成大量烟雾用来求救。在夜晚，就用火点燃形成火焰，注意一定要在比较宽阔的地方，点燃三堆明火，朝着可能有人居住的地方，以此来向居民求救。

光信号：同样有白天、夜晚之分。在白天，可以利用反光镜，借着太阳光，用反光镜放射出来的光，照向需要求救的地方，通常是居民区或者有救援飞机飞过的空中。到了晚上，就可以直接用手电筒，发出救援信号。国际救援信号是全世界通用的SOS，也是三长三短，并且不断地重复循环。

现代求救方法：对于现如今的野外生存中，求救的方法已经随着科技的进步和时代的发展，出现在很多越来越先进、越来越快捷的现代求救技术，如卫星电话、信标机等。

三、野外生存的伤害预防

（一）伤病防治

1. 蚊虫叮咬的防治

在野外首先要做到的就是了解防止昆虫叮咬的方法，一定要穿着长袖长裤，并且扎紧袖口和裤腿，减少裸露在外的皮肤面积，露出来的皮肤一定要涂抹防虫药，在休息时注意要在干燥的地面上，避免潮湿，露营时更要点燃青蒿、野菊花、艾叶等用来防蚊虫，如果不幸被昆虫咬到，要及时处理，用肥皂水、小苏打水、盐水等涂抹被咬的地方进行消毒。

在野外一定要注意避开蚂蟥，它是一种对人体造成十分大危害的虫类。如果不幸被蚂蟥咬，需要用手把它拍出来，切忌不可以硬拔，或者用火、香烟头把它烫出来，把它逼出后，立刻止血，并用碘酒涂抹伤口。在进行野外训练时，可以选择在鞋子上涂抹大蒜汁、防蚊油、肥皂等，涂抹一次可以避免至少6小时蚂蟥的骚扰。

2. 昏厥

发生昏厥时，会出现失去知觉、脉搏跳动缓慢、脸色苍白等情况，在野外发生昏厥的原因有很多，如体力透支、饥饿过度、跌打损伤等，这时不需要太过于害怕，一般情况下没多久便可苏醒，苏醒后应注意休息，多喝热水。

3. 中暑

当遇到中暑的情况时，首先要注意的是立刻转移到阴凉的地方，并且一定要注意通风，然后再用药，其间注意全身放松，仁丹、十滴水等都是治疗中暑的药。此外，还可以用凉水浸湿毛巾进行冷敷降温，严重的可能会导致昏迷不醒，一般可以掐其人中穴，使其清醒过来。

4. 中毒

如果患者出现上吐下泻、心衰胃疼的情况，那可能是发生了中毒反应，这个时候要立即洗胃，在野外洗胃的方法是不停地喝大量的水，然后进行催吐，等胃里的东西吐得差不多了，再食用解毒药和镇静药，如果情况严重，应尽快送往医院治疗。

5. 冻伤

发现冻伤的情况后，应该即刻用手对伤处进行摩擦，这样可以促进冻僵处血液的循环，冻伤的症状比较典型，如果冻伤不严重，一般情况下用辣椒水泡一下就可以缓解，如果情况严重，可能会导致患者失去知觉，这是需要立刻将其送往温暖的地方，后续进行抢救。

6. 蜇伤

在野外时常会碰到很多有毒的虫子，如果不幸被毒虫蜇咬，可能会出现一系列比较严重的并发症，一旦被发现受伤，首先要把伤口处的毒液挤出来，然后用氨水、肥皂水等冲洗伤口，蜗牛、马齿苋也有治疗蜇伤的功效，可以把其捣碎，然后敷在受伤的地方。如果是被蜈蚣咬伤了，蒜汁就是首选治疗的方法。

（二）野外生存必备物品

①绷带：绷带的种类很多，根据不同的材质和不同的作用，可以把它分为纱布滚动条绷带、弹性滚动条绷带、三角绷带。不同种类的绷带，对不同情况的伤口进行包扎处理，包括固定、加厚、覆盖等多种作用。可以根据伤口的情况，选择合适的绷带进行使用。

②敷料：由数层纱布制成，除了可以覆盖伤口之外，还可以用来吸收伤口的分泌物，如流血和化脓等情况，根据伤口情况可以加大使用量。

③敷料包：是滚动条绷带和棉垫的组合，集覆盖伤口和加固于一身，方便使用。

④消毒药水：消毒药水的种类很多，一般常用的有龙胆紫、红汞、酒精、碘酒、双氧水。在使用时，应该熟练地掌握不同药水的作用和效果，并且对症下

药，使之药效充分发挥。

⑤棉花球：用于配合着消毒药水使用，蘸取药水并涂抹于患处，起到清洁作用。

⑥消毒胶布：和平时所说的创可贴作用大致相当，适合用于伤口不大的情况，使用时一定要注意，要粘的牢靠，避免胶布脱落对伤口产生二次污染。

⑦胶布：胶布的作用大多情况下是用来固定绷带。

⑧各种药丸：如藿香正气丸、牛黄解毒片、感冒药、退热药、胃药等。

⑨蛇药：如上海蛇药、真空抽毒器等。

⑩其他：如眼药水、风油精等。

第4节 素质拓展

一、素质拓展的起源与发展

素质拓展起源于国外，是在长久的户外体验训练基础上，发明创造的一种现代化、全新的训练方式和学习方法。通过一些不寻常且富有挑战性的训练手段和方式，选取特定的拓展内容，以培养人们积极进取的人生态度和团队合作集体精神，这是当代人应该具备的基本素质，也是人格特质的两大核心内涵。

素质拓展，又被称为外展训练、拓展训练，原意是一艘小船驶离平静、安全的港湾，奋不顾身地驶向未知的旅程，去战胜未知的困难，迎接未知的挑战。这种训练起源于第二次世界大战期间的英国，当时盟军大西洋补给线上的船队屡遭德军炮火及潜艇的袭击，很多缺乏经验的年轻海员死于非命。为此，汉思等人为了训练年轻海员船撞礁后的生存技巧，以及在海上的自救生存能力，锻炼他们强壮的身体和坚强的意志，便创办了"阿伯德威海上学校"。训练年轻海员在海上的生存能力和舰船触礁后的生存技巧，使他们在身体上和意志上都得到了锻炼。拓展训练课程以培养合作意识与进取精神为宗旨，崇尚自然与环保。在各种险峻的高山、波涛汹涌的大海等自然环境中，通过创造、独特、新颖的专业户外体验式培训课程，来帮助组织与企业提高其成员的能力，提高团队活力、凝聚力和创造力，以此来达到提高团队生产力的目的。直到战争结束后，许多人认为，这种训练方式具有一定的可取性，尤其是对当代人精神意志的培养方面，所以这种方式才得以保留下来，训练目标也扩展到人格训练、管理训练等，而不仅仅是单纯的体能和生存训练。

经历了 20 世纪 40 年代的起步、50 年代的扩大规模、60 年代的长足发展、70 年代的稳固和 80 年代的国际化，素质拓展暨外展训练已遍布全球，在其开展 50 余年后，素质拓展于 1995 年走进中国，并在中国快速发展，当前已列入国家机关及企业的培训日程。

二、素质拓展的类型及意义

（一）素质拓展类型

素质拓展的类型主要分为 3 类，具体如下。

1. 个人挑战形式

个人挑战形式的目标一般包括适应能力、性格韧性、自我激励及积极思考能力，同时也包括了解决问题和做出决策等能力。当队员接手个人任务后，队员需要独自应对来自不同方位的个人挑战。队员闯进未知、陌生的领域后，会出现两种情况：一种是通过自身的聪明、才智及努力，找到了方向并做出正确的应对；另一种则是出于内心对未知事物的胆怯、恐惧心理而未能做出应对。富有经验的人会引领队员从较为简单的活动切入，然后再逐渐向较为困难的活动慢慢深入，在活动的过程中逐渐帮助队员克服内心的恐惧。

2. 团队挑战形式

这是一种将小组作为一个整体来面对各种挑战的形式，这种形式可以起到促进小组各成员之间相互协作的目的，这种活动对于小组内提高支持、信任和人际关系极有成效，有利于克服困难、解决问题。团队每经历一个事件，都会将经历进行详细的讲解，以促使小组向着更好的方向发展。

3. 领导关系挑战形式

这是一种不同于团队挑战和个人挑战活动的项目，最大的不同点是项目目标不同。这种项目试图对领导行为及其对团队和团队面对挑战的处理方式的影响进行探索，并非是分析成员之间的人际关系。此外，领导关系挑战可以在相互不了解的人中进行，这是另一不同点。

（二）素质拓展运动的意义

①通过接受素质拓展训练的挑战者能获得与众不同的自我洞察力。

②素质拓展能给人带来极大的愉悦感，并且有些项目还可以达到克服心理障碍、完成心理挑战目标的目的。

③素质拓展能够考察队友关系和结构，并认同所有团队成员，发展其特有的能力和力量，这是其他学习形式所不能达到的。

④素质拓展还能够促进全脑的发展。学习培训过程中，对情感、体能和精神上都有一定的锻炼，有些项目还涉及很多关于自身意识层次上原先没有注意到的东西，有助于全脑的开发。

三、科学进行素质拓展运动

（一）拓展训练项目有极强的安全保障

培训期间，任何户外活动都要经过专业细心的设计与实验，首要工作是保障每一位小组成员的安全。拓展训练凭借专业的手段，保证每一个细节的绝对安全可靠，把安全保障作为培训第一项重要责任，并时刻保持警觉，有集体观念，统一行动，互相帮助。此外还要保证场地设施、设备的安全性，以使项目能够顺利开展，并消除学生的思想顾虑。

（二）项目的设计更具有知识性和趣味性

拓展训练看似游戏活动，实际是为了达到预期的结果而设计的，本质是为了让学生在愉快的训练中学到书本上学不到的知识，并从中感悟道理。同时，拓展训练包含了许多的趣味性，它能很好地激发公众参与的热情。

（三）户外拓展的核心价值

1. 探索

户外拓展是具有挑战性的学习经验，在尊重个人意愿的前提下，通过对未知事物的探索来激发身体与心灵的潜能，同时追求主体任务与冒险探索的平衡。

2. 学习

将学习视为团队的源头活水，希望所有成员都能够在信息交流零阻力的环境中充分交换意见和想法。

3. 超越

个人和团队融洽合作，以达到对原来事物的超越。

4. 整合

按照逻辑的思维方式，在实践经验中总结、归纳，提取精华，并使用某种方式进行整合，最终形成有价值、有效率的一个整体。

5. 双赢

在提升人员素质与发展事业的过程中，了解两者缺一不可的规律，并争取达成双方面平衡成长的目标。

（四）素质拓展常见项目介绍

1. 雷区取水

项目介绍：在一个直径 5 米的深潭中间有一盆水，要在仅用一根绳子、不接触水面的情况下取到全体队员的救命宝物。

项目目的：提高队员组织、沟通和协作的能力和技巧，团队的领导艺术和技巧，人力资源的合理分配和运用。行动之前的讨论和计划对于事情的成败起重要作用，培养人处理事情良好的计划性和条理性，培养队员的团结协作、勇于为团队奉献的精神。

2. 无敌风火轮

项目介绍：提供报纸、剪刀、胶带。以团队的形式用报纸构建一个风火轮，并依靠自己的智慧和团队的协作，在风火轮上走完一定距离且充满挑战的路程。

项目目的：促进资源合理配置、分工明确的能力；检验工作积极性，建立团队节奏，体现个人才华只有通过团队才能得以表现；能够有效地促进队员之间的沟通与合作。

3. 背摔

项目介绍：参加实施的队员，两手反交叉握拢弯曲贴紧胸前，两脚并拢，全身绷紧成一体；后倒时，头部内扣，身体不能弯曲，两手不得向外打开。参加保护的队员，两腿成弓步且相互抵紧，两手搭于对方肩上，掌心向上，上体和头部尽量后仰。当实施队员倒落时，全身协调用力将实施队员平稳接住。

项目目的：营造相互信任的环境，建立换位思考的意识，通过身体接触实现团队之间的沟通与信任。

4. 孤岛求生

项目介绍：将所有队员分成 3 组，安置于 3 个已规定的岛上，各组队员扮演各自岛上的角色，在规定的时间内，按规定完成任务。

项目目的：团队结构与沟通协作能力培养；团队的动态管理；有效沟通与协调运作；新角度管理的诠释。

5. 有轨电车

项目介绍：2 块木板就是 1 双鞋子，全组队员双脚分别站在 2 块木板上，双手抓住系于木板上的绳子,向指定的方向行进。

项目目的:培养团队协作的能力,建立相互沟通、信任的人生态度。

6. 鳄鱼潭

项目介绍:利用 3 个油桶、2 块木板,所有人不得落地,且安全通过一个个的鳄鱼潭。

项目目的:统一队员沟通标准,避免因为标准的不统一而造成大家行动的混乱,延误时间,如何改善、解决链式沟通的利弊,最好、最有效、最适合团队的办法就是最好的办法。在制订行动计划时需要注意工作的前瞻性,正确分析资源,有效、合理地利用资源。细节管理:完美的行动计划固然重要,但是行动的实施上也要相当谨慎,不然一切就都要重新开始。

7. 毕业墙

项目介绍:团队在没有任何器材的情况下共同努力翻越 4 米高的墙壁。

项目目的:团队的协作与激励,养成乐于助人、甘为人梯的精神,共建高效团队,自我管理与定位。

第 5 节 体 能

一、体能的起源与发展

体能(physical fitness)是一个全新的概念,最近几年才被重视,它是人体不同脏器器官机能及身体各组织之间在体育运动过程中所展示出来的各种能力,是人们对健康认知的新发展。体能包含运动、体育和休闲活动 3 类的属性。它既可以是知识技术的口耳相传,也可以是依靠运动、游戏、竞争等而逐渐达到身体适应环境的功效,还可以是愉悦地、自发地、建设性地善用空闲时间。体能是人体机能综合运动水平的展现,而体能训练是对人体各个部位机能比较全面的锻炼。运动参与者的运动成绩,不是单纯的由其运动技术水平决定的,还受其他多种因素的影响,如个人比赛心理状况、自身策略等。因此,只有达到多种因素的有效调节和操纵,运动参与者才有希望取得优秀的运动效果。所以说,在身体各方面机能水平的提高中,体能训练占据着重要的地位。

体能最早起源于美国。1971 年,美国总统体育与竞技委员会将体能定义为:个人能力能够满足日常生活需求及承担的工作负荷外,还有精力能够去享受日常生活的休闲活动,并且能够应对一些意外变化及所带来压力的身体适应能力。此外，香港学者钱伯光博士对体能概念阐述的较为详细，在其所著 Keep Fit 手册中，将体能概念这样描述：体能简单来讲就是身体的能力，包含了与日常健康相关和与竞技运动相关的两个方面。优良的健康体能足以让身体应付平日里工作、休闲活动及各种突发事件；与运动相关的体能是可以保证运动参与者运动表现和成绩的技能，如爆发力、柔韧性、耐力、速度和敏捷等，其意义在于获胜和打破项目最高成绩。在各种教材中，对体能概念的定义也各不相同。1984 年，上海辞书出版社出版了《体育辞典》，对体能做了较早的解释，是当时大陆学者普遍的认识，与港、澳、台地区的认知基本相同，认为体能就是人体在体育运动中身体的各个技能系统所表现出来的能力，既包含了速度、力量、耐力、协调及灵敏等基础素质，也包括身体的一些基本行为能力，如跑、跳、投掷、攀、爬等。《体育与健康》一书也对体能做了新的概述，它将体能定义为："有旺盛的精神和活力进行日常的劳务，并且有充分的精力去享受余暇，并能应付突发情况，而且不至于过度疲倦。"另外，《体育教育展望》对体能的概述为"让每个人在各类不同的状况下，理当采取最适合自身需要的运动形式和运动负荷来强化自身的体能，以维系最佳的健康状态"。

美国运动医学会把体能划分成两方面：一方面是和动作技能相关的技能性体能，其中包括速度、灵敏性、协调性、平衡能力、肌肉爆发力、反应时间等；另一方面则是和健康相关的健康体能，其中包括心血管耐力、肌肉力量和耐力、爆发力、平衡性、柔韧性、身体成分等。健康体能是既能增进身体健康，又能提高身体基本活动的能力，为竞技体能打基础；竞技体能则高于健康体能，是健康体能进一步提升而达到的，是为了完善竞技比赛而进一步发展的身体机能能力。

体能分为先天性体能和后天性体能，先天性体能可以通过遗传而获得，而后天性体能则是通过长期有效的锻炼而获得的，因此，通过锻炼提高体能是获得健康体能的重要因素。体能训练的直接目的，简单说就是为专项技术所服务，按照各个运动项目的特点，选择合适的训练内容并通过有效的训练手段和技巧，对运动参与者机体施加适宜的负荷强度，尽可能地挖掘运动参与者的身体潜能，以塑造锻炼者的身体形态，提升身体机能，进一步提高身体素质和健康水平。体能训练是身体结构与机能连续被破坏和重建的轮回，是刺激－反应－适应这一过程的不断往复，它是指导员有目的性地、按计划地使运动参与者机体承受适宜的运动负荷刺激，令其产生人们所预期的适应性变化。

二、体能训练的理论基础

(一) 体能训练的生理基础

"刺激反应适应"简单地讲就是先受外部刺激,然后对刺激做出反应,最后在这样反复的刺激条件下适应,这是生物机体的基本特征,任何动作的发展都是在此基础上获得的。这种特征与发展基础在体能训练中也得以适用,人体机能也是在这样不断循环往复的过程中得到一定程度的提升,从而促使体能得到进一步发展。

1. 运动负荷的本质

生理负荷,通常来讲,就是我们所说的运动负荷,是身体机能所能承受训练的生理刺激。运动负荷是以身体练习作为基本措施对机体施加的训练刺激,这种刺激主要表现在生理反应和心理反应两个方面,而且对与运动相关的身体不同部位、器官、系统等机能的影响也各不相同,所以可以通过某些生理或者生化指标反应来衡量负荷量的大小。

运动负荷通常表现为两种形式,即外部形式和内部形式。外部形式是通过负荷量和负荷强度的大小表现出来,内部形式则是通过血压高低、心率快慢等生理指标表现出来。运动负荷是随着刺激强度的变化而变化,成正比关系,运动负荷越大,对机体造成的刺激就越强,身体的反应程度就越大,机体各项生理指标表现的就会越明显,负荷越小,刺激就越弱,生理指标反应相对较弱。

2. 对运动负荷的适应与训练效果

(1) 对运动负荷的适应性

机体的基本特征表现为应激性和适应性两方面。机体对刺激具有反应能力和一定的适应能力,人体对运动负荷刺激的适应也同样具有这一特性。长期从事田径运动参与者,可以通过系统的体能训练促进身体不同器官健康发展,在结构形态、生理机能等方面均会做出适应性变化。其中,长期进行耐力性项目健身锻炼者,心脏会出现"运动性肥大",这就是机体对运动负荷做出的积极适应的结果,也充分说明了运动负荷适应性的重要作用。

(2) 训练效果

田径项目的体能训练实质就是通过反复的身体训练予以机体各器官系统一系列的生理负荷刺激,进而促使机体在形态结构、生理功能和生物化学等方面形成一系列良好积极的适应性变化,从而提高运动参与者的专项运动水平,这种良好的适应性变化就被称为训练效果。训练效果就是"刺激-反应-适应"过程的最终结果和充分体现。

在田径体能训练后的恢复阶段，人体所消耗的能源及酶等物质不仅得以恢复，而且会发生超量补偿；训练过程中所造成的肌纤维损伤不仅能够获得恢复而且恢复之后的肌纤维相对之前来说会更粗一些，进而形成更大的收缩力量。因此，恢复阶段有助于机体结构的改善和机体性能的提高。"结构重建"为机体结构的修缮，"机能重建"则是机能的不断提高。不断反复"刺激-反应-适应"的过程，不单是身体机能和结构不断破坏与重建的循环往复过程，同时也是机体对训练负荷的刺激从不适应到适应的一个过程。田径运动参与者应重视这一过程的科学性和合理性，从而获得更好的体能训练效果。

（二）体能训练的生化理论

田径运动参与者若想实现体能训练的目的，需要掌握人体运动时物质、能量代谢及身体机能变化时的基本规律，根据实际情况安排适合自己的训练计划，寻找最合适的训练方法；若想取得最佳的训练效果，需要熟练掌握运用田径体能训练运动素质转移的基本理论及内在规律。我们将会从物质能量代谢、训练方法的生物化学基础及运动素质转移这3个层次进行详细讲解。

人体的物质和能量代谢能力是体能变化的核心因素，同时也决定着人体的各种运动能力和机能水平的高低。从生物化学来讲，人体供能系统分为3类，分别是磷酸原供能系统、糖酵解供能系统和有氧氧化供能系统。田径运动中，不同的运动项目所涉及的能量供应方式也各有差异。

1. 速度、力量的代谢基础

（1）磷酸原供能系统

在供能代谢方面，ATP（三磷酸腺苷）、CP（磷酸肌酸）都是通过高能磷酸基团的转换移动或水解来释放能量，通常把ATP、CP这种含有高能磷酸基团的物质称为磷酸原。所以，把ATP、CP在运动过程中释放能量并再合成的这一过程称为ATP-CP供能系统或者磷酸原供能系统。磷酸原系统供能时间一般能维持运动6.5 ± 1.5秒，供能时间相对较短，但其输出功率在3个供能系统中却是最大的，所以，对磷酸原系统相关的训练需要控制在5~10秒，以最大强度反复练习，在此期间，能量供应基本来自磷酸原系统，仅在休息恢复期有少量的乳酸生成。

ATP是人身体内瞬时能量的提供者，而不是以能量的储存形式存在。运动时，肌肉内ATP分解直接提供能量，这是人体内能量代谢的中心环节。各种需要能量的生命过程供能可以由ATP水解的放能反应完成，完成各种生理功能，如肌肉收缩、生物电活动、物质合成及体温维持等。

ATP 的分解减少、ADP 的增加，能够迅速激活肌酸激酶（CK），CK 催化 CP 分解供能，再合成 ATP。CP 为高能磷酸基团的储存库，功能为快速补充 ATP，此供能过程是通过 ATP 实现的。

磷酸原供能项目的训练具有时间短、强度大、反复训练的特点，每次练习结束后，机体基本恢复后才能开始下一组练习。所以，每次练习要严格控制时间间隔，如果休息时间过短，磷酸原恢复不足，就会造成供能系统的转移，刺激糖酵解系统的参与，使血乳酸水平增高，就会影响练习的效果。

（2）糖酵解供能系统

无氧代谢能力决定了无氧耐力素质。因为磷酸原的供能时间较短，所以，进行无氧耐力训练时主要依靠糖酵解来提供身体所需能量。田径若想有效改善无氧耐力，应提高糖酵解能力。在进行田径体能训练时，人体在氧气供应不足的情况下，骨骼肌糖原或葡萄糖酵解，生成乳酸并释放出一定能量合成 ATP，用以填补在运动中所消耗的 ATP，以维持运动的继续进行，该糖通过一系列的代谢反应生成乳酸，并释放能量的过程，称为糖酵解途径或糖酵解供能过程。这过程是在细胞质中进行的一连串烦琐的酶促进反应。

高强度运动是增强糖酵解供能能力最有效的方法。田径运动参与者通过高强度运动保证运动中的糖酵解供能，使得运动机体内有明显的乳酸积累。在超量强度的运动过程中，随着 ATP、CP 的快速消耗，糖酵解供能过程在数秒内就会被激活，当运动时间持续 30 秒左右时其供能将会达到最大速率，并且可以维持 90 ± 30 秒，随后供能速率降低，其主要表现为运动强度的减弱。

2. 有氧耐力的代谢基础

能源物质能力可以通过长时间的间歇性运动训练来实现。因为有氧代谢的供能过程中需要有大量的氧气，所以，除了需要长时间运动之外，还需要降低运动强度，在氧气充足的条件下氧化分解并释放能量称作有氧代谢供能。田径运动参与者为了提高有氧代谢供能也要适当的延长间歇时间。有氧耐力的代谢基础主要包括以下 3 个方面。①糖的有氧代谢。在进行田径运动时，当氧气供应充足的环境下，肌糖原或葡萄糖将被充分氧化分解成水和二氧化碳，同时释放大量能量的过程，称作糖的有氧代谢。②蛋白质的有氧代谢。在时间长、负荷量大的运动中，人身体内存在蛋白质降解和氨基酸介入供能的状况。但即使当食物中供糖不足或糖被大量消耗后，蛋白质供能也仅仅占总耗能量的15%～18%；在通常情况下，1 小时有氧代谢跑的能量消耗中，蛋白质的供能数量仅仅占其2.4%。由此我们可以看出，人体无论是运动还是安静时，蛋白质供能代谢都不是其能量的主要来源，它维持生命活动的基础是分解代谢和合成代谢平衡。③脂肪的有氧代谢。人体内储存的脂肪作为细胞燃料参与供能只能通过有氧代谢这一途径，有氧运动可有效地达到燃烧脂肪的目的。

3. 三大供能系统之间的关系

人体在完成不同的运动项目时，主要是由一个供能系统来完成供能任务，但是想要完成整个供能任务不可能单单依靠一个供能系统，而是需要依靠2~3个供能系统协调共同完成。每个供能系统都拥有其独特的特点和供能能力，它们在不同运动项目中扮演着不同的角色。短时间无氧运动中，磷酸原系统以供能为主，10秒之后至2分钟左右，以糖酵解供能为主，2分钟以后多为有氧运动，以有氧代谢供能为主，三者不能相互独立，只是在不同的运动项目中所占比重不同。

（三）训练方法的生物化学基础

在田径运动中，不同项目的训练方法也各不相同，其训练方法的生物化学指标也有着较大的差异，我们将从运动能力的遗传性、速度和耐力三大生物化学指标来进行详细的介绍。

1. 运动能力的遗传

田径运动参与者的运动能力主要是由骨骼肌中的ATP/CP、肌红蛋白的含量、血红蛋白含量及最高血乳酸浓度等因素来体现出来的。

2. 速度

田径运动参与者的速度素质由机体的磷酸原和糖酵解系统的供能能力来决定的。因此，通过田径的体能训练使这两个供能系统发生适宜的变化，并使其产生适应能力，进而达到其提高供能能力目的的训练方法，这样能够有效提高田径运动参与者的速度素质。提高磷酸原供能能力的训练方式，原则上运动强度要达到最大，运动的时间不能超过10秒。如果需要多次重复练习，每次运动时应至少需要有30秒的休息时间，完成10次运动后，应有3~4分钟的休息。提高糖酵解系统的训练方法，原则上可采用1分钟全力运动，重复5次为一组，4分钟休息重复多次的训练方法，休息时间适当延长，再进行下一组训练。这种训练方法可切实有效提高糖酵解系统的供能能力。

3. 耐力

田径运动参与者的有氧氧化系统供能能力越高，他的耐力就会越好。因此，田径运动参与者要想提高耐力，就需要选择时间较长、强度不高的田径体能训练方法。例如，长距离游泳、效果较好的长跑、骑自行车等诸多运动方式，但要求一次性连续运动时间在 30 分钟以上。对于专项性较强的田径运动参与者来说，还可以采用乳酸阈训练法，就是为了使血乳酸达到 4 毫摩尔/升的强度进行运动训练。

（四）运动素质转移

对某项田径体能素质进行发展时，田径运动素质会对其同类素质或其他素质的发展产生影响。因此，熟练地掌握运用田径体能训练运动素质转移的基本理论及内在规律，可以有效帮助田径运动参与者取得最佳的训练效果。

田径运动素质转移的决定性因素由动作结构的相似性及能量供应来源的同一性和机体的整体性动作构成。生理生化基础是决定运动素质转移的内在机制。在田径运动的实践中，训练练习不仅仅只是要求一种简单的运动能力，而是需要两种运动素质同时发挥作用。例如，田径运动中的跳跃和投掷项目，就是需要力量和速度的结合，这样才更容易形成爆发力。根据博姆帕对各种生物运动能力之间相互关系情况进行的研究结果表明，灵活性是灵敏与柔韧的结合，是一种能够在大幅度的运动中快速、准确、协调地完成动作的能力。

在田径体能训练中，如果两种素质发展的生理、生化基础相同，就会产生良好的转移；反之，如果两种素质发展的生化和生理基础不相同时，就不会产生良好的转移。

1. 田径体能训练运动素质转移机制

田径体能训练运动素质转移机制主要包括动作结构的相似性、机体的整体性及能量供应来源的同一性 3 个方面。机体的整体性是影响田径体能训练运动素质转移的重要机制之一。在田径体能训练中，田径运动参与者所表现出来的同一种运动素质或不同的运动素质，都是在中枢神经系统的支配下发挥各器官系统综合作用的结果，而并非单单依靠某一个器官和系统。动作结构的相似性对田径体能训练运动素质转移也具有重要影响。田径体能训练是借助动作来实现的，各动作之间存在十分密切的关系。田径体能训练中的各种运动动作的结构及肌肉的特征越相似，运动素质转移的可能性就越大。能量供应来源的同一性也是影响田径体能训练运动素质转移的机制之一。在田径体能训练中，发生运动素质转移大多是因为能量供应的来源基本相同。例如，有氧耐力转移的主要因素是有氧耐力，而这也是其他耐力的基础，有氧耐力的训练水平对机体的心血管系统与呼吸系统的机能状况起着决定性作用，其主要依靠的是机体内糖原的氧化，所以才会出现转移现象。

2. 田径体能训练运动素质转移类型

（1）直接转移与间接转移

根据田径体能训练运动素质转移的方式，可分为直接转移与间接转移两种。直接转移就是指一种运动素质的发展会直接导致另一种素质的改变或者在同一种素质中产生直接变化。例如，田径运动参与者通过提高腿部伸肌的动力性力量水平，通过促进跑速的提高或跳跃速率的提高来达到这一目的。间接转移是指一种运动素质的发展不能直接引起另一种素质发展，只是为其发生变化提供了先决的条件，或间接地促使了同一种素质的发展。例如，采取静力的方式增强腿部力量，尽管不能直接提高跑速，但通过静力性力量训练改变了肌肉的形态结构，并使肌肉的最大力量获得迅速提高，从而促使其逐步转变为动力性力量，最终提高了跑速。

（2）同类转移与异类转移

根据田径体能训练中运动素质之间的关系，可以分为两种类型：同类转移和异类转移。这里说的同类转移是指同一类运动素质向不同运动项目或者不同动作上的转移。例如，举重项目的力量训练可提高田径运动参与者在投掷、跳跃等运动项目方面所需要的力量水平。在田径体能训练中，力量素质的同类转移主要取决于身体的用力部位和用力时间这两个因素。而田径体能训练速度素质的同类转移主要取决于神经系统协调机制相类似的程度，其同类转移现象很少见到。所谓异类转移就是指存在各种运动素质之间的不同运动素质的转移。例如，耐力素质与速度素质之间的转移，力量素质与速度素质之间的转移，力量素质与耐力素质之间的转移。在运动素质的不同类型转移中，最为常见的转移也是我们经常用到的就是力量素质的提高促使了速度素质的提高。

（3）良好转移与不良转移

根据田径体能训练运动素质转移产生的效果，可以分为良好转移与不良转移两种类型。良好转移又称为积极转移，即当一种运动素质得到发展时，可促进另一种素质的提高；或在同一种素质中，从一种表现形式的发展转移为另一种形式，而其同时也得到良好发展。例如，动力性力量的提高可以促进速度素质及灵敏素质的发展，运动参与者最大速度的提高可促进速度耐力发展。不良转移又称消极转移，就是一种运动素质的发展对另一种素质的发展所产生的不利影响，或者在同一种运动素质中，某一种表现形式的发展影响另一种表现形式的提高。例如，在田径十项全能训练中，田径运动参与者为提高速度力量性运动项目的成绩而进行力量素质训练，这很容易降低1500米跑运动项目的耐力素质。对于田径运动参与者来说，不良转移会严重威胁田径运动参与者成绩的提高。

(4) 可逆转移与不可逆转移

根据田径体能训练运动素质转移产生效果的可能性，可以分为可逆转移与不可逆转移两种类型。我们所说的可逆转移，就是发生转移双方相互之间可以产生转移的效果，任何一方的发展都可让对方产生变化。例如，在力量素质和速度素质之间可实现相互转移。不可逆转移是指单方面的影响和作用。例如，在速度素质的发展中，动作速度的提高能够促进反应速度的提高，但是反应速度的提高却不能促进动作速度的提高，二者之间不能够实现可逆转移，这种转移我们称为可逆转移。

三、体能训练的基本原则

科学运动的训练不仅需要掌握基础训练理论，也要掌握人体生理机能变化的规律。合理地安排运动训练中的各个动作要素，可使机体产生最佳的反应，以实现最佳的训练效果。训练过程存在很多不以人的主观意志为转移的客观规律。长期进行运动训练的工作者在实践中不断总结经验和教训，并通过科学研究探索和认识训练过程中的客观规律，将从实践中获得普遍的经验与科研成果归纳并整理为理性的认识，以准确的文字加以表述，从而提出指导运动训练实践的训练原则。训练原则就是运动训练过程中客观规律的反映，是运动训练过程必须遵循的基本要求。体能训练原则是依据体能训练活动的客观规律而确定的、组织体能训练所必须遵循的基本准则，是训练活动客观规律的反映，对训练实践具有普遍的指导意义。科学化训练的重要内涵是要按照运动训练过程中的客观规律进行训练，而运动训练原则是运动训练过程中客观规律的反映[1]。遵循训练原则就是遵循训练过程的客观规律，这在很大程度上反映了训练程度科学化。根据运动训练理论和体能训练的实际要求，我们归纳总结了田径体能训练的原则，现介绍如下。

(一) 自觉性原则

自觉性原则是指在训练过程中，运动参与者在引导和教育下，主动、自觉地学习，运用有关知识和技能，加深对训练目的性的认识，掌握和提高竞技能力，独立自主地参与规划和制订训练计划及进行比赛和采用正确的决断。自觉性原则是根植于人们思想中的合理认识。

---

[1] 孙学川. 体能训练手册 [M]. 2版. 北京：解放军出版社，2009.

1. 理论依据

辩证唯物主义认为，任何事物发展，外因是变化条件，内因是变化根据，外因是通过内因起作用的。运动参与者是训练过程中的主体，是运动知识与运动技能的接受者。当运动参与者可以准确认识到从事运动训练的目的、作用和意义，对未来发展充满美好愿望时，才能激发出他们长期接受艰苦的运动训练和比赛的一些积极情绪。运动训练本质是对体力负荷建立一个适应的过程，功能与潜力充分的运动参与者有助于在更高水平上建立适应。如果运动参与者被迫无奈选择运动训练，则所有正常的身体和心理负荷都会成为难以逾越的困难，从而使运动参与者产生一些消极的情绪，功能潜力的发挥就难以达到极致。

2. 基本要求

（1）正确的价值观教育

要善于引导和启发运动参与者，通过各种教育学和心理学的手段，进行运动训练的目的性教育，逐步树立运动参与者自觉训练的动机和态度。同时帮助运动参与者了解国内外体育运动的发展状况及让运动参与者认识到获得优秀的运动成绩对振奋民族精神及对国家、家庭和个人的重要性。

（2）指导员的主导作用

指导员在训练过程中的主导作用主要体现在如何合理地安排训练过程和运动参与者的活动，使他们能够在训练的过程中发展成为独立思考和行动的人。因此，除了要特别关注具体的运动训练外，还要注意关心运动参与者的智育与德育的发展，最大限度地组织运动参与者参与讨论训练的目标并猜测可能的前景。要善于多提出问题和要求，特别是要善于开发运动参与者的智能，提高他们有关训练学的理论知识水平。在此基础上引导他们参加训练计划的制订，明确训练手段的作用及训练方法的意义。同时，要培养运动参与者的思想道德品质，使运动参与者能够积极地完成训练和比赛任务，发扬自觉配合和自我牺牲的良好品质，有意识地培养运动参与者独立思考的能力，提高运动参与者在各种复杂的社会和环境条件下的行动、思想和动作技术的自控能力及应变能力。另外，教练员自身的榜样作用不容小觑，教练员要特别注意自己的言行举止，避免简单粗暴的态度和做法，应以自己的专业知识、能力和表率作用，以及通过有效的训练所取得的优异运动成绩来建立权威，并以此取得运动参与者的信任，激发运动参与者训练的积极性。

（3）运动参与者的主体作用

自觉性教育的一个重要方面就是提高运动参与者在各种复杂的环境条件及社

会条件下的行为、思想和动作技术的自控能力、应变能力及自我负责的品质，表现在心理上的稳定性。对运动参与者起着决定性作用的是心理上的稳定性和最佳发展的身体因素及高度的智力和竞技能力。运动参与者应该把指导作为自己不断提高竞技能力的方法来理解，要保证自己能够主动地克服训练中所遇到的困难。

（4）满足运动参与者的合理需要，正确运用动力

指导员要关心运动参与者的生活，合理安排好他们的衣食住行，创造良好人际环境，尽可能地使他们有安全感，引导运动参与者形成自我实现的更高层次需要，使他们产生积极从事训练和比赛的动机。正确地运用物质、精神和信息这3种动力，正确认识并处理好个体动力和集体动力的关系，让个体动力在大方向基本一致的情况下得到充分发展，以求得比较大的集体动力。

（二）区别对待原则

区别对待原则是指在运动训练过程中，根据运动参与者们的训练任务、训练状态及训练条件等情况，针对性地组织安排各自的训练过程。训练任务、选择训练内容及负荷各不相同。

1. 理论依据

（1）运动专项需要的多样性

运动参与者竞技能力（体能、技能、战术、心理、形态等）受多种因素的影响。在选择训练内容和方法手段时，必须要注意不同专项竞技的不同需要，有计划地实施，区别对待。

（2）运动参与者个人特点的多样性

世界优秀的运动参与者负荷个体化是被广泛认可的。在现代运动的训练中，个体化原则已经成了最重要的训练理论之一。教练员需要认真分析每位运动参与者的个人特点，精心打造适合个体发展的训练计划，才能最大限度地激发运动参与者的潜能。运动参与者的个人特点包括性别、日历年龄、生物年龄与训练年龄、竞技水平、心理和生理特点、身体状况、训练情绪等，这些都对训练安排提出了不同的要求。同一名运动参与者的训练状态在不同时刻、不同阶段，其表现也不会相同。另外，在不同训练的环境和训练条件下，对训练内容和组织实施也提出不同的要求。

（3）运动训练和比赛条件的多变性

运动训练过程是个动态发展的过程，不同运动项目、不同运动参与者在不同状态下，运动训练过程均处于不断的变化发展之中。这些因素的不断变化都要求及时根据运动参与者的实际情况有区别地进行组织训练，使其能更好地适应这些

变化了的条件。这些条件包括决定竞技能力的各种因素，如业务水平、战术的安排和对训练战略部署、训练所处阶段和具体要求、训练和比赛地区的气候、场地、器材及对手情况等。

2. 基本要求

（1）掌握运动参与者个体特征

应根据不同运动参与者的思想、健康状况、训练水平及学习、工作、日常生活等情况，具体情况具体分析，精心制订适合每个人的训练计划，才能保证运动参与者发挥出最佳水平。

（2）正确认识运动专项的基本特征

不同运动专项具有不同的发展规律。只有正确认识所从事项目的专项竞技能力的决定因素，并结合专项成绩发展的规律组织并安排训练才能取得成功。

（3）充分考虑运动训练和比赛条件

在训练过程中，要充分考虑运动参与者所处的训练时期和训练阶段等具体情况，了解不同阶段和不同时期运动参与者的不同特点，从而制订正确的训练计划。

（4）正确处理集体和个人的关系

在进行集体训练时，要对全队有统一的要求，并进行统一的指导。此外，还要针对个人进行个别要求及指导。既要注意到全队的训练和比赛任务，又要考虑到个别队员的具体情况，根据训练的具体任务和实施训练过程中的变化，合理分配指导精力，使运动参与者认可自己做出的安排，并让运动参与者感到所做的安排符合自己的实际情况。

（三）一般和专项训练相结合原则

一般和专项训练相结合原则是指在运动训练过程中，教练员根据运动项目的特点、不同训练时间、运动参与者的水平、阶段的任务，恰当地安排进行一般训练和专项训练的训练比重。一般训练是指在运动训练的过程中，以多种身体练习、训练手段和方式全面提高运动参与者的各器官系统的机能，发展运动素质，改善身体形态和心理品质。教练员掌握提高专项运动技术和理论知识，可以使运动参与者的专业素质、技术、战术及心理品质得到大幅提高，为创造优异的专项成绩打下坚实的基础。专项训练是指在运动训练过程中，以专项运动本身的动作及比赛时进行的练习，以及与专项运动动作相似的练习，从而提高专项运动水平所需要的各器官系统的机能，发展专项心理品质和运动素质，掌握专项运动的战术、技术、理论知识。专项训练的目的在于最大限度地提高运动参与者的专项成绩。

一般训练是为专项运动成绩的提高打下良好的运动素质、技术战术、心理品质的基础；专项训练是直接为创造优异的专项成绩而服务的。但一般训练和专项训练的目的是一致的，它们既相互促进又相互制约。在训练实践中，教练员要根据运动参与者的不同层次和水平的实际情况，在训练过程的不同阶段和时期，合理地安排好一般训练与专项训练的比重。

1. 理论依据

（1）人是一个有机的整体

人是一个有机的整体，各器官之间既紧密联系又相互影响。在体能训练中，运动强度给身体的刺激让身体各个器官、系统相互作用发生适应性的变化。每一种专项运动对运动参与者各方面的影响都具有不同程度的局限性。运动参与者进行一般训练时，采用的多种练习内容、方法和手段可以补充专项训练的不足，从而促进各器官系统的全面提高，为运动参与者创造优异的运动成绩打下良好的基础。

（2）各运动素质的发展相互转移

身体力量、反应速度、机体耐力、身体柔韧和灵敏等素质不仅相互影响、相互促进、相互制约，而且在发展的过程中相互转移。运动素质转移是指由于其中一种素质的发展影响到另一种素质，它可以分为直接转移和间接转移、良好转移和不良转移、同类转移和非同类转移及可逆转移和不可逆转移等。

（3）一般训练对专项训练的调节作用

专项训练的内容、方法和手段主要是专项运动需要重复进行的单一训练，这样就容易引起身体某一部位的负担过重和中枢神经系统的疲劳。运动参与者做适当的一般训练，不仅能起到积极的调节作用，还能够更好地提高运动参与者专项训练的效果。

（4）专项训练对成绩提高的促进作用

一般训练只能起到基础调节作用，而运动训练的目的是挖掘运动参与者的潜能，创造优异的运动成绩，因此，只有通过专项训练才能保证运动参与者熟练地掌握专项技术和战术，发展专项所需的机能能力和运动素质。

2. 基本要求

（1）一般训练的内容和方法的选择必须具有全面性和实效性

由于训练时间、专项特点、训练条件等因素的制约，一般训练的内容应做到少而精，在提高或保持一般工作能力水平的基础上，不仅要对专项素质起良好的影响，还要形成并巩固在运动中起辅助作用的战术。

(2) 一般训练的特点必须既全面又专项化

全面是指通过一般训练来发展运动参与者的各种机能能力和运动素质。虽然一般训练发展的并不是专项所特有的能力，但对于专项成绩来说同样具有积极促进的作用。所以，教练员要在运动参与者练习内容和时机中注意如何做到有利于运动素质和运动技能转移的工作。

(3) 一般训练和专项训练必须比例适宜

一般训练和专项训练的安排存在一定的矛盾，由于各运动专项具有不同的特点，不同层次运动参与者的训练水平、运动年龄、训练阶段的不同任务等因素，一般训练和专项训练的组成比例也不同。值得一提的是，尽管在多年从事运动训练的过程中，人体机能和形态进一步改造的幅度是逐步减小的，但在运动参与者训练的高级阶段，一般训练仍然具有重要作用。

(4) 一般训练和专项训练的结合形式要具有灵活多样性

各种练习要达到良好的训练效果都是有必要的训练前提，例如，速度和力量性练习需要神经系统有良好的兴奋性和充足的能量物质储备，才能取得良好的训练效果。同时，由于进行各种练习后机体恢复过程所用的时间不同，所产生的后效作用保持时间也不同，因此要考虑课与课、练习与练习的搭配顺序和间歇时间的安排。尽可能排除或降低消极性转移所产生的影响，要能促使运动负荷后机体的尽快恢复。

由此可见，一般训练和专项训练是在训练的过程中缺一不可，并且相互联系、相互制约。任何一个方面没有做好，都可能导致运动训练效果的减弱，甚至是失败。因此，应该有机地结合一般训练和专项训练，从训练的对象、项目特点及不同训练时期的实际出发，合理恰当地安排好两者的比例关系。

(四) 系统训练原则

系统训练原则是指不间断地、有规律地组织运动训练过程的训练原则。这一原则的确与运动训练过程的连续性和阶段性的基本特性紧密相连。系统训练原则强调运动参与者只有长时间、持续地进行训练，才有可能攀登竞技运动的高峰；同时又强调在一般训练情况下，必须有规律进行而不是突变式地增加运动训练负荷，只有这样才能取得最佳的训练效果。

1. 理论依据

(1) 人们认识客观事物是从已知到未知的发展规律

各运动项目的知识及竞技能力各要素的发展都有各自的体系和内在联系，反映了各运动项目由低到高、由易到难、由简到繁的发展规律，也反映了人们对客观事物的认识是从已知到未知的一般规律。因此，教练员要根据运动项目自身的特点与内在规律，以特定的顺序安排运动参与者的训练项目内容、选用运动训练的方法和手段，使运动参与者快而有序地掌握技术、战术，提高自身的身体素质，并逐步提高要求，才能取得良好的训练效果。

（2）人体生物适应的长期性

人体生物适应的长期性主要是指包括体能在内的构成运动参与者竞技能力的各个部分都需要经过长期的、科学的、系统的训练，竞技能力才能得到明显的改善和提高。运动参与者形态和机能系统的提高是运动参与者体能改变的基础，从而在此基础上表现出来高度发展的运动素质，通过机体自身的各个系统、各个器官等的逐步改造才能最终形成运动员对训练负荷的生物适应。

（3）训练效应的不稳定性

不稳定性主要体现在运动参与者在负荷作用下所提高的竞技能力，当运动训练的科学性、系统性和连续性遭到破坏时会出现间断或停训的时期，运动参与者已经获得的训练效应也会相应地消失或者完全丧失。为避免这种情况的发生，必须在训练效应产生并保持一定时间的基础上重复给予负荷，使得训练的效应得到强化和累积，并不断地进行改进和完善。

（4）人体生物适应的阶段性

运动参与者在训练负荷下的生物适应过程具有长期性、阶段性的特点。工作、疲劳、恢复、超量恢复和训练效应消失等几个阶段是机体对一次适宜训练负荷的反应阶段。在未来更长一段运动训练时间的跨度内，运动参与者机体能力的变化与之相适应，同样经历着不同的发展阶段，这就是竞技状态的形成、保持和消失3个阶段。

2. 基本要求

①系统训练原则上要求训练过程的每次课、每个小周期、每个训练时期以至每个训练大周期都与上一次课、上一小周期、训练时期和大周期有机地联系起来，使其在原有的基础上进行不断提高。训练内容、方法和手段的选择是以各训练时期、阶段和具体训练任务为基础的，应充分考虑到它们之间的内在联系和本身的特点，按照从易到难、从浅入深、从已知到未知的顺序进行安排。

②为保证训练过程，系统持续有效地进行，在运动参与者的训练过程中使训练的各阶段有机的无缝衔接，必须将健全的训练体制作为运动参与者系统的多年训练活动的保证。我国三级训练体制就是最好的证明，训练3个层次分别为专业优秀训练队、业余体校竞技运动学校及中小学的课外训练。三级训练体制担负着训练过程中不同阶段的不同训练任务。各训练的组织和形式之间需要密切联系、

紧密配合，在内容的安排、训练和比赛的要求及所承担的具体任务上都要紧密地结合起来。

③训练过程中，要充分注意并采取有力的措施防止运动参与者在运动中发生运动损伤。这是因为运动损伤会影响训练的系统性和连续性，产生的伤病还会使训练长期中断，严重的还会影响运动参与者的运动寿命。

（五）适宜负荷原则

适宜负荷原则是指根据运动参与者的人体机能及运动参与者对竞技能力的需求，在训练中采用适宜的运动负荷，以此取得最佳的训练效果的原则。运动参与者在运动过程中达到一定的运动负荷程度时会产生一定的训练效应。加大运动负荷不一定能够产生很好的训练效果。所以教练员应合理地安排运动负荷量，根据训练对象的水平，按照一定的节奏有规律地逐渐增加运动负荷直至最大限度。

1. 理论依据

（1）超量恢复规律

在运动训练的过程中，运动参与者机体对运动负荷的反应一般为：耐受－疲劳（能量消耗）－恢复－能量补偿（恢复）－消退。训练后需要安排充足的恢复时间，当身体机能和结构重建完成后，运动参与者不仅能够恢复运动中消耗的能量并且会超过训练前的水平，这种现象被称为超量补偿或超量恢复。由超量补偿而导致的机能改善被称为"训练效果"。训练效果的多少是决定训练目的的关键，在身体能够承受的范围内，运动负荷越大，疲劳程度越强，机体能量消耗越多。刺激越大，机体能量运动负荷解除后，如果能够科学合理地安排一定的休息时间和方式，那么能量物质的恢复速度就会加快，产生"超量恢复"的水平就会不断提高，人体在此基础上所表现出的运动能力就会越强。

在实践训练中，对机体负荷的施予通常具有连续性，每次负荷之间的时间间隔与联系产生不同效应。如果在前次负荷后机体的超量恢复阶段再施予负荷，机体水平会得到不断提高；相反，前次负荷后机体还没有得到恢复再次施予负荷，身体机能水平将不断下降。

（2）生物适应规律

众所周知，适应性是生物体最基本的生理特征之一。若对机体长期施加某种适宜范围内的刺激，机体会对自身机能水平做出适宜性的改变来适应这种刺激，其中，人体对训练刺激的适应也不例外。当机体适应某一种负荷后，会出现"机能节省化"的现象。假如机体在一段时间内受到原有水平负荷的持续刺激，则机体的机能水平会维持在原有水平上。因此，只有在机体适应原有负荷的基础上才能逐渐增加负荷水平,以此来对机体产生新的刺激,从而使机体不断产生新的适应,最终实现运动参与者竞技能力的提高。

(3) 过度负荷

过度负荷是指超出运动参与者所能承受的范围,会对运动参与者的运动能力产生恶性影响的训练负荷。如果对运动参与者的运动水平不够清楚,强行增加训练负荷,这样的训练负荷不但不能提高运动参与者的运动能力,还会破坏运动参与者机体各系统的运转,造成机体组织病理性损伤。破坏已经获得的积极的训练效果,还会损坏运动参与者的身心健康。所以,在运动训练的过程中,要科学地分析运动参与者机体所能承受负荷的最大能力,避免盲目过大或过多地施加运动负荷。

2. 基本要求

运动负荷,也称运动量,是指运动参与者在各种练习或者比赛时所承受的生理负荷和心理负荷的总和,运动参与者成绩的提高与运动负荷密不可分,是运动负荷所产生效应的综合结果。

(1) 正确理解负荷的构成

运动负荷主要包括定性和定量两部分,只有先对训练手段和方法定性后再做定量,才能对运动负荷做出正确的计量。

运动负荷的定性包括以下3个方面。①运动负荷的专项性。专项是指与运动参与者训练水平相似的比赛本身。专项的特点就是随着运动成绩水平的不断提高而不断变化的。提高运动成绩的直接因素是专项训练,是运动参与者取得理想成绩的唯一途径。②运动负荷对能量供应系统的作用方向。人体的一切运动都是以肌肉收缩来实现的,肌肉的收缩活动离不开磷酸原系统、乳酸能系统和有氧氧化三大供能系统,它们分别参与不同工作时间、不同工作强度、不同能量需要的运动。训练的重点是根据项目要求的不同,发展相对应的能量供应系统。所以,确定练习时的肌肉工作主要以哪些供能系统产生作用是运动负荷定性的内容之一。③动作协调的复杂程度。协调性的复杂程度是训练中客观存在的。在周期性的运动项目中,动作协调的复杂程度也比较单一,对运动负荷的影响也不大;但跳跃或投掷类的项目,协调性的复杂程度则决定着运动负荷大小与比赛的效果。协调性复杂程度越高的练习,机体承受的负荷程度就越大。若要对此做出量化的定性,难度较大,目前在很大程度上还是靠经验来评定。

运动负荷的定量是指运动训练过程中的任何一个运动负荷都包含着负荷的量与强度这两个方面。负荷的量表示对运动机体刺激的大小,负荷的强度表示对机体刺激的深度。①运动负荷量的评价指标一般为次数、时间、距离、重量等,次数是指训练中重复练习的次数；时间是指统计单位中（一种练习、一次课、一周、一年或其他单位）训练的总时间；距离是指完成各种周期性练习的距离；重量是指完成练习的总负重量。②运动负荷强度的评价指标是指通过练习的速度、远度、高度、单位练习的负重量或练习的难度予以衡量。这些测量的方法和指标分别适用于不同的运动项目和不同的运动练习。

（2）准确认识运动负荷刺激的生理临界

运动负荷量的增加能够带来更好的训练效果。如果运动负荷的增加越接近运动参与者所能够承受的极限，那么这名运动参与者的运动效果就变得越加明显。因此，尽管很困难，但也都在努力寻找运动负荷的极限。运动负荷的大小是相对的，是根据人体存在的个体差异和个体在不同时期能够承受运动负荷的最大限度来决定的。科学地安排运动负荷，前提就是科学地分析每一阶段内每位运动参与者所能承受运动负荷的生理临界线及其变化阈值。

在运动实践中，掌握运动负荷的生理临界线需要借助生理生化指标进行精准分析。运动负荷刺激的临界点难以把握，需要不断地在实践中探索。在对运动负荷极限认识还不具备把握的情况下，注意避免过度训练的出现。

（3）正确处理负荷量与负荷强度之间的关系

运动负荷量和运动强度构成了运动负荷的整体，它们彼此依存又相互影响，由于运动负荷的表现形式多种多样及组合方式不同，处理好两者之间的关系是正确安排运动负荷的关键。所有运动负荷量皆是以一定训练强度为条件而存在的，所有运动负荷强度又都以一定的运动负荷量为根本而存在的。单方面的变化必定会引起另一个方面的相应变化，所以在分析运动负荷的大小时，一定要对以上两个方面进行考虑。

（4）训练过程的监测与控制

在训练过程中要注意及时把握不同时期的运动参与者的竞技能力状况，运用综合方法和手段建立科学的诊断体系，选取可靠的指标来分析训练过程和训练效果，及时、准确地判断出负荷的适宜度和恢复程度及训练实际效果与预期目标的偏离情况等，并进行及时调控，使训练始终围绕预定计划进行，从而保证最佳的训练效果。

（六）适时恢复原则

恢复原则的意义是消除运动参与者在训练过程中所产生的疲劳，并通过生物在适应过程中产生超量恢复，以此来提高机体能力的训练原则。在长时间运动训练过程中，要想运动参与者获得理想的训练效果，必须使运动参与者的机体得到适宜的恢复，这样才能保证运动参与者达到理想的最佳训练效果。在早期的运动训练中，人们主要致力于运动训练方面，从而忽视了运动参与者在训练中产生疲劳的恢复状况，认为这是自然发生的事。到二十世纪七八十年代，人们逐渐意识到没有恢复就没有训练，恢复在运动训练中占据重要的地位。20世纪90年代，随着运动训练的本质被大众逐步揭示，人们意识到从一定的意义上讲，运动参与者的体能恢复重于运动训练本身，因此，在制订训练计划时，会将恢复运动参与者的疲劳提高到更重要地位。

1. 理论依据

（1）恢复与结构机能的重建

训练过程是一个进行身体结构和机能的破坏与重建过程。若是接下来的训练没有建立在完全恢复的基础上，由于此时机体尚未完全恢复，所以机体并不能完全恢复并达到预期效果，反而在细微结构方面会造成严重的损伤，加速机体运动能力的下降，并且在恢复时间方面也会相应地延长。因此，从某种意义上讲，恢复意味着机体在运动后拥有足够的时间得以进行足够程度的恢复，为今后更大负荷的训练奠定相应的基础。

（2）超量恢复规律

人体在运动负荷后，机能能力和能量储备会存在下降和减少的状态，并且这一状态存在一个恢复的过程，达到负荷前水平的这一过程称为恢复。在恢复程序完成的时间段，能源物质的恢复将会超过机体原有的水平，甚至更高，这种现象叫作超量恢复。但是超量恢复并不是永恒的，随着时间的推移，机体的能源物质将会恢复到之前的水平，这就是进行训练负荷后机体自我修复的全过程。在一定程度上，机体的超量恢复与运动负荷、运动消耗、恢复过程的时间存在着较大的关联，基本上是正相关。超量恢复与运动训练的结合，为运动参与者竞技能力的提高奠定了物质基础，并使得运动参与者再次提高运动能力成为现实。因此，超量恢复在运动训练中起着至关重要的作用，在运动训练过程中，应更多地追求超量恢复。

（3）疲劳消除规律

机体产生和消除疲劳是有规律的。其中，运动负荷训练和恢复训练的统一规律是指负荷和恢复是两种相互依存、相互影响的同步过程，但在机体中却是不同的两种关系，且共同存在于训练的具体过程中。负荷刺激疲劳产生的效应规律是指疲劳症状存在于机体在大强度且长时间的训练负荷下，且这是必然产生的现象。机体下降与机能恢复的异时性规律是指异时变化的特点存在于机体机能的下降程度和提高过程，且这个过程在符合训练和恢复过程中都有存在。负荷性质恢复方法的对应规律是指机体的恢复方法与负荷性质有着相互依存、相互影响的关系。显而易见，这些规律的掌握，在消除疲劳、强化机体机能恢复、延缓机体疲劳产生方面有着至关重要的意义。

2. 训练学要点

（1）合理制订训练计划

通常来讲，制订训练计划的基础要有两种理论作为支撑：其一是每一名运动参与者在训练过程中产生的疲劳都能够恢复过来；其二是每一名运动参与者在训练过程中产生疲劳的恢复效率和效果是相同的。由于运动参与者在训练以外还有其他的生活活动内容，且这些活动的内容难以受到控制，这一点也不能被忽略掉。再者，不同运动参与者的身体状态和素质是不尽相同的，因此，疲劳恢复时间的长短和恢复效果对不同的运动参与者来讲是不相同的。所以，在制订训练计划时，不但要包含运动训练的内容，还要包含运动后的恢复及适应过程。

（2）正确认识负荷与恢复的关系

运动训练过程中，负荷训练和恢复训练并存的客观规律要正确对待，这种客观规律不仅仅表现在负荷训练与恢复训练过程相继进行的特征上，而且表现在过程同步进行的特征上。因此，在训练实践中，要认真规划运动负荷阶段中的负荷量、强度、时间等因素，同时还要将恢复训练的措施、方法、效果等因素放在同等重要的地位。

（3）正确分析运动性疲劳的产生机制

自19世纪80年代至今，很多学者对运动性疲劳产生的原因进行了研究，并提出了如"衰竭学说""堵塞学说""内环境稳定性失调学说""保护性抑制学说""突变理论""自由基学说"等这些具有代表性的假设。教练员只有根据训练的具体情况分析运动疲劳产生的原因，才能有针对性地制订运动参与者的恢复计划。

（4）消除运动性疲劳的措施

消除运动性疲劳的措施可以从恢复方式和恢复手段两个方面进行分析。恢复方式在运动实践中一般分为两种：自然性恢复方式和积极性恢复方式。自然性恢复方式是指运动参与者训练后按日常作息或处于静止状态来获得恢复的方式。积极性恢复方式是在训练结束后采取变换运动部位及运动类型来调整运动强度以达到消除运动性疲劳的方式。

恢复的方法由很多方面组成，主要包括睡眠、生物学、医学、心理学及营养学等。①训练学恢复手段主要由以下几点组成：变换训练内容与训练环境、交替安排负荷、调整训练间歇的时间与训练方式，在训练过程中采用富有节奏感、轻松愉快的训练方法。②睡眠是消除疲劳的重要手段。睡眠是机体借以维持正常生命活动的自然休息方式，在睡眠状态下，人体内代谢以同化作用为主，异化作用减弱，可以使运动参与者精神和体力得到恢复。自然界的很多事物存在一定的周期性规律，运动参与者的生活作息也应具有周期性的规律，应该培养运动参与者有规律的生活作息，有利于缓解运动参与者的运动疲劳。③医学、生物学恢复手段。它包括水浴、汽浴、旋涡浴、氨水浴、含氧浴等理疗恢复手段，除此之外，还有按摩、紫外线照射等恢复手段。中医药调理也有利于增强免疫力，改善代谢调节，提高机体恢复，加速运动性疲劳的消除。④营养学恢复手段。由于运动训练时运动参与者的能量消耗大，运动后的能量补充还应特别注意各种营养素的适宜搭配。⑤心理学恢复手段。它可以加速运动性疲劳的消除，降低神经、精神紧张程度，调节运动参与者的情绪，减轻心理的压抑，对加速身体其他器官和系统的恢复过程能够产生积极的作用。

四、田径体能训练计划的制订

（一）制订训练计划的依据

田径的体能训练计划制订者必须要树立严谨的科学态度。制订训练计划务必要遵循人体生长发育与体能训练客观规律，必须要有一定的科学原理，将训练计划目标与实际所提供的训练主客观条件充分有机地结合，才能达到计划制订的效果。田径体能的训练计划制订依据应包括以下4个方面。

1. 体能训练目标

任何一种训练目标都是以训练计划为基础制订的。为了使运动参与者由起始状态进一步靠近目标状态，选择最佳训练计划就是必须要设计一条最佳通路，因此设定训练计划必须要考虑以实现训练目标为目的，制订训练计划之前是以训练目标为前提的。

2. 体能的起始状态

确定目标的基础是以体能训练者的起始状态决定的，是整个体能训练过程的出发点。为实现体能训练目标的转移而制订的训练计划，一定要符合运动参与者体能的现实状态才可以被运动参与者所接受，也才能使运动参与者的体能产生明显变化。

3. 组织实施训练活动的客观条件

实施训练活动的物质基础有训练场地、营养条件、器材的质量及数量、恢复条件等。

4. 体能训练过程的客观规律

体能训练的客观规律主要包括以下几点：训练生物适应的产生与变化、体能的发展、各项身体素质、训练计划连续性与阶段性、训练过程中的可控性和多变性规律等。科学化的训练本质特征是遵循体能训练的客观规律，是一种训练计划科学性的体现，这是保证训练顺利进行的唯一途径。

（二）制订训练计划的要求

1. 体能训练计划制订的简明性和实用性

体能训练计划一目了然，文字简练，图文并茂。各项内容要做到明确、具体、定量化，以便训练的实施、检查和评定。

2. 体能训练计划制订的科学性

体能计划是控制训练过程的基础和标准，是进行系统训练的保证。

3. 体能训练计划的保持与调整

制订体能训练计划时，要处理好计划的相对稳定与变更的关系，实现系统的安排与科学调控的结合。

4. 制订体能训练计划要有明确的指导思想和特色

训练主体和训练的客观条件决定了指导思想的变换方向。

体能训练实践活动本身是教练员与运动参与者进行的创造性劳动。所以，我们可以在训练实践中借鉴前人创造的内容，但是运动参与者也应具有创造意识，因为没有创新就没有新的生命，没有创新就不会有更好的发展，也不能持续取得优异的成绩。

（三）不同训练计划的制订

体能训练计划的制订以体能的现状和确定的体能训练目标为主要依据，并且与体能发展的内在规律相结合，对运动参与者体能由现实状态向目标状态有效转移起到重要的保证。运动训练的中心环节是运动训练的制定与实施，贯穿了教练员和运动参与者的全部训练过程和实践活动。

通常体能训练计划中的内容主要包括运动参与者体能状态的初步诊断、体能训练的目标、阶段、任务、对策、方法、手段、负荷要求，规划体能训练负荷的动态变化趋势，平均体能训练效果的方式、时间和标准等。

体能训练计划以时间跨度为主要依据，可以分为多年计划、年度计划、阶段计划、周计划、课计划等，详细介绍如下。

1. 多年计划

多年体能训练计划是根据多年训练的过程设定的总体规划。在计划中要合理安排训练的年训练量、训练时数、身体训练与技术训练的比例等，渐渐加大训练量和训练强度，逐年提高对运动参与者身体机能水平的要求。

从实践中便可看出，运动参与者只有通过多年训练逐步具备良好的身体能力，掌握了田径运动项目的完善技术，才能在比赛中创造优异的成绩。具体多年训练计划的实施在各阶段的一般身体训练、专项身体训练和技术训练的比例中得到了较为充分的体现，对这个比例起决定性作用的是运动参与者的训练水平，这主要是随着训练水平的提高，一般身体素质与专项成绩的相关性降低，但在专项身体训练和技术训练的比例中则会出现随之提高的情况。

在多年训练中，指标的设定要依据运动参与者竞技状态的发展变化规律来系统地安排，使竞技状态高峰出现在高级训练阶段中。所以，各阶段训练指标中都应采用开始幅度较小的渐进式提高，到专项训练阶段时，训练指标的提高加快，出现成绩的突变式上升，才能在高级训练阶段中达到最高水平。

2. 年度计划

在组织运动训练过程中，最主要的计划同时也起着承上启下作用的是年度训练计划，其结构是由气候、环境和体能发展的阶段性来决定的。年度计划一般用于学校教育中的体能训练。体能训练的同时也结合了测试，体能测试可以结合体育课，一般以学期为单位，在期末安排考试或测试，在寒暑假的同时也可以根据阶段的任务安排训练内容。另外，年度训练计划的确定依据的是运动参与者的基本情况及其训练水平及训练场地、器材等客观条件。

一般来说，年度训练计划主要分为以下三种类型。第一种：以全年作为一个大训练周期的单周期训练计划，其中包括准备期、竞赛期和过渡期三个时期。第二种：全年分为两个大训练周期的双周期训练计划，包括两个准备期、两个比赛期和一个过渡期。第三种：在全年训练计划中安排有多次的比赛性年训练计划，在两次比赛的间歇期间，需要进行保持训练水平的训练或安排积极性的休息。

目前，根据我国的田径运动比赛和教育的特点，可将每年度的训练计划分为两个时期：春夏时期和秋冬时期。

（1）春夏时期（3—7月）训练计划的实施

春夏时期是测试的集中期，主要任务是在测试中达到最好的水平。所以，这一阶段的发展要以专项身体训练的水平为主，这一阶段要完善专项技术，多进行完整的专项技术练习,同时要培养运动参与者的思维能力提高其比赛的能力和自信心,从而形成最佳的竞技状态,以此在测试中创造好成绩。这个阶段的负荷总量要确保稳定,确保负荷强度的增加并达到最高点并且保持稳定。为了保持最佳的竞技状态,训练的量和强度还可以根据测试的需要进行适当的调整。

(2)秋冬时期(9月—下年的1月)训练计划的实施

秋冬时期的主要任务是指提高一般身体的训练水平,进一步发展力量素质和其他身体素质,改进技术。此外,在安排训练计划时,还要根据南北方的不同特点,合理安排,科学筹划。例如,北方的气温太低时不适合进行大强度的运动。在技术训练的安排计划上,更应当注重基本技术的训练并改进明显存在的技术缺陷。南方的可根据南方的地理及气候条件在此期间进行一次测试,使得运动参与者双方在进入后期的体能训练前有个全面的了解,以便更好地制订训练计划。在这个时期内的训练运动负荷应以大运动量练习为主,各种练习的训练要保证数量多、范围大,但训练的强度要适当降低。如果学校在此期间安排测试,在测试前应适当加大运动负荷的强度,测试结束后应再进行身体训练。

3. 阶段计划

阶段计划也称为中周期,通常由数周到数月组成。它是由若干个同一日的小周期来组成,同时这也是构成大周期的基本单位。因此,年度训练计划实际上就已经对阶段训练的任务、时间跨度、运动负荷水平等有了基本的安排。在具体制订阶段的训练计划时,最重要的一点是根据项目的特点和该阶段的主要训练任务确定小周期之间的序列和节奏。

在进行体能训练的过程中,引导阶段、一般准备阶段、专门准备阶段、赛前准备阶段和比赛阶段的训练叫作阶段训练计划。

(1)引导阶段

引导阶段是指主要用于过渡期之后的年度训练之初,特点是训练量和运动强度的逐渐上升,持续时间通常为2~3周。

(2)一般准备阶段

其主要是为了努力提高运动参与者机体机能的总体水平,全面发展其身体素质和运动技能,持续时间为4~8周。

(3)专门准备阶段

其主要是为了提高专项训练水平和改进专项技术,提高训练强度,持续时间为4~8周。

(4)赛前准备阶段

赛前准备阶段是准备阶段与比赛阶段之间的过渡,目的是为了提高竞技状态，持续时间为 3~6 周。

(5) 比赛阶段

它包括为比赛打基础的小周期、直接参加比赛的小周期和恢复训练的小周期等。其主要目的是为了巩固最佳的竞技状态和力争创造出更优异的成绩。竞赛日程和比赛规模决定比赛阶段小周期的数量和持续时间。早期比赛阶段、主要比赛阶段和获得最佳的竞技状态阶段统称为比赛阶段。

4. 周计划

由数次的训练课组成并且是训练过程中相对完整而又经常重复的单位叫作周计划。这种训练计划比较适用于学校及田径运动教学训练。周计划的确定依据是课余训练时期和假期训练时期及短期训练的训练任务、运动量、运动强度等要求。周训练计划在各类训练计划中起着"承上启下"的作用，周计划是落实短期训练计划、全年训练计划和多年训练计划及规定各次训练课的任务、内容和方法的重要环节。在通常情况下，人们往往会将周训练作为组织训练活动极为重要的基本单位。为了确保周训练周期更为灵活，一般会将时间保持在 4~10 天，或表示为 7±3 天。在一般情况下，可以将周训练分为 4 种基本类型，即基本训练周训练、赛前诱导周训练、比赛周训练和恢复周训练。此外，为适应不同的任务而制订的各种相应的周训练计划，也往往会表现出较为显著的不同的运动负荷变化特点。

5. 课计划

周训练计划规定的各个课次的训练任务及当日运动参与者的机能情况、场地器材、气候等实际情况是课时训练计划制订的主要根据。课计划的内容包括对运动参与者提出的完成练习内容、数量、质量的具体要求。

训练课一般会根据课的基本任务可以分为综合训练课和单一训练课两种类型。

(1) 综合训练课

综合训练课是综合发展多种竞技能力的课程。但是一堂综合课的训练任务，以选定 2~3 项训练内容较为适宜，过多的安排则容易分散精力，不容易取得满意的效果。在制订综合性训练课计划时，一定要对训练任务和训练内容的顺序进行合理的安排。具体来说，就是需要运动参与者精力充沛时才能完成的训练任务，通常情况下，会安排在课的前半部分；安排在训练课的后半部分的原因是在一定程度疲劳或深度疲劳下仍然可以完成的训练任务，如协调能力–素质、技术–素质、技术–战术训练等。在综合素质的训练课程中，应首先安排柔韧性练习，其次为速度或力量练习，最后进行耐力练习。这样既有利于各项训练任务的顺利完成，又可以促进不同能力之间的良性转移。只有这样安排才会使综合训练课的结构设计合理。

(2) 单一训练课

单一训练课是指一次训练课集中发展运动参与者的某一种能力或集中时间和精力完成某一项训练。基本部分是课的主要部分，按照训练任务及训练内容的安排顺序进行，在这期间，运动负荷必须有一次或几次达到高峰。在结束部分要逐渐降低运动负荷量，使其机体进入接近安静时的状态。单一训练课的基本部分是完整的，而综合训练课的基本部分根据训练内容的不同又分为几个小段，每当训练内容转换时，需要在两段之间安排适当的专项准备活动，为新内容的训练活动做好充分的准备。

(四) 制订训练计划的注意事项

①制订体能训练计划前，需要对受训者做体能检测和状态诊断，以确定发展目标和运动负荷。

②制订体能训练计划时，应注意某一项素质的发展与身体全面发展相结合，以达到最后体能的整体性提高。

③制订体能训练计划时，应遵循循序渐进、巩固提高的原则，使受训者的体能稳步提高。

④制订体能训练计划时，要注意使受训者体能训练与社会适应能力和野外生存能力的提高相结合，同时要特别注意安全措施的保证。

⑤制订体能训练计划时，要充分考虑到可利用的条件和环境，尽量创造有利于愉悦受训者身心健康的方法和环境。

⑥制订体能训练计划不是一成不变的，应该根据受训者体能实际情况变化的监测和条件的变化不断相应调整，以保证受训者的体能得到充分发展。

⑦力量训练的安排以间隔42~72小时为宜，速度训练的安排以间隔72小时最为适宜，耐力训练的安排以间隔24~42小时为宜，柔韧性的训练不要急于求成，要循序渐进地进行。

第 9 章　田径运动与减肥

随着社会发展和人们生活水平的不断提高，肥胖人数日益增多。肥胖产生的原因有很多，包括遗传因素、环境因素等，但更多的是高热量、高脂肪食物摄入过多，运动量过少，导致能量过剩，转化为脂肪储存在体内。肥胖不仅影响人的形体美，造成心理负担，而且还会引发多种疾病，对身体健康造成威胁。运动既可减肥又可促进健康，因而在各种减肥方式中应用最广。

第 1 节　运动减肥概述

一、运动减肥的概念

随着人们生活水平提高和社会经济的飞速发展，"肥胖"一词越来越被人们关注，因肥胖而造成严重疾病患者人数比例也日益增大。造成肥胖的因素有很多，包括先天因素和后天因素。先天因素就是遗传因素，后天因素包括很多，有环境因素，更重要的是热量的摄入与消耗不成比例。体内摄入过多的高热量食物，而运动消耗则较少，能量过剩导致体内脂肪量增加，脂肪的长期积累最终形成肥胖。肥胖后有很多不良反应，不仅影响人的体型，还会造成更多的心理负担，此外，还易引发多种疾病，严重威胁身体健康。

运动减肥则是通过运动的方式，加速体内热量的消耗，运动消耗的能量大于摄入的热量，致使体内脂肪转化并分解，减小体内脂肪的含量，并最终达到减肥的目的。运动减肥既能塑造个人形象，又可以促进身心健康，是当今社会流行话题。

二、运动减肥的生理机制

(一) 导致肥胖的生理因素

减肥是运动神经与内分泌功能协调配合作用的结果。正常人的体重总是稳定在一个范围内，相对恒定，主要是在神经系统和内分泌系统的双向调节下，分解代谢与合成代谢基本保持平衡的结果，而肥胖产生的主要生理原因就是这种调节机制的缺失，肥胖者身体机能出现故障、代谢发生紊乱，致使合成代谢大于了分解代谢，所以，过剩的糖类、脂肪就在体内存储起来，最终导致肥胖的结果。

此外，过多的脂肪摄入体内后，会分解为游离脂肪酸和三酰甘油，三酰甘油进入血液并存储在脂肪细胞中，摄入脂类物质越多，脂肪组织增加越多，这也是肥胖产生的重要原因。

(二) 运动减肥的生理基础

人体运动时能量来源主要是糖和脂肪。在长时间的有氧运动中，活动初期，主要以糖原供能为主，随着时间的推移很快过渡到有氧氧化供能阶段，当运动时间达到120分钟以上时，非酯化脂肪酸就成了主要的供能物质，占总供能量的50%~70%之多。因此，在长时间的运动中，肌肉对血液中的葡萄糖及非酯化脂肪酸的利用增多，摄取量变大，这会引发体内脂肪细胞释放更多的非酯化脂肪酸，从而致使脂肪细胞变小。同时，长时间的运动还会消耗更多的血糖，也减少多余血糖转化为脂肪的可能，所以体内脂肪总量减少，最终使体重下降。

研究表明，运动减肥能够改善脂质代谢。当身体活动时，身体的肾上腺素、去甲肾上腺素的分泌量急速增加，从而提高了脂蛋白酶的活性，刺激低密度脂蛋白和富含三酰甘油的乳糜的快速分解，因而降低血脂，高密度脂蛋白升高，并最终起到非酯化脂肪酸加速分解的作用。

三、运动减肥的功能及意义

运动减肥的主要功能在于调节代谢，增强脂肪消耗，促进脂肪分解。运动可以增加人体机能对糖和蛋白质的消耗，阻止过剩的糖和蛋白质在体内积累转化为脂肪，从而减少体内脂肪的形成。运动减肥还消耗人体的主要能源物质——糖原，以避免糖在体内过剩积累而转化为储备糖。此外，通过运动还能促进体内蛋白质的新陈代谢，增强肌细胞的代谢能力，促成肌纤维的增加，进而减少脂肪的储存。

（一）运动减肥的功能

脂肪是一种较为顽固的组织，它需要在人体对其持续发出强烈的信号时才会释放出来转换为能量。短时间激烈的运动，不会导致脂肪分解，只会消耗体内的糖类，只有持续一段时间的运动，将体内糖类消耗殆尽，机体才会对脂肪发出信号，这时脂肪才会释放能量，脂肪燃烧产生的能量可以让运动持续更久。运动减肥可以消除体内脂肪，减少肥胖症所带来的弊病。此外，运动减肥还有以下功能：

①能够大幅降低心脏病的发作率，比不运动的人降低患心脏病的概率；
②可以使人降低患糖尿病的概率；
③可以降低患结肠癌疾病的概率；
④能够增加心脏病患者的生存概率，可以降低心脏病患者 1/5 的死亡率。

（二）运动减肥的意义

运动减肥能够勾勒完美的体型，塑造强健的体魄，还能促进身心健康发展。此外，运动减肥还能使身体机能更具活力。

1. 促进新陈代谢

运动减肥运动能恢复对新陈代谢的调节，刺激机体机能，消耗掉多余的脂肪，进而促进脂肪的代谢。

2. 阻止脂肪形成

肌肉的运动使肌肉对血液内游离脂肪酸和葡萄糖利用率增高，使脂肪细胞缩小变瘦。此外，多余的糖被消耗而不能转化为脂肪，减少了脂肪的形成。

3. 改善心血管系统

运动有助于改善心肌代谢，提高心肌工作能力，心收缩力加强，改善了肥胖者心血管系统对体力负荷的适应能力，减轻心脏负荷，从而改善心血管系统的功能。

4. 改善肺呼吸功能

运动增加了呼吸肌的力量，增加胸廓活动范围及肺活量，改善肺通气及换气机能，气体交换加快，有利于更多地氧化燃烧掉多余的脂肪。

5. 促进胃肠蠕动

运动改善了腹腔内脏活动的调节机能，增加了胃肠蠕动及其血液循环，使腹胀肠鼓、便秘、下肢静脉曲张、痔疮、嗜睡等并发症减少。

6. 增加大脑活力

运动调整了大脑皮层活动状态，使精神饱满，增加了战胜肥胖的信心。

第2节 运动减肥的误区

一、误区一：运动时追求大强度，感觉强度越大，效果越好

运动减肥的运动类型多种多样，有些运动项目强度很大，有些则相对缓和，不同的运动项目减肥效果各不相同，所以，运动减肥时，一定要把握运动强度的大小。女性是减肥的主要群体，但女性所能承担的负荷量有限，如果运动时没有控制好运动强度，选择自己身体所不能"承受"的运动，不但起不到减肥的效果，还会影响心脏的健康。

运动时，注意心率要控制在最低和最高的安全心率范围内。如果心率较低，达不到运动减肥最低心率，反应运动量较小，或者运动强度不够，减肥效果不佳，这时就要加大运动负荷。如果强度过大，超过了最高心率的范围，说明运动强度太大，这就需要及时调整，降低运动强度。

而对于运动减肥的人群来说，运动时心率接近最低范围值是最佳的选择，这样的运动强度既能达到减肥的效果，又能增强心血管系统和呼吸系统的功能，还不会对心脏造成压力。

二、误区二：一次运动，时间越长越好

不管做任何事情都要遵循适度原则，很多东西不是说越多越好，运动也一样。运动的时候，机体会产生乳酸，长时间的运动会让乳酸大量堆积在身体内部。而乳酸正是造成肌肉疲劳、肌肉酸痛、肌肉痉挛、无氧阈值和氧债的主要原因。所以，运动的时候不注意适量原则会令人第二天疲惫不堪，精力不佳。

此外，运动后若以慢跑或其他轻松的运动方式进行整理运动，可以提升运动后乳酸的排除效率。

三、误区三：运动结束立马洗澡

运动时大汗淋漓，浑身臭不可闻，很多人会选择立即洗澡，尤其是女性。再加上很多运动场所都配备有浴室，所以运动完洗澡几乎成了很多人的生活习惯。

但是，运动后立刻洗澡是一种错误的做法。运动过程中，血液向周围肌肉流动，虽然运动停止，血液回心的状态仍会持续一段时间，如果这时立即洗澡，会造成血液回流不足，引起机体其他重要器官供血不足，如心脏和大脑，容易造成头昏眼花、恶心呕吐、全身无力的症状，严重时还会诱发其他疾病。

而洗冷水澡更是危害多多，由于运动的时候身体新陈代谢过程加强，皮下血管扩张，并大量出汗，运动后马上洗冷水澡，使体内产生的大量热不能很好地散发，形成内热外凉，破坏人体的平衡，这样容易生病。

所以运动后应该适当地进行休息，在觉得自己的身体"消停"下来后才可以洗澡。

四、误区四：运动什么部位就会减其部位的脂肪

很多人都有这样的想法：我的手臂粗了，就多做做手部的运动，腿胖了就要多跑跑步。这就是越来越多的人都有局部减肥的捷径心理——想减哪个部分的肥肉，就专门练哪个部分。但是其实这种想法是不现实的，脂肪是全身性的，并非练哪个部位就可以减哪个部位的多余脂肪。

首先，局部运动易疲劳，消耗的总能量少，且不能持久。其次，脂肪供能是由神经和内分泌系统调节控制，但这种调节是全身性的，哪里供血条件好，有利于脂肪消耗，哪里就能减肥。例如，减肥者运动一段时间后，腰围不见小多少，可脸颊却消瘦了，原因就在于此。

五、误区五：只要多运动，便可达到减肥的目的

运动可以消耗人体热量是众所周知的，但仅靠运动来达到减肥的目的，效果并不明显。有研究表明，即使每天打网球几个小时，但是只要多喝1~2听易拉罐饮料，或者多吃几块饼干，一天辛辛苦苦的减肥效果化为乌有。正所谓"管住嘴、迈开腿"就是这个道理，想要得到最佳、持久的减肥效果，除了进行体育运动外，还要有良好的饮食习惯，控制饮食，科学调控。

六、误区六：空腹运动有损健康

人们总担心空腹运动会因体内贮存的糖原大量消耗而发生低血糖反应，如头晕、乏力、心慌等，对健康不利。研究认为，饭前1~2小时进行适度运动，如定量慢跑、步行、跳舞或骑自行车等，均有助于减肥。这是由于此时体内无新的脂肪酸进入脂肪细胞，较易消耗多余的、特别是产能的褐色脂肪，减肥效果优于饭后运动。另外，由于运动量适宜，热能消耗较少，体内贮存的足够使用，不会

影响健康。

七、误区七：每次坚持 30 分钟慢跑即可减肥

慢跑虽可达到有氧锻炼的目的，但是也要遵循能力代谢规律，如果不遵守能量代谢规律，减肥效果就得不到保证。实践证明，慢跑前 30 分钟供能系统主要是由磷酸原系统和糖酵解系统供能，运动 30 分钟后才完全过渡到有氧氧化供能系统。运动时间持续 40 分钟左右，人体内的脂肪才能被动员起来与糖原一起供能。随着运动时间的延长，脂肪供能的量可达总消耗量的 85.5%。可见，短于大约 40 分钟的运动，无论强度大小，脂肪消耗均不明显。

八、误区八：不摄入脂肪就能减肥

很多人认为，不吃含有脂肪的东西就不会发胖，可能会慢慢瘦下来，但这只是期望，事实并非如此。脂肪是人体必需的营养物质，脑部机能的正常运作，心脏、皮肤等部位与内脏器官的活化都离不开脂肪的作用。

如果过分控制饮食的话，就会出现皮肤粗糙、无弹性等问题，这是由心脏与脑部引起的，只有适量摄入脂肪，充分消化，才能抑制生长激素的分泌，消除空腹感，反而能促进瘦素的生成，同时还能有效降低饮食中的 GI 值（升糖指数），让机体长时间具有饱腹感。

九、误区九：出汗越多减肥就越成功

科学研究证明，流汗消耗的是水、盐分和矿物质，而不是脂肪。锻炼时出不出汗，与是否消耗脂肪没有关系。因此，不要把出汗作为减肥瘦身效果好坏的标准。

十、误区十：低强度的有氧运动消耗更多脂肪

减脂的原理在于每天消耗的热量要多于吸收的热量，较高强度的锻炼比低强度的训练能消耗更多的热量。运动量达到最大心率的 60% 时，身体消耗的脂肪比糖或蛋白质要多。但如果运动强度再大一些，即最大心率的 75% 以上时，身体就会直接将脂肪、糖、蛋白质全部作为能量来源。对初练者来说，应循序渐进，逐渐增加运动量，才能有效地提高心肺功能，适应较大强度的运动量。

第 3 节　田径运动与运动减肥

田径运动主要由竞走、跑、跳、投四大类项目组成,与运动减肥密切相关的有走、跑两类项目,跳和投掷类项目相对来说没有跑和走项目普及,一是因为两者偏重于爆发项目,跳跃性练习不具有长久性,时间太长易对下肢关节造成损伤,投掷项目则发力较为局部,长时间的投掷练习会使肌肉局部酸胀,也容易造成损伤,所以这是大众选择走、跑类项目而不选择跳跃、投掷类项目减肥的主要原因。

"暴走"和"健康跑"是大众心目中减肥的最佳选择,因为两者简单、易开展,可一人,也可团体,且具有技术简单、操控性强的优势,运动时间、运动负荷可随时调整,受到大众群体的青睐。

一、暴走与减肥

"暴走"运动兴起于 20 世纪 70 年代的西德,即"徒步旅行"之意。作为一项易于全民开展的体育锻炼方式,得到了广大民众的认可,从小孩到老人、从家庭主妇到高级官员,无不对其热爱有佳。近年来,"暴走"运动在我国也开展的如火如荼。健身健心性暴走是在户外快步走的新鲜叫法,是人们用以磨炼意志、锻炼身体的运动方式。"暴走"对于减肥也有很好的功效。

暴走减肥的特征如下。

1. 适度冒险性

由于暴走没有很高的技术难度,就使得"暴走"成为一种体验冒险的适度运动。

2. 公益环保性

每位暴走族的装备中,可循环使用的环保垃圾袋是必备品之一。

3. 回归自然性

目前,暴走族大多是崇尚自然的都市"自由人"。他们在网络上集结,在路途中相识,相互帮助,但却彼此都称呼对方的网名。正如一些暴走公约的规定,"坚决不搞个人崇拜,参与者人人平等,不随意打探同行人的自然状况";他们一般选择人迹罕至的野外,并会挑选植被丰富或是河道较多的地方作为暴走路线,真正领略大自然,爱好"暴走"的人就是喜欢它的简单。

4. 民间有组织性

暴走运动相对比较自由,多为民间组织。如"沈阳周六暴走"的参与原则就是自愿、自律、量力、自责。它的活动宗旨为团结、友爱、平等、互助、和谐、环保、简单、快乐。领队的行为都以非营利为目的，他们大多由有长期暴走经验的热心的中年人组成。

二、健康跑与减肥

运动专家表示，健康跑是根据不同人群、不同个体所采取的不同方法、不同负荷去跑。健康跑不是看能跑多远，也不是看能跑多快，而是根据自身情况适量、适时科学的跑步，形成一种跑步习惯，这样才能获得健康。

（一）健康跑减肥技术要领

1. 跑步时头与肩的动作

头与肩要保持稳定。跑步时头要正，身体微前倾，目视前方，下颚微收。肩先放松下垂，然后尽可能上耸放松，略微停留，最后再恢复原来的姿势。

2. 跑步时臂和手的最佳姿势

跑步时，手要微握，成半握拳状，大小臂夹角约90°，以肩关节为轴，前后自然摆动。注意摆臂时前不露肘，后不露手。

3. 跑步时腿的最佳姿势

用大腿带动小腿，膝关节要朝向脚尖方向，抬到合理的高度后放下再重复。

4. 跑步时双脚的最佳姿势

双脚要放松，不要紧缩脚趾，脚抬高到离地10厘米就可放下重复。脚掌落地时前脚掌不要太用力蹬地，以免造成小腿肌肉发达。

（二）健康跑减肥的注意事项

1. 做好充分的准备活动

热身运动可以提高肌肉温度，使肌肉变得柔软，不易被拉伤。所以，跑步减肥前，先要做好腿部肌肉的拉伸，让腿部以最佳的状态去承担后面的负荷。

2. 脚跟落地是关键

健康跑与竞技跑姿势略有不同，短程的竞技跑一般是采用前脚掌着地的跑步方式，而健康跑无论长短，均是以脚跟落地，然后过渡到前脚掌上。

3. 慢跑减肥最见效

长时间跑步均属于有氧运动，它通过长时间的运动达到消耗机体多余脂肪的目的,并最终达到减肥瘦身的效果。慢跑刚好是在有氧状态下进行的,所以减肥效果比较好。此外,脂肪真正燃烧供能的时间是在持续运动 30 分钟后,所以坚持慢跑半个小时以上是最有效的跑步减肥方法。

4. 跑后伸展运动不可少

跑后伸展运动是健康跑必不可少的条件,不但能缓解肌肉紧张,还能促进乳酸的分解。

三、田径运动减肥策略及注意事项

(一) 田径运动减肥策略

①加强安全防范意识,减少伤害事故的发生。许多暴走减肥者在暴走的过程中出现了意外伤害的事故,主要为安全防范意识不足、准备不充分、野外生存知识缺乏等自身原因造成的,途中可能要跨越山岭、丛林、沙漠、雪原、溪流、峡谷等特殊地貌。所以,了解野外生存技能是非常必要的。

②在户外暴走,放松释压、强身健体是其目的,不要为了所谓"自虐"的目的暴走,大强度的体力付出,有时候会得不偿失,也会受到其他驴友的鄙视。

③参与者量力而行,循序渐进。

④暴走前做好准备活动,暴走结束后做好整理运动及全身的放松按摩,有助于防止或减轻肌肉酸痛。

(二) 田径运动减肥注意事项

①运动方式的选择应因人而异。

②运动减肥应与饮食控制相结合。

③运动减肥应持之以恒,并且循序渐进。

④所制定的运动强度、持续时间和练习频率应在减肥对象体质健康和心肺功能的安全范围之内。

⑤运动前要热身。

⑥运动后 30 分钟内不能进食。因为此时胃肠血管处于收缩状态,进食会影响消化。

⑦运动后不能大量饮水,因为水分经肠胃吸收进入血液后,会增加血液循环量,造成心脏负担。

参考文献

[1] 朱骞. 田径体能训练的理论基础探析：评《田径运动体能训练》[J]. 中国教育学刊, 2018 (9)：112.

[2] 管伟, 王玉峰, 张勇. 我国青少年田径运动科学化训练水平现状及应对路径 [J]. 西安体育学院学报, 2018, 35 (2)：250-256.

[3] 文超. 田径运动教程 [M]. 北京：人民体育出版社, 2013.

[4] 黄文敏. 世界田径运动发展的动态时空特性 [J]. 首都体育学院学报, 2017, 29 (2)：141-145, 157.

[5] 敬艳, 刘建国. 世界田坛格局及对我国田径运动发展启示 [J]. 体育文化导刊, 2016 (5)：118-123.

[6] 李广周. 少数民族田径运动与健身融合 [J]. 贵州民族研究, 2015, 36 (7)：235-238.

[7] 何秀全. 田径专项体能科学训练的理论与实践：评《田径专项体能训练理论与方法》[J]. 当代教育科学, 2015 (13)：65.

[8] 沈越, 孙庆杰. 关于高校教科书"田径运动"定义的思考 [J]. 体育学刊, 2015, 22 (2)：59-62.

[9] 孙凯利, 颜智, 曹文渊. 优秀女子中长跑运动参与者冬训期呼吸肌训练效果观察 [J]. 中国运动医学杂志, 2013, 32 (12)：1114.

[10] 王军霞. 健康跑俱乐部大学分部趣味运动会拉开帷幕 [J]. 田径, 2007 (1)：6.

[11] 郑亮亮, 钟亚平. 田径运动损伤病因预警动态链模型建立的初步研究 [J]. 山东体育学院学报, 2013, 29 (2)：64-71.

[12] 陈海鸥. 后奥运时代我国田径运动的未来发展方向 [J]. 广州体育学院学报, 2013, 33 (2)：82-85.

[13] 吴志远, 王远干. 田径运动技术评定的模糊集重心改进算法 [J]. 湖南师范大学自然科学学报, 2012, 35 (5)：37-41.

[14] 王钦若. 田径 [M]. 郑州：河南人民出版社, 2000：1-2.

[15] 孙庆杰. 田径 [M]. 北京：高等教育出版社, 2001：55.

[16] 陈兴胜. 现代田径运动的人文内涵及其多样化发展特征 [J]. 山东体育科技, 2012, 34 (2)：59-62.

[17] 孟刚, 赵其林. 关于田径运动作为全民健身手段的思考 [J]. 贵州师范大学学报: 社会科学版, 1998 (3): 117-119.

[18] 郝家春, 董顺波. 我国田径文化的缺失与唤醒: 从刘翔现象谈起 [J]. 体育学刊, 2012, 19 (2): 35-39.

[19] 文超. 田径运动高级教程 (修订版) [M]. 北京: 人民体育出版社, 2005.

[20] 刘超国. 田径运动 [M]. 2版. 北京: 高等教育出版社, 2010.

[21] 宋继新. 林笑峰体育文集 [M]. 长春: 东北师范大学出版社, 2014: 78-79.

[22] 袁作生. 现代田径运动科学训练法 [M]. 北京: 人民体育出版社, 1996.

[23] 唐远金, 蒋宁. 田径运动健身价值的特点 [J]. 中国市场, 2005 (28): 170-172.

[24] 徐佶, 何秋华. 高校田径健身课程知识体系的构建 [J]. 武汉体育学院学报, 2004 (3): 106-109.

[25] 崔晓霞. 论田径运动功能及其相互关系 [J]. 上海体育学院学报, 2003 (5): 57-58.

[26] 张文普, 王丙振. 田径运动健身价值的开发 [J]. 体育学刊, 2003 (5): 33-36.

[27] 刘强. 论田径运动在实施全民健身计划中的作用 [J]. 中国成人教育, 2002 (4): 42-43.

[28] 周新华, 李勤. 建立田径健身课程体系的探讨 [J]. 体育函授通讯, 2001, 17 (3): 11-12.

[29] 李文辉, 陶于. 试论我国田径健身体系的建立 [J]. 体育与科学, 2000, 21 (2): 18-20.

[30] 周小平, 熊静宇. 对经常参加运动的大学生业余锻炼效果的测评 [J]. 体育学刊, 2000 (1): 87-91.

[31] 文超. 田径热点论 [M]. 北京: 人民体育出版社, 1996: 267-275.

[32] 张贵敏. 田径运动教程 [M]. 北京: 人民体育出版社, 1999: 93-107.

[33] 姜丽娟, 阎蕾蕾. 如何使田径运动在实施全民健身计划中发挥更大作用 [J]. 山东师范大学学报: 自然科学版, 2001, 16 (2): 232-234.

[34] 朱成东, 林华. 运动后心率恢复: 大众健身有氧评价新思路述评 [J]. 体育学刊, 2017, 24 (5): 134-139.

[35] 于永慧. 健康中国: 全民健身工作的评价指标体系研究 [J]. 体育与科学, 2016, 37 (4): 71-76.

[36] 董如豹. 全民健身活动监测和评价指标类型的选择: 基于WHO身体活动的建议 [J]. 体育学刊, 2014, 21 (6): 49-54.

[37] 李荣日, 肖春霞, 杨敏. 完善社区全民健身公共服务评价指标体系研究 [J]. 北京体育大学学报, 2014, 37 (7): 18-22, 30.

[38] 刘金利. 我国城镇群众体育健身环境的综合评价分析 [J]. 武汉体育学院学报, 2013, 47 (8): 28-33.

[39] 袁尽州, 周里, 冯秀敏, 等. 儿童青少年健身效果评价关键技术实证研究 [J]. 西安体

育学院学报, 2013, 30 (5): 591-595, 605.

[40] 鲁国斌, 熊焰. "四大板块"的"田径类课程"结构体系的整合与构建 [J]. 山东体育学院学报, 2008 (11): 66-68.